내 지성의 빛을 밝히는
철학과 학문의 노하우

내 지성의 빛을 밝히는

철학과 학문의 노하우

이명숙 · 곽강제 지음

서광사

내 지성의 빛을 밝히는
철학과 학문의 노하우

이명숙 · 곽강제 지음

펴낸이 | 김신혁, 이숙
펴낸곳 | 도서출판 서광사
출판등록일 | 1977. 6. 30.
출판등록번호 | 제 406-2006-000010호

(10881) 경기도 파주시 회동길 77-12 (문발동)
대표전화 (031) 955-4331   팩시밀리 (031) 955-4336
E-mail: phil6161@chol.com
http://www.seokwangsa.co.kr | http://www.seokwangsa.kr

지은이들과의 합의하에 인지는 생략합니다.

제1판 제1쇄 펴낸날 — 2014년 3월 10일
제1판 제2쇄 펴낸날 — 2015년 9월 30일

ISBN 978-89-306-0018-7   93100

　사람은 자연의 일부라서 자연과 조화를 이루면서 살아가야 한다. 사람은 우주 속의 무수히 많은 별들 중의 그다지 크지 않은 태양이라는 별의 주위를 도는 조그만 혹성인 지구 위에서 다른 생명체들과 더불어 살고 있다. 그러나 사람은 다른 생명체들과는 비교조차 할 수 없을 정도로 아주 훌륭하게 살아간다. 제자리에서 붙박이로 살아가는 식물은 물론이고 주로 먹고 싸우고 번식하고 잠자는 일로 살아가는 다른 동물들과는 달리 우리는 사람다움을 갖춘 인격체로서 살아간다.

　우리가 다른 동물과 달리 사람다움 즉 인격을 유지하면서 살 수 있는 힘은 어디에 있을까? 사람이 다른 동물에 비해 탁월하게 갖추고 있는 힘은 무엇인가? 사람의 신체는 별로 크지 않다. 우리의 신체는 뛰어나게 강하지도 못하다. 우리의 신체가 할 수 있는 동작은 거의 다 다른 동물들이 흉내를 낼 수 있고, 어떤 능력은 다른 동물들이 사람보다 훨씬 더 월등하다. 따라서 우리가 사람으로서 훌륭한 삶을 누릴 수 있는 힘은 신체의 탁월한 능력에 있는 게 아니라 마음(정신)의 탁월한 능력에 있음이 틀림없다.

　사람의 마음은 느낄 수 있고 의지를 세울 수 있고 생각할 수 있다. 그러나 다른 동물들도 느낄 수 있고 의지를 갖는다고 할 수 있으므로, 인간의 마음이 탁월한 것은 아리스토텔레스와 데카르트가 강조한 것처럼 "생각하는 능력"에 있다. 우리의 마음은 사물들이 왜 그렇게 생기고, 사건들이 왜 그렇게 일어나는지 생각하여 이해하고, 좋은 것 아름다운 것 성스러운 것을 가려서 느끼며, 좋은 것 아름다운 것 성스러운 것을 더 많이 우리의 생활에서 실현하려는 의지를 세울 수 있다. 이러한 세 갈래의 정신 능력이 힘을 합해 이루어낸 것들 중에서 칸트는 학문·도덕·예술·종교를 인간의 존엄성의 징표로 간주하였다. 사람의 마음이 만들어낸 이 네 가지 숭고한 것이 바로 사람다운 생활의 기둥이고 터전이다. 예로부터 사람들은 이 네 가지가 가장 높은 수준으로 실현된 삶을 훌륭한 인생, 그리고 이러한 인생을 보장하는 사회를 가장 좋은 사회로 여겨왔다.

　그러나 인류의 역사 어느 시점에서나 사람들이 실제로 이루어놓은 학문·도덕·예술·종교는 절대적으로 완결된 것은 아니다. 우리의 경험과 지식이 확장되고 새로워지면 다시 검토하여 더 나은 수준으로 발전시키지 않을 수 없다. 이 일은 그때마다 우리가 지닌 학문·도덕·예술·종교에 관한 "기초 신념" ― 기초 개념과 원리와 방법에 관한 신념 ― 을 반성적으로 음미하고 탐색하지 않을 수 없게 만든다. 이처럼 우리의 기초 신념들을 끊임없이 "비판적으로 음미하고 탐색하는 사고"가 바로 "철학적 사고"다. 따라서 "철학적 사고"는 그 과정에서는 더할 나위 없이 냉정하고 엄격하지만, 그 목표는 모든 학문·도덕·예술·종교가

지향하는 바와 같이 가장 높은 수준으로 인간성을 실현하여 이상적인
인생과 사회를 이룩하는 데 있다.

　이 책에서 "철학적 사고"를 말할 때 마음속에 두고 있는 "철학"은 "학
문으로서의 철학"(philosophy as science, scientific philosophy)이다. 더 정확히
말하면 "만학의 모태이자 여왕으로서의 철학"이다. 인류의 지성사를 돌
아보면 철학은 가장 오래된 학문이다. 그러나 지성의 역사는 지식의 역
사이면서 또한 오류의 역사이기도 하다. 이 때문에 인류는 "철학"이란
이름 아래 오늘날 우리가 학문으로 인정할 수 없는 많은 것들을 주장했
다. 이 점은 지금은 전혀 과학으로 인정될 수 없는 얼마나 많은 주장들
이 "과학"이란 이름으로 포장되었던가를 생각해보면 분명하게 이해될
것이다. 철학이 만학의 모태이자 여왕일 수 있으려면 적어도 수많은 개
별 학문 즉 과학들에 유익한 발언을 무언가 할 수 있어야 한다. 한 예로
"실존 철학"은 아무리 많은 사람의 호응을 얻는다 할지라도 논리학과
수학 그리고 경험 과학들에 대해 한마디도 하지 못한다. 이 점은 "동양
철학"도 마찬가지다. 예컨대 "주역"(周易)은 원래 점을 치는 책이다. 양
효(兩爻. ─. ‒‒)에 음양의 의미를 부여하는 것, 시초 50개를 이용하여 6
개의 효를 정하는 일, 그것들을 겹쳐 쌓아 64개의 괘(卦)를 만드는 과정,
그렇게 만들어진 괘들에 대한 해설 등 모든 과정이 "우연과 자의적 해
석"으로 이루어진다. 이런 주역이 현대의 철학과 학문을 뛰어넘는 "심
오한 철학"이나 "신묘한 과학"이라는 말은 터무니없는 주장이다. 러셀
은 대학 시절에 한때 "독일 관념주의 형이상학"에 심취했지만 "수학"에
대한 헤겔의 설명이 완전히 엉터리라는 것을 발견하자마자 "독일 관념
주의 형이상학"을 완전히 버렸다고 고백하고 있다. 철학의 역사에 한때
등장했던 이런 주장들은 "학문으로서의 철학"의 자격을 인정받을 수 없

다. 그러니까 "학문으로서의 철학"은 모든 다른 과학들과 명확한 관계를 유지하면서 과학들의 "기초 학문"으로서든 "총괄 학문"으로서든 다른 과학들과 과학적 탐구들에 무언가를 이바지할 수 있는 철학이다. 이런 철학이라야 "만학의 여왕"으로 인정될 수 있고, 많은 비용이 들더라도 다음 세대에게 가르칠 필요가 있는 철학이다.

흔히 철학은 누구나 한다고들 말하지만, 오늘날 대학에서 철학을 연구하고 가르치는 나라는 40여 개 나라에 불과하며, 철학을 올바르게 연구하고 가르치는 나라를 꼽는다면 그 수는 크게 줄어들 것이다. 우리 대한민국은 건국과 동시에 대학에 철학과가 개설되면서 철학의 연구와 교육을 시작하여 지금에 이르고 있으니 선배 교수님들께 크게 감사드리지 않을 수 없다. 그러나 겉으로는 철학을 본격적으로 연구하고 가르치는 것처럼 보였지만, 해방 이후 건국과 6·25전쟁을 거치는 동안 공산주의 이데올로기를 철학이라고 오해했던 사람들에서부터 동양의 고대 사람들에게서 전해 내려오는 이른바 "동양 철학"을 맹종하는 사람들에 이르기까지 진정한 "학문으로서의 철학"을 이해하지 못한 사람들이 많았고, 이런 사정은 지금도 진행 중이다. 게다가 서양 철학을 전공하는 사람들 중에는 아직도 서양의 철학자가 쓴 책을 읽고 외워 전달하는 데에 매달려 있는 사람들이 많다. 이명현 교수가 일찍이 "제발 이제 '가라사대 철학'을 넘어서자!"라고 외친 것은 이런 현실을 바로잡자는 제안이었다. 하지만 우리 현실은 아직도 여전하다.

물론 옛날 사람들의 철학적 신념들을 검토하는 일은 반드시 필요하다. 옛날 철학자들은 철학적 사고가 필요한 다양한 주제들과 그에 대해 어떤 탐구 노선이 가능한지 실례를 보여주고 있으므로 귀중한 자산이다. 하지만 그런 주제들과 탐구 노선들에 대한 공부는 어디까지나 참고하는 데 그쳐야 한다. 왜냐하면 우리의 경험과 지식은 옛날 사람들의 경험과 지식보다 엄청나게 확장되고 심화되어 있기 때문에 옛날 사람들의 모든 철학적 신념을 그대로 내 신념으로 삼을 수 없기 때문이다. 칸트가 그 시대에 아무리 위대한 철학자였다 하더라도 오늘날 우리가 알고 있는 논리학과 과학들을 전혀 알 수 없었다. 따라서 철학은 어느 시대 누구에게나 자신의 삶 속에서 스스로 탐구하는 지적 작업일 수밖에 없다. 그런데도 우리 사회에는 자신의 철학적 신념들을 철학사 책에서 찾으려는 사람이 의외로 많다. 철학사 책은 과거의 독창적인 철학자들의 철학적 신념을 많이 소개하고 있다. 그 철학적 신념들은 그 철학자들이 스스로 철학해서 도달한 결론이다. 하지만 그 가운데 어느 것을 내 철학적 신념으로 받아들이면 그것으로 내 철학 공부가 끝나리라고 기대하는 것은 아주 잘못된 생각이다. 남이 내 숨을 대신 쉬어줄 수 없듯이 내 철학적 신념을 남이 만들어줄 수 없다. 자신의 철학적 신념은 스스로 만들어야 진짜 자기 것이다.

그러므로 우리는 철학사 책을 읽을 때 선배 철학자들의 결론을 그냥 외우는 게 아니라 그 철학적 결론을 "철학하는 연습 상대"로 삼아 실제로 "철학적 사고의 훈련"을 해야 한다. 선배 철학자들이 자신의 철학적 신념에 어떻게 도달했는지 그 과정과 방법을 배우려고 해야 한다. 다시 말해 그들의 "철학하는 노하우(know-how)"를 터득해서 자신의 "철학하는 능력"을 키워 "스스로 철학할 줄 알게" 되어야 한다. 그런 다음이라야 어떤 주제에 대해서든 자신의 철학적 신념을 스스로 확립할 수 있기 때문이다. 칸트가 학생들에게 해주었던 "나는 철학을 가르칠 수 없다. 언제 어디서 누구에게나 타당한 철학은 없기 때문이다. 나는 '철학하는

방법'만 가르칠 수 있을 뿐이다."라는 말은 이 점을 명확하게 지적하고
있다.

그렇다면 "학문으로서의 철학"은 다른 학문들 즉 "개별 과학"과 어떤
관계인가? 바꿔 말하면 "철학적 사고"는 과학을 하는 데 어떤 기여를
할까? 이 물음에 관해 이야기하기 전에 잠시 용어 문제를 정리하고 나
아가는 게 좋겠다. 앞에서 "과학"이란 용어보다 "학문"이란 용어를 주
로 사용한 데에는 이유가 있다. 우리말에는 "학문"과 "과학"이란 두 용
어가 널리 통용되고 있는데, 일상생활에서는 "과학"이 주로 개별 과학
들, 그중에서도 특히 "자연 과학"을 지칭하는 경우가 매우 흔하다. 그러
나 서양의 영어 사용권에서는 "science"라는 용어만 사용하며, 이 말의
어원은 "지식"을 뜻하는 라틴어 "scientia"이다. 이 때문에 우리의 사고
에 혼선이 일어날 수 있다. 왜냐하면 인류가 최초로 만든 "science"는
오늘날 우리가 아는 "자연 과학"이 아니라 아리스토텔레스의 "논리학"
과 유클리드가 집대성한 "기하학"인데, 논리학과 기하학을 지금 우리의
일상적 용어법으로 "과학"이나 "자연 과학"이라 부르는 것은 맞지 않기
때문이다. 따라서 "science"란 말을 우선 넓게 "학문"이나 "개별 학문"
의 뜻으로 이해할 필요가 있다. 이런 사정을 명확하게 인식하고 있어야
"학문"과 "과학"을 동의어처럼 사용하면서도 마음속으로는 "과학"을
"개별 학문"이나 "개별 과학"이란 뜻으로 이해할 것이므로 혼선을 일으
키지 않을 것이다.

지금까지 철학에 관해서 한 이야기는 또한 모든 개별 학문(과학)의 시
작에 관한 이야기이기도 하다. 인류 지성의 역사를 보면 철학은 다른
모든 개별 과학의 모태였다. 모든 개별 과학은 철학의 모태에서 태어나

성장하면서 독립한 지식 체계들이다. 그러므로 철학과 개별 과학들은 현재의 겉모습만 보면 전혀 다른 것처럼 보이지만 실은 혈연관계로 연결되어 있는 한 가족이다.

하나의 학문(과학)은 그 자체만 보면 "그 학문의 주제에 관한 진리들을 찾아내어 논리적으로 체계화한 지식"이다. 따라서 어떤 과학을 이해하는 일은 ① 주제의 성격 ② 그 주제에 관한 진리를 발견하는 방법 ③ 그 진리들을 체계로 구성하는 방법을 확인하는 일이다. 어떤 사람이 이 세 가지를 어느 정도 알고 있다면 그 과학에 대한 "일반적 개념"을 갖고 있다고 할 수 있다. 그러나 과학들에 대한 이해는 더 심화될 필요가 있다. 우선 과학마다 "주제의 성격"을 정확히 이해해야 한다. 또 주제들은 눈에 보이지 않는 "논리적 질서"를 갖추고 있다. 어떤 주제는 다른 주제보다 일반성이나 추상도가 높거나 낮다. 이 사실이 과학들의 "논리적 질서"를 결정하고, 이를 기준으로 "과학들의 분류"가 이루어진다. 게다가 주제에 따라 진리를 확정하는 방법이 다를 수 있으므로 과학마다 "그 과학에서 진리를 탐구하는 방법"을 알아야 한다. 요컨대 이런 일은 과학적 지식의 양을 증가시키는 일이 아니라 "과학의 본질"을 이해하는 일이고, "과학을 실제로 만드는 노하우"를 터득하는 일이다. 이 일에 필요한 "기본 사항"은 II부 전체에 걸쳐 자세히 설명하고 있으므로 여기서는 이 정도로 줄이겠다.

그러므로 철학의 경우와 마찬가지로 과학을 하는 사람은 스스로 과학적 지식을 탐구할 줄 알아야 하고 체계를 세울 줄 알아야 한다. 과학 책에 기록된 내용들을 이해하고 암기하는 것은 "기존 과학"에 적응하는 단계에 지나지 않는다. 이제는 우리도 우리나라 과학자가 노벨상을 받기를

바라지만 노벨상은 "과학적 지식의 새로운 지평"을 창조한 과학자에게
만 수여된다. 그러므로 우리나라에서 노벨상 수상자가 나오려면 "과학
의 본질을 아는 사람을 기르는 교육"이 필요하다. 이 점은 고등학생이
나 대학생에만 해당되는 것이 아니다. 과학과 관련해서 우리나라 학부
모들이 실제로 가장 괴로워하는 것은 자녀들의 대학 진학에 관한 지도
문제다. 대학에 진학한다는 것은 겉으로는 취직에 유리한 "학과"를 선
택하는 것처럼 보이지만 실은 전공할 "과학"을 선택하는 일이다. 따라
서 학부모들이 자녀의 대학 진학에 관해 조언을 하려면 철학에서 개별
과학들까지 "학문 세계 전체"에 대한 안목을 가져야 한다. 수능 점수에
맞춰 학과 선택을 조언하는 것은 눈을 감고 층계를 뛰어 올라가라고 조
언하는 것만큼이나 위험하다.

　"철학하는 노하우"의 본질은 개별 과학이 철학의 자손들이므로 주제
나 그에 따른 구체적 탐구 방법에는 차이가 있을지라도 "모든 개별 과
학을 하는 노하우"에도 그대로 적용된다. 이 책이 전하고자 하는 것은
"철학과 학문을 하는 노하우"이다. 하지만 "노하우 그 자체"는 한 개인
이 스스로 체득해야 하는 능력이자 기능이기 때문에 책을 통해서 전달
될 수 없다. 이는 어떤 책도 또 어떤 다른 수단도 김연아의 스케이팅 실
력을 초보자에게 직접 옮겨 심을 수 없는 것과 마찬가지다. 그러나 초
보자가 자신의 실력을 기르는 데 도움을 받을 수 있는 자세, 동작, 주의
해야 할 점 등을 말이나 그림이나 시범 등을 통해 알려줄 수는 있다. 이
책도 마찬가지다. 지은이들이 처음 철학에 관심을 갖기 시작해서 지금
에 이르기까지 "철학하는 노하우"를 터득하면서 도움을 받은 "기초 지
식"과 "기본 요령"을 예들을 통해 가능한 한 쉽고 실감 있게 알려줄 수
는 있기 때문이다. 그래도 정말 중요한 것은 여기에 소개된 "기초 지식"

과 "기본 요령"을 독자 스스로 자신의 "철학적 사고"와 "과학적 사고"에 응용하면서 실제로 훈련을 쌓아 자신의 내공을 길러야 한다는 것이다. 처음에는 억지로 하는 연습처럼 느껴질는지 모르지만, 실은 그 연습 자체가 바로 "스스로 학문하는 과정"이라는 걸 금방 깨달을 수 있을 것이다. 자신의 철학적 신념과 학문적 지식은 스스로 깨달아야 이루어진다. 이 일은 절대로 어느 누구도 대신해줄 수 없다.

이 책은 그러니까 우리 두 사람을 스스로 철학할 수 있도록 직접 가르쳐주신 은사 송현주 교수님을 비롯하여 고금동서의 셀 수 없이 많은 선배 철학자들로부터 배운 "철학과 학문을 하는 노하우"를 정리한 것이다. 따라서 우리에게는 이 책이 평생 철학과 학문을 해서 얻은 내공의 열매라고 할 수 있다. 그러나 철학과 학문을 이제 시작하는 사람들에게는 에베레스트 산을 처음 오르려는 사람의 지도나 등산 일정표처럼, 또는 자기가 살 집을 지으려는 사람의 건축 설계도처럼 사용될 수 있을 것이다. 이런 사람들에게는 이 책이 시작에 앞서서 철학과 학문의 투시도나 조감도 같은 "일반적 안목"을 미리 마련해줄 것이므로 "철학과 학문의 첫걸음"을 안내하는 역할을 할 수 있을 것이다. 이 책이 철학과 학문의 세계를 선명하게 이해하고 싶고, 자신의 철학과 학문을 스스로 키워서 영혼의 안식처인 "지성"을 마련하고 싶은 사람들에게 조금이라도 도움을 줄 수 있기 바란다.

우리는 책을 펴낼 때마다 철학의 길을 이끌어주신 은사 송현주 교수님의 모습과 말씀을 항상 떠올린다. 선생님께서는 우리의 대학 시절에 "Clear thinking! Clear wording!"을 강의나 대화 중에 자주 강조하셨다. 나중에 선생님의 뜻이 "명료한 말이 명석한 사고다."라는 프레게의

말과 똑같은 걸 깨닫고 기뻤던 추억이 새삼스럽다. 다시 한 번 선생님께 깊이 감사드린다. 매번 책을 훌륭하게 만들어주시는 김신혁 사장님과 서광사 여러분께 감사드린다.

2014년 1월

〈인봉 철학 사랑〉에서

이명숙 · 곽강제

I부
철학의 노하우

철학은 어떻게 하는가?

1___

철학적 사고는 이렇게 한다

1. 문제와 물음

모든 학문에는 주제를 이루는 어떤 종류의 물음이 있고, 그 답을 찾는 방법과 이미 찾은 많은 답이 체계적으로 정리되어 있게 마련이다. 그래서 우리가 어떤 학문의 주제, 방법, 답들의 체계를 확인하면 그 학문의 대체적인 모습을 파악했다고 할 수 있다. 따라서 철학이란 학문을 알아보는 일도 철학의 주제를 형성하는 철학적 물음은 어떠한 물음이고, 그 답을 찾는 방법은 무엇이며, 지금까지 찾아낸 답은 어떻게 체계적으로 정리되어 있는가를 명확하게 확인하는 일이다. 철학 이외의 학문의 경우에는 이 세 가지 물음에 대한 답을 대부분의 사람이 잘 알고 있다. 물음의 종류가 분명하고, 방법도 명확하며, 답도 풍부하게 쌓여 왔기 때문이다. 수학의 경우가 그렇고, 과학의 경우가 그렇다.

수학과 과학의 경우에는 주제와 방법이 확연하기 때문에 "수학은 어떻게 하는가?" "과학은 어떻게 하는가?"라는 물음을 명확하게 이해할 수 있다. 수학을 하는 것은 수학적 물음에 대한 답을 수학에 고유한 방법으로 찾아나가는 과정이라 말할 수 있다. 예컨대 (기초) 기하학은 도형들의 성질에 관한 진리들을 찾아내어 연역 체계로 구성하는 것인데, 유클리드 기하학이 하나의 실례라고 대답하면 기하학을 이해하고 있는 사람으로 인정받을 수 있다. 마찬가지로 물리학을 하는 것은 물리적 현상에 관한 물음에 대한 답을 과학적 방법으로 찾아나가는 과정이라고 말한 다음, 뉴턴의 역학이나 아인슈타인의 상대성 이론을 실례로 들면 훌륭한 답변으로 인정받을 수 있다. 그렇다면 철학을 하는 것은 철학적 물음에 대한 답을 철학에 고유한 방법으로 찾아나가는 과정이라고 해야 할 것이다. 그런데도 이 답은 대부분의 사람에게 손에 잡히는 분명한 내용이 거의 없다는 느낌을 줄 것이다. 그 까닭은 철학적 물음이 어떤 종류의 물음인지, 그 답을 어떤 방법으로 찾아나가는지에 대한 생각이 명료하지 못하기 때문이다. 철학의 경우에 사정이 이처럼 막막한 근본적 이유는 대부분의 사람이 문제와 물음을 혼동하여 철학을 물음에 대한 답을 찾는 일이 아니라, 인생의 여러 가지 문제를 직접 해결해주는 것으로 생각하면서 잘못된 기대를 갖고 있기 때문이다.

그러므로 철학이 어떠한 학문인가를 명확하게 파악하기 위해서는 우선 철학이 "신비로운 비결" 같은 것이 아니라 학문(學問, science)이라는 사실을 자각해야 하고, 학문은 물음에 대한 답을 찾는 일이라는 것을 잊지 말아야 한다. 우리는 살아가면서 종류를 다 헤아리기 어려운 수많은 문제(問題, problem)에 부딪힌다. 그 모든 문제는 어떻게든 처리해야 하도록 우리에게 주어지는 모든 것이다. 처리해야 할 일거리, 해결책을 마련해야 할 과제, 합의점을 찾아야 할 논쟁거리, 피하고 싶은 성가신 일, 벗어나고 싶은 좋지 못한 감정 상태, 어떻게 해야 할지 난감한 걱정거리, 증명해야 할 명제, 답을 찾아야 하는 물음 … 등등이 모두 문제라 할 수 있다. 그러나 학문은 이 모든 문제를 직접 처리할 수 없다. 사람들은 "학문적 문제"라는 말을 여러 가지 문제에 구별 없이 사용하지만 오직 답을 찾아야 하는 물음만이 학문적 문제다.

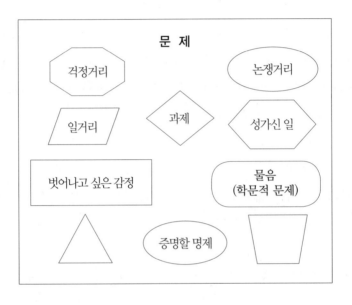

학문은 물음에 대한 답을 찾아내고, 이 일을 통하여 우리가 다른 실제적 문제들을 처리할 수 있는 지식을 마련해준다. 학문이 인생의 현실문제를 해결하는 데 도움을 주는 것은 이처럼 간접적 과정을 통해서다. 비유컨대 학문은 정확한 지도를 작성하는 일이다. 지도는 우리에게 현지의 지형을 비롯한 여러 가지 정보를 정확하게 알려줄 뿐이다. 사람들은 저마다 자신의 목적에 따라 그 정확한 지도를 실제로 이용한다. 마찬가지로 철학도 학문인 한 철학적 물음에 대한 답을 찾는 일을 하며, 그 답이 찾아지면 사람들은 그 답을 신념(信念, belief)으로 삼고 살아가게 된다. 그러나 실제로 문제를 처리하면서 살아가는 것은 철학적 신념을 지닌 사람이지 철학 그 자체가 아니라는 것을 잊지 말아야 한다.

2. 물음과 탐구

　물음은 우리가 살아가다가 다른 사람의 의외의 행동이나 이 세계의 기이한 현상에 충격을 받게 되면 떠오르게 된다. 그런 충격은 대체로 놀람이나 불안 같은 심리 상태를 우리에게 일으킨다. 이런 놀람이나 불안은 우리의 마음을 불편하고 답답하고 부자유스럽게 만든다. 이런 마음의 상태가 의심(疑心, doubt)이다. 마음이 이런 상태를 평온하고 만족스러운 상태로 바꾸기 위해 내딛는 첫걸음은 답을 궁리하는 의문문을 생각해내는 일이다. 답을 요구하는 이런 의문문이 물음(疑問, 質問, question)이다.

　모든 물음은 학문의 연구 주제가 될 수 있다. 그러나 모든 물음이 철학적 물음(philosophical question)은 아니다. 그렇긴 하지만 철학적 물음이 특이한 근원으로부터 나오는 것은 아니다. 철학적 물음은 우리 모두에게 아주 익숙한 사고가 만들어낸다. 우리는 자신의 모든 신념이 옳기를 바라기 때문에, 자기가 지닌 신념을 믿는 일이 합리적인지 자문해보게 마련인데, 바로 이 사고에서 철학적 물음이 자라나온다. 원래 "합리적"(合理的, reasonable, rational)이란 말은 여러 가지 뜻으로 사용되는 말이지만, 이 경우에는 명확한 뜻으로 사용되고 있다. 즉 "합리적 신념"(合理的 信念, reasonable belief)이란 그 신념을 입증하는 훌륭한 증거를 거느리고 있는 신념이란 뜻이다. 합리적 신념은 그 옳음을 증거가 밑받침하고 있으므로 증거가 제시되지 않은 비합리적 신념보다 옳을 가능성이 크다.

사실 우리는 철학을 만나기 오래전부터 어떤 신념이 합리적 신념인지 잘 알고 있다. 누구나 어릴 적에는 부모의 신념이나 우리 사회의 문화에서 통용되는 의견을 증거에 의해 정당화하는 일을 하지 않고 그저 받아들인다. 우리는 그러한 신념이나 의견을 지니고 있다는 사실을 분명히 말로 표현한 적도 없고 스스로 자각조차 하지 못하면서도 그에 의거해서 행동하는 수가 많다. 마음이 어떤 명제나 의견을 믿고 있는 상태는 편안하고 만족스러운 상태이기 때문에, 그 명제나 의견이 이미 믿고 있는 명제나 의견과 충돌한다는 것을 깨닫기 전까지는 그 신념을 의심하거나 그 신념을 입증해주는 증거를 찾는 일이 일어나지 않는다.

그러나 살아가면서 겪는 경험에 주의를 기울이다 보면, 우리는 어떤 신념을 의심할 수밖에 없도록 하는 경험을 겪게 되는데, 이런 일은 아주 어린 시절에도 일어난다. 불친절한 사람을 만난 어린이는 모든 사람의 마음이 착하다는 신념을 다시 생각하게 될 것이다. 반드시 지켜야 한다고 배웠던 도덕규범이나 법률을 어긴 사람에 관한 이야기를 들은 학생은 심한 의문에 싸일 수 있다. 신은 인간을 무한히 사랑한다고 믿어온 학생이 자연적 재앙이나 사회적 재앙으로 말미암은 수많은 인간의 죽음이나 고통에 연민을 느끼게 되면 인간이 정말로 신의 사랑을 받고 있는지 의문을 갖게 될 것이다. 물론 잠시 동안은 이런 사람들의 마음을 달래주는 어정쩡한 답이 있을 수 있다. 그러나 점점 지식이 늘어가고 경험이 확장되어 가면 그러한 임기응변의 땜질식 답은 무너지게 마련이다. 사실 우리는 살면서 경험이 불러일으키는 수많은 의문에 부딪히지만, 대부분의 의문은 더 많은 경험을 하게 되면 자연스럽게 답이 찾아진다. 그러나 어떤 의문은 오히려 점점 더 심화되면서 사라지지 않는다. 그러다가 인생의 어느 대목이나 성장의 어느 단계에 이르면, "참

으로 믿을 수 있는 것이 정말 있을까?" "다른 사람의 말이나 책에 무조
건 의존해도 정말 괜찮을까?" "내가 직접 본 것일지라도 그걸 증거로
믿어도 정말 괜찮을까?" 하는 데까지 의심이 깊어질 수 있다.

　이러한 의심은 우리가 그동안 지녀온 신념의 증거를 찾도록 우리를
몰아댄다. 우리는 하려고 결심만 하면, 자신의 신념에 대한 훌륭한 증
거를 찾는 일, 다시 이 증거에 대한 증거를 찾는 일을 계속 진행해나갈
수 있다. 이것이 바로 지적 탐구 작업의 시작이다. 그리고 우리가 "증거
를 추구하는 탐구 작업"을 계속 밀고 나가면, 마침내 누구나 사물에 관
한 일상적 물음과 구별해서 철학적 물음이라고 부르는 물음을 탐구하는
작업에 직면하게 된다. 이 철학적 물음들 가운데 어떤 것은 우리 자신
이 이미 생각해본 것일 수도 있고, 어떤 것은 처음 대하기 때문에 아주
생소할 수도 있다. 그렇지만 대부분의 철학적 물음은 원래 누군가가 자
신의 "일상적 신념"에 대해 비판적 검토를 시도했기 때문에 제기된 물음
이다.

　이와 같이 철학적 물음은 의심에서 비롯되고 의심은 놀람에서 시작
된다. 의심은 물음을 통해서 우리를 탐구에로 이끈다. 일찍이 아리스토
텔레스(Aristoteles, 기원전 384-322)는 "철학은 놀람에서 시작된다."는 말로
이 사실을 간명하게 지적하였다.

3. 철학적 물음

이제 물음이 어떤 특징을 지녀야 철학적 물음이 되는지 알아보자.[1] 이

일을 위해서는 우선 우리 생활의 도덕적 측면에서 일어나는 몇 가지 철학적 물음을 확인해보는 게 도움이 될 것 같다. 한 예로 친구가 어떤 법규를 어긴 사람은 당연히 교도소에 보내야 한다고 주장한다고 해보자. 우리는 자세한 사정을 들은 다음에 이 의견에 동의할 수도 있다. 그러나 동의는 하면서도 우리는 자신의 판단이 올바르다는 것을 확신하고 싶어서 이 의견을 의심할 수도 있다. 이런 경우라면 우리는 더욱 "근본적인 물음"을 연이어 묻게 될 것이다.

왜 그 사람을 교도소에 가두는 것이 당연한가? 물론 그가 형법의 법률을 어겼기 때문이다. 법률을 어겼다고 해서 그를 교도소에 가두는 건 당연한가? 그렇다! 국가의 법률을 어기는 건 잘못이니까. 하지만 왜 잘못인가? 그 사람이 전혀 알지도 못하는 사람들이 어떤 행위를 금지하는 법률을 정했는데, 왜 그 사람이 법을 지켜야 할 의무를 지게 되는가? 이런 식으로 계속 물어나가면 우리는 법률의 도덕적 기초, 올바름과 그릇됨 즉 정의와 부정의에 대한 표준, 정부와 사회의 목적에 관한 아주 근원적인 물음에 부딪히게 된다. 만일 우리가 앞에서 예로 든 징역 의견에 찬성한다면, 어떤 조건 아래서는 정부가 시민의 자유를 박탈한 권리를 갖는다고 주장할 정도로 정부가 중요하다고 가정하고 있음을 깨달을 수 있을 것이다. 이 가정은 철학적 신념이다. 그리고 이 신념이 옳은지 그른지 물을 때 우리는 철학적 물음의 답을 찾고 있는 것이다.

이처럼 끈질기게 물어나가는 일은 어떤 사람의 특정한 신념이 의지

---

1 『철학적 사고에의 초대』(*Invitation to Philosophical Thinking*, E. I. Beardsley & M. C. Beardsley, 이명숙·곽강제 옮김, 서광사, 2003) 15-21쪽의 더 자세한 설명을 참고하기 바란다.

하고 있는 "직접 증거" 즉 경험에 의해 사실로 확인되었거나 확인될 수 있는 증거뿐만 아니라, 그 신념을 가진 사람이 증거를 제시하라는 요구를 받기 전에는 전혀 의식하지 못하고 있던 기초 가정(基礎 假定, basic assumption)을 환히 드러내게 된다. 원래 증거는 어떤 것이든 제 자신의 증거가 되지 못하는 법이므로, "증거의 증거", 또 "증거의 증거의 증거"를 계속 물어나가면 결국에는 그 사람이 의지하고 있는 근본 가정(根本 假定, fundamental assumption)이 드러나게 된다. 이런 일을 통해 사람은 제 자신을 더 깊이 이해하게 된다. 이처럼 새로운 통찰을 마련해주는 것이 철학의 계몽적 기능이다.

이번에는 계속 물어나가는 일이 어떻게 다른 방향의 철학적 물음을 드러내게 되는지 알아보자. 가령 어떤 행위가 위법이었다고 하더라도 그 행위를 한 사람이 처벌받아야 하는가는 여전히 논의의 여지가 있을 수 있다. 어떤 사람은 정신이 박약하거나 마음이 병들어서 잘못을 저지르는 수가 있다. 이런 경우 우리는 그 사람이 처벌받아 마땅하다고 생각하지 않는다. 하지만 이런 경우에도 그 사람이 자신의 행동에 대해 책임져야 한다고 주장할 수 있다. 왜 책임져야 하는가? 그가 잘못을 저지를 때 자유로웠으니까. 다시 말해 그런 행동을 할 것인지 말 것인지는 그의 자유에 맡겨져 있었으니까. 확실히 사람은 누구나 자유 의지(自由 意志, free will)를 갖는다. 그러나 언제나 자유 의지로 행동하는 건 아니다. 그렇다면 모든 사람이 언제나 자유 의지를 갖는다는 생각이 옳다고 믿을 증거가 있는가? 사람에게 자유 의지가 있다는 걸 우리는 어떻게 아는가? 이렇게 해서 우리는 판사나 검사가 부딪히는 문제보다 훨씬 더 심층에 도사리고 있는 기초 신념(基礎 信念, basic belief)에 대한 철학적 물음을 또 하나 드러내게 된다. "모든 인간은 언제나 자유 의지로 행동하는가?"라는 물음이 바로 그것이다.

```
┌─────────────────────────────────┐
│                                 │
│          다양한 물음들           │
│                                 │
│      ╭───────────────────╮      │
│      │    철학적 물음     │      │
│      ╰───────────────────╯      │
│                                 │
└─────────────────────────────────┘
```

위에서 확인해본 물음들을 철학적 물음으로 만드는 것은 무엇일까? 첫 번째 특징은 이런 물음이 고도로 일반적인 물음(highly general question)이라는 점이다. 개에 관한 물음이 바둑이에 관한 물음보다 더 일반적인 물음이고, 또 동물에 관한 물음이 포유류에 관한 물음보다 더 일반적인 물음이다. 그렇다면 "이 세계에 있는 모든 것"에 관한 물음이 모든 물음 가운데서 가장 일반적인 물음이다. 모든 사람의 마음이 착한가? 올바른 행위는 모든 인간의 행복을 증진하는가? 모든 사람이 언제 어디서나 자유 의지를 갖는가? 우리 주변의 대부분의 사람은 실제적인 사물에 이해 관계가 깊기 때문에 구체적 사건이나 특정한 행위에 관심을 주로 보인다. 하지만 철학자들은 "고도로 일반적인 물음"이 제기되어야 활동을 시작한다. 물론 특수한 구체적 주제에 관심을 갖고 탐구하는 사람 역시 당연히 해야 할 일을 하고 있다. 그러한 구체적 탐구 없이는 인간의 지식의 진보를 기대하기 어렵기 때문이다. 그러나 누군가가 언젠가는 이처럼 "고도로 일반적인 물음"을 제기하고 거기에 답하려고 노력해야 한다. 이 일이 철학자의 일이다.

한편, 어떤 물음은 지극히 근본적인 물음(highly fundamental question)이라는 특징 때문에 철학적 물음으로 간주된다. 이 두 번째 특징이 첫 번째 특징보다 더 중요하다. 어떤 사람이 특정한 시점에 지니고 있는 신념들은 어느 정도 질서 잡힌 체계를 형성하고 있는 법이다. 어떤 신념이 다른 신념을 증거로 삼고, 다시 이 나중의 신념은 또 다른 신념을 증거로 삼는 식으로 서로 연결되어 있는 정도만큼 체계를 이루고 있다. 비가 오리라는 예측에 대해 증거가 무엇이냐는 질문을 받았을 때, 하늘에 먹구름이 낀 것을 보았다고 대답한다면, 두 번째 신념이 첫 번째 신념보다 논리적으로 "근본적인" 신념이다. 물론 어떤 사람의 사고에서는 매우 근본적인 신념이 다른 사람의 사고에서는 근본적인 신념이 아닐 수 있다. 그러나 어떤 신념은 누군가가 일단 마음에 간직하면 누구의 사고에서도 근본적인 신념의 역할을 할 수 있다.

철학적 물음	고도로 일반적인 물음
	지극히 근본적인 물음

어떤 신념이 다른 신념을 입증하는 반면에, 두 번째 신념이 첫 번째 신념을 입증하지 못하는 경우에는, 첫 번째 신념이 두 번째 신념보다 "논리적으로 더 근본적인" 신념이다. 하지만 이보다 더 근본적인 신념, 또 그보다 더 근본적인 신념이 있을 수 있다. 그러니까 적어도 원리상으로는 더 근본적인 신념이 더 광범위한 다른 신념을 입증할 수 있다. 따라서 두 신념이 있을 때 더 근본적인 신념이 더 많은 다른 신념을 밑받침하는 기초 신념이다. 우리가 어떤 특수한 구체적 사실에 대한 신념을 바꾸는 경우에는 그에 따라 수정해야 할 신념이 그리 많지 않다. 그

러나 지극히 근본적인 신념이 바뀌는 경우에는 그에 따라 수정되어야 할 신념이 굉장히 많다. 예컨대 인간의 마음이 착하다는 신념이 변하는 경우에는 그에 따라 학문, 도덕, 종교, 교육 등에 관한 엄청나게 많은 다른 신념이 변하게 될 것이다.

물음이 일반적이면 일반적일수록 그 물음과 관련되는 영역이 점점 더 넓어진다는 건 당연하다. 따라서 물음이 일반적이면 일반적일수록 더욱더 근본적인 물음이기 쉽다는 생각이 떠오를 것이다. 대부분의 경우에는 그렇다. 하지만 이 말이 항상 옳지는 않다. 예컨대 "모든 인간은 이기적인가?"라는 물음과 "모든 인간은 신발을 신는가?"라는 물음은 둘 다 "모든 인간"에 관한 물음이므로 일반성(一般性, generality)의 정도는 똑같다. 그렇지만 두 물음의 근본성(根本性, fundamentality)의 정도는 크게 다르다. 왜냐하면 첫 번째 물음은 그 답에 따라 행위, 도덕, 교육 등에 관한 수많은 신념이 영향을 받지만, 두 번째 물음은 이런 신념에 거의 영향을 주지 못하기 때문이다. 한편으로 "신(神)은 실제로 존재하는가?"라는 물음은 단 하나의 존재에 관한 물음이므로 일반적인 물음이 아니다. 그럼에도 이 물음은 근본적인 물음이다. 신을 믿는 종교를 가진 사람의 경우에는 인간과 우주에 관한 수많은 신념이 이 물음에 대한 답에 따라 달라질 것이기 때문이다.

어떤 물음이 철학적 물음으로 간주되려면 얼마나 일반적이어야 하고, 얼마나 근본적이어야 하는지를 정확하게 결정하는 규칙은 없다. 그런 규칙을 정할 수 있는 방법이 없기 때문이다. 철학자들이라 할지라도 우리가 생각해내는 낱낱의 물음 모두에 대하여 그 물음이 철학적 물음인지 아닌지 이의 없이 의견의 일치를 보진 못할 것이다. 그러나 우리가

자신의 신념을 입증하는 훌륭한 증거를 찾으려고 한다면, 이 일을 어떤
신념에서부터 시작하든 얼마 안 가서 여러 가지 개별 학문을 넘어서 결
국에는 대부분의 철학자가 철학적 물음으로 인정하는 물음에 부딪히게
될 것이다. 그러므로 자신의 신념이 합리적 신념이기를 바라서 신념의
증거를 끈기 있게 찾는 사람은 누구나 반드시 스스로 철학적 물음에 부
딪히게 된다. 이것이 바로 어떤 학문을 탐구하든 간에 결국에는 철학에
도달한다는 말의 뜻이다. 그리고 영어권 대학에서 어떤 학문의 박사 학
위든 "Doctor of Philosophy"(Ph. D., 철학 박사)로 부르는 이유다. 그러
나 어떤 사람이 어떤 주제에 관하여 어느 정도의 일반적인 신념이나 근
본적인 신념에서부터 증거를 묻기 시작하는가는 사람마다 다르다. 철
학을 시작하는 출발점이 사람마다 다른 것은 이 때문이다.

4. 철학적 사고

철학적 신념 즉 "고도로 일반적인 신념"이나 "지극히 근본적인 신념"
의 진리성(眞理性, truth)과 관련 있는 사고는 모두 철학적 사고(哲學的 思考,
philosophical thinking)라고 할 수 있다.[2] 철학적 사고는 어떤 신념에 대해
일어나는 의심이 말끔히 사라지지 않기 때문에 그 신념이 훌륭한 증거
에 기초를 두고 있는지 확인하는 형태로 진행될 수 있다. 이런 경우의
철학적 사고는 그 신념의 진리성이나 합리성을 "음미하는 일"(吟味, exam-
ining)을 수행하고 있다. 다른 한편으로 철학적 사고는 어떤 신념을 옳다

---

2 『철학적 사고에의 초대』(Invitation to Philosophical Thinking, E. I. Beardsley & M. C.
Beardsley, 이명숙·곽강제 옮김, 서광사, 2003) 21–32쪽의 더 자세한 설명을 참고하기 바란다.

고 승인하고 나서 그 신념과 다른 신념들 사이의 논리적 관계를 확인하는 형태로 진행될 수도 있다. 이런 경우의 철학적 사고는 그 신념과 다른 신념들 사이의 논리적 정합성이나 일관성을 "탐색하는 일"(探索, exploring)을 하고 있다. 전문적 철학자는 우리 인생에 중요한 주제들에 관한 최고의 일반적 신념이나 근본적 신념에 대해 이 두 가지 방식의 철학적 사고를 자신의 진정한 일거리로 삼고 있는 사람이다. 그러나 철학자들이 철학적 사고를 완전히 독점할 권리는 없다. 다른 분야의 전문가, 예컨대 과학자, 역사가, 예술비평가, 정치가, 기업가 … 등등 누구나 자신의 분야에 관한 일반적 신념과 근본적 신념에 대해 음미하는 사고나 탐색하는 사고를 할 때에는 철학적 사고를 한다고 할 수 있다. 사실 인간과 인간의 행위 그리고 이 세계에 대해 일반적 안목과 근본적 이해에 도달하려고 노력하는 사람은 누구나 철학적 사고를 한다고 할 수 있다.

이제 철학적 사고의 본성을 명확하게 이해하기 위해서 일상적 수준의 신념으로부터 시작하여 차츰차츰 진행되기는 하지만 곧장 철학적 사고에 이르는 예를 살펴보기로 하자.

A: 나는 네가 지난 일요일에 부모님께 편지를 썼어야 한다고 생각해.

B: 왜?

A: 네가 매주 일요일에 편지를 올리겠다고 약속했다니까 하는 말이야.

B: 약속을 드린 건 사실이야. 하지만 난 너무 바빴거든. 그 약속을 지키는 것이 왜 그렇게 중요하지?

A: 그 약속만이 아니라 어떠한 약속도 마찬가지야. 약속을 어기는 건 언제든지 잘못이야.

B: 글쎄, 나도 전에는 그렇게 생각했지. 하지만 지금은 그렇게 믿지 않아.

무엇 때문에 너는 약속을 어기는 것이 언제나 잘못이라고 생각하는 거지?

A: 내가 그렇게 말한 이유는 단지 우리 사회 대부분의 사람이 약속을 어기는 걸 비난하기 때문이야. 사람들이 그렇다는 것은 너도 잘 알잖아.

B: 물론이지. 대부분의 사람이 약속을 어기면 비난한다는 것은 나도 알아. 그렇다고 그 사실이 약속을 어기는 것이 언제나 잘못임을 실제로 증명하는 걸까? 대부분의 사람의 의견이 잘못일 수도 있지 않을까? 대부분의 사람이 잘못이라고 생각하는 것이 실제로 잘못일 수밖에 없다고 인정해야 하는 이유를 잘 모르겠어. 사람들이 잘못이라고 생각하는 것과 실제로 잘못인 것과는 어떤 관계가 있는 거지?

이 대화에서 A가 아주 구체적인 진술을 말하면 B는 A에게 그 진술에 대한 증거를 제시할 것을 요구하고 있다. A는 상식의 수준에서 만족스럽게 받아들여질 만한 생각을 증거로 제시한다. 대부분의 경우 대화는 여기서 끝날 것이다. 그러나 B는 계속 파고들면서 A의 증거의 토대가 되는 가정을 차례로 지적한 다음 번번이 더 깊이 숨겨져 있던 "기초가정"이 합리적 신념인지 묻고 있다. 문제가 되고 있는 신념이 계속 이어지는 질문에 따라 어떻게 점점 더 "일반적이고 근본적인 신념"으로 옮겨가는지 살펴보면 매우 흥미롭다. B는 질문을 통해서 A로 하여금 철학적 사고를 시작할 수밖에 없도록 몰아대고 있다. B 자신도 마지막에 어떤 철학적 신념의 진리성에 관한 의문을 일으켰지만 이야기는 거기서 끝나고 있다. 그러나 이 유예는 잠시일 것이다. 이 대화는 흔히 소크라테스(Socrates, 기원전 469~399)의 산파술(産婆術)이라 불리는 대화 방법이자 교수 방법을 보여주는 매우 일상적인 실례라 할 수 있다.

한편, 이 대화는 또 하나 재미있는 사실을 시사하고 있다. 그것은 대화를 읽어가는 도중에 우리의 관심이 점점 "잘못"이라는 말의 의미(意味, meaning)에 집중된다는 사실이다. 그래서 마침내 이 말의 의미만 명료하게 파악한다면 이 문제 전체가 아주 쉽게 해결될 수 있을 것으로 보인다. 어쩌면 "잘못"이란 말은 단순히 "우리 사회 대부분의 사람들에게 비난받는 것"을 뜻할 수도 있겠다. 그렇지만 우리가 "잘못"이라는 말을 오로지 이런 뜻으로만 사용하는가? 앞에서 예로 들어 살펴본 철학적 사고 중에 나왔던 "자유 의지"라는 말을 다시 생각해보자. 자유 의지가 무엇인지 명확하게 알지 못하면서, 인간이 이런 신비스러운 것을 갖는다는 신념이 합리적 신념인지 아닌지 결정할 수 있을까? 따라서 어떤 주제에 관한 토론의 핵심이 되는 낱말의 의미에 관한 물음이 철학적 사고에서 중대한 의의가 있음을 알 수 있다. 철학에서 사용되는 "핵심 용어"(Key word)는 고도로 일반적이면서 근본적인 신념을 표현하는 진술과 이런 신념에 관한 물음 속에 나타나는 낱말이다. 핵심 용어의 의미에 대한 물음은 근본적 물음이므로 철학적 사고의 중요한 대상이다. 어느 시대에나 철학자들은 이러한 낱말의 의미를 명료하게 밝히려고 노력했지만, 특히 20세기의 분석 철학자들이 이 일에 크게 기여하였다.

철학적 사고는 우리에게 세 가지 커다란 이익을 가져다준다. 첫째는 신념의 명료성(明瞭性, clarity)의 증진이다. 철학하는 사람이 단지 위대한 철학자들의 이론과 의견을 배우는 데 만족하지 않고, 이런 공부가 능동적인 철학적 사고의 훈련이 될 수 있도록 노력한다면 자기가 지닌 신념의 명료성을 크게 증진할 수 있을 것이다. 둘째는 신념의 진리성(眞理性, truth)이나 합리성(合理性, reasonableness)의 확보이다. 철학적 사고가 신념의 진리성이나 합리성을 입증하는 증거를 찾으려는 노력이라는 것은 이미 앞에서 설명하였다. 셋째는 신념들의 정합성(合理性, 無矛盾性, consistency)의 확장이다. 철학적 사고는 우리로 하여금 여러 가지 경험 영역에 관한 일반적 신념들과 근본적 신념들이 서로 조화롭게 하나의 전체를 이루는가를 살펴보도록 몰아대기 때문이다. 혹시 어떤 사람이 이 세계의 모든 사건은 자연 법칙에 따라 일어난다고 믿으면서도 인간의 행동은 자유롭다고 믿는다면, 이 두 신념은 서로 조화를 이룰 수 없다. 철학적 사고는 흔히 이런 모순을 찾아내는데, 이에 대한 유일한 치료법은 더욱 철저히 철학적 사고를 하는 것뿐이다. 신념들 사이의 이런 갈등이 사라질 때 우리 지성의 평화가 이루어진다.

이러한 이익은 굉장한 통찰력이나 직관력을 타고난 천재에게만 주어지는 게 아니다. 이 세 가지 철학적 이익을 얻기 위해 기이한 짓을 하거나 얼굴을 찡그리면서 고민할 필요는 조금도 없다. 가슴 가득히 인간과 인생에 대한 사랑을 품고, 맑고 밝은 눈으로 사람살이를 주의 깊게 살펴보면서 차근차근 철학적 사고를 하는 사람은 누구나 이러한 이익을 자연스럽게 얻을 수 있기 때문이다.

그런데 철학적 사고가 어떤 신념의 증거를 찾고, 또 다른 신념들과의 논리적 조화를 연구한다는 말은 철학이라는 학문 활동의 본성에 대해 중대한 사실을 가르쳐주고 있다. 개별 과학의 연구 대상은 사물과 사실이다. 개별 과학은 제각기 고유한 주제에 관련 있는 사실들의 질서를 연구하여 사실에 대한 옳은 신념을 만들어낸다. 그러나 철학은 사실을 직접 연구하는 게 아니라 사실에 대한 신념들의 질서 또는 신념을 표현하는 진술들의 질서를 연구 대상으로 삼고 있다. 만일 철학이 사실을 직접 연구한다면 철학은 고유성을 잃고 여러 개별 과학들 가운데 하나가 되어

버릴 것이다. 철학은 사실의 질서를 직접 연구하는 과학이 아니다. 이 점을 이해하고 보면, 왜 철학이 일상생활 속의 실제적인 일과 떨어져 있는 학문으로 느껴지는지 이해할 수 있다. 철학과 일상생활과의 관계는 비유컨대 지도와 등산의 관계와 비슷하다. 등산가는 신체가 건강하고 준비물도 잘 갖추어야 하지만, 지도를 가지고 있어야 하고 지도를 정확하게 읽을 줄도 알아야 한다. 등산가가 지도를 읽을 줄 모른다면 어떻게 정확한 산행을 할 것인가? 지도는 작성법에 따라 만들어진다. 마찬가지로 우리의 신념들의 질서는 철학적 신념의 내용에 따라 이루어진다. 철학이 신념들의 질서를 연구한다는 말은 신념들의 질서를 더욱 훌륭한 상태로 향상시킬 새로운 내용의 철학적 신념을 창조한다는 뜻이다. 지도 작성법이 다르면 전혀 다른 지도가 만들어지듯이 신념들의 질서를 결정짓는 철학적 신념이 바뀌면 지성의 질서가 전면적으로 변하게 된다. 어떤 사람이 지닌 철학적 신념의 변화가 종교적 회심과 비교되는 이유가 여기에 있다. 하지만 이 말은 종교적 신념도 철학적 신념이라는 뜻이 아니다. 종교적 신념은 무조건적 믿음이므로 합리적 신념이 아니며, 따라서 철학적 신념이 아니다.

이제 철학의 주제를 결정짓는 철학적 물음과 철학의 방법인 철학적 사고가 분명해졌으므로, 철학이란 학문에 대해 대체적인 정의를 해볼 수 있다. 철학은 우리가 인간과 사회와 자연에 대해 갖고 있는 기초 신념 즉 일반적 신념과 근본적 신념 속의 기초 개념들이 명료한지 검토해보고, 그 기초 신념들의 진리성이 증거에 의해 입증되었는지 비판적으로 음미한 다음, 인간과 사회와 자연에 관한 명료하고 옳은 신념들의 정합성 있는 체계 즉 세계관을 추구하는 학문이다. 이 정의는 우리가 필요로 하고 또 기대할 수 있을 만큼 공평한 정의라 해도 좋을 것이다. 이 정의는 철학이 지금까지 해온 일을 보고하고 있다. 이 정의는 통상 "철학적 문제"로 간주되고 있는 대부분의 철학적 물음과 일치하므로 적절한 정의로 받아들일 만하다.

하지만 아직도 철학에 대해 다음과 같은 생각을 하고 있는 사람이 있을는지 모르겠다. "철학을 공부하는 일이 나의 신념을 훌륭하게 하는 데 도움이 될 거라는 건 분명하지만, 인생에는 생각하는 일과 믿는 일 말고도 중요한 일이 많이 있다. 내가 철학 교육을 통해 배우기를 바라는 가장 중요한 것은 '나'라는 사람 자체가 훌륭해지는 것이다. 어떻게 철학적 사고가 '나'를 더욱 훌륭하게 살도록 할 수 있을까?" 이 물음에 대한 답변의 요점은 신념과 행동을 너무 엄격하게 별개의 것으로 구별하지 말아야 한다는 것이다. 인간의 신념은 행동에 큰 영향을 미친다. 신념이 행동에 미치는 영향은 철학의 모든 분야에서 확인되지만, 특히 가치에 관한 철학 분야들, 즉 도덕 철학(윤리학), 예술 철학, 사회 철학, 교육 철학, 정치 철학, 경제 철학 등에서는 직접적으로 확인된다. 그럼에도 모든 철학적 신념이 인간의 행동과 뻔히 보이는 직접적 관계를 갖기를 바라는 건 잘못일 것이다. 학문에서는 기초적 연구가 중요하다는 사실을 인식할 정도로 안목이 높은 사람은 눈에 보이는 실제적 결과에 연연하지 않고, 고도로 일반적인 물음이나 지극히 근본적인 물음의 답을 찾기 위한 노력이 참으로 소중한 가치를 지니고 있음을 잘 알 것이다.

신념이 행동에 영향을 미친다고 해서 인간의 행위에 작용하는 감정이나 정서의 영향을 무시할 수는 없다. 오래도록 지속되는 정서적 태도는 물론이고 일시적 감정까지도 신념과 달리 행동하도록 힘을 발휘할 때가 많다. 철학적 사고는 어느 수준의 신념인가에 관계없이 모든 신념을 상당히 명료하게 만들고 서로 조화시킬 수 있으며 기초를 튼튼하게 해줄 수 있다. 그러나 철학자가 정신과 의사를 대신할 수 없으며, 정서적 기질이 형성되는 어린 시절에 영향을 미치는 부모와 교사를 대신할 수도 없다.

그러나 대부분의 철학자가 깊이 철학적 사고를 하다 보면 신념뿐만 아니라 정서적 태도까지도 좋은 영향을 받게 된다고 주장한다. 우리는 철학적 사고를 통해 눈앞의 실제적인 일이나 좁은 특수 분야의 테두리를 벗어나 공평한 태도를 취할 때 쩨쩨하고 옹졸한 이해관계를 떨쳐버리고 일종의 해방감을 맛보게 된다. 인간 그 자체와 우리 삶의 터전인 우주를 이해하려고 애쓰는 사람이 되어 순수하게 철학적 사고를 하다 보면, 마음이 활달하게 넓어지고 평온해져 한평생 내내 유지될 훌륭한 태도를 이룰 수 있는 것이다. 20세기의 위대한 철학자 러셀(B. Russell, 1872-1970)은 『철학의 몇 가지 문제』의 마지막 장에서 철학의 효용에 대해 다음과 같이 지적하고 있다. "철학적 사색의 세계에서 자유스럽고 공평무사(公平無私)한 마음에 도달한 사람은 행동과 감정의 세계에서도 그와 똑같이 자유스럽고 공평무사한 태도를 언제나 잃지 않을 것이다." 이 말이 사실이라면 철학은 호연지기(浩然之氣)를 체득한 대인(大人)을 만들어낸다고 하겠다. 하지만 정말로 이 말이 사실인지는 우리 모두가 반드시 스스로 철학을 해보아야 확인할 수 있을 것이다.

5. 철학의 분류

철학적 물음들의 답을 찾다가 보면 우리는 답들이 서로 밀접하게 얽혀 있음을 발견하게 된다. 하나의 철학적 물음을 깊이 탐구해 들어갈수록 그 물음의 답을 마련하기 위해서는 다른 철학적 물음을 고려해야 한 다는 걸 점점 더 분명히 깨닫게 된다. 이처럼 철학적 물음들이 서로 연 결되어 있다는 것은 철학이 보여주는 흥미로운 일들 가운데 하나다. 그 러나 철학 공부를 체계적으로 해보려는 사람은 먼저 어떤 주제를 가지 고 시작할 것인가를 결정해야 한다. 이 목적을 위해서는 철학적 물음들 을 여러 집단으로 분류하는 것이 편리하다.

어떤 대상들에 대한 분류(分類, classification)는 우리가 필요와 목적에 따 라 설정하는 기준에 따라서 이루어진다.[3] 그러므로 "자연적 분류"(自然的 分類, natural classification)나 "절대적 분류"(絶對的 分類, absolute classification) 같은 것은 있을 수 없다. 철학의 분야를 나누는 것도 우리의 어떤 필요 와 목적에 편리하기 때문일 뿐이다. 철학적 물음들을 분류하는 한 가지 방법은 인간의 지식이나 경험의 영역 속에서 한 분야의 신념을 음미함 으로써 발생되는 철학적 물음들을 모두 모으는 것이다. 가령 인간의 행 위에 관한 신념에 대해서 제기되는 철학적 물음들이 모아졌다면, 그 속 에는 앞에서 나왔던 물음들 즉 사람의 행위는 어떤 조건 아래서 올바른 지 등등의 물음이 포함되어 있어야 할 것이다. 그리고 더 나아가 이처 럼 고도로 일반적이거나 지극히 근본적이지는 않지만, 여전히 철학적 물음으로 인정되기에는 충분할 만큼 일반적이고 근본적인 물음이 많이 있을 것이다. 이를테면 강요된 약속도 지켜야 하는지, 악한에게도 거짓 말을 해서는 안 되는지, 나는 어제 다툰 친구에게 사과해야 하는지 등 등. 이러한 물음들은 도덕(윤리)에 대한 반성으로부터 발생하기 때문에,

---

3   분류의 본성과 방법 등에 관해서는 *Language in Thought and Action*(S. I. Hayaka- wa, 5th., ed., Harcourt Brace Jovanovich, Inc., New York, 1990)의 120-127쪽을 참고하기 바 란다.

이런 물음에 관한 철학적 사고는 "도덕에 관한 철학"(도덕 철학, 윤리학)
으로 한데 묶을 수 있다.

　"…에 관한 철학"(philosophy of …)이라는 어구는 보통 너무 막연한 말
로 여기는 경향이 있지만 실은 중요한 말이다. 축구 감독은 이따금 자
신의 "축구에 관한 철학"(축구 철학)을 선수들에게 역설하는 수가 있는데,
축구에 관해서도 진지하게 깊이 생각함으로써 드러낼 수 있는 일반적
신념이나 근본적 신념이 있을 수 있다는 걸 의심할 필요는 없다. 대개
축구 감독의 견해 — 이를테면 청소년 시절에 스포츠가 차지하는 역할
이나 가치에 관한 견해 — 는 분명히 "교육에 관한 철학"에 가깝다고 하
겠다. 하지만 대단히 많은 사람이 "X에 관한 철학"이란 실은 누군가가
X에 관해서 갖고 있는 막연한 확신(確信, conviction)에 지나지 않는다고
생각하고 있다. 이 말을 이렇게 사용하는 것은 너무 엉성해서 요령부득
의 표현이며, 더 나아가 어떤 사람의 독단적 신조(獨斷的 信條, dogmatic
creed)나 신앙(信仰, faith)을 철학으로 오해하게 만드는 잘못을 범하게 된
다. 어쨌든 "축구에 관한 철학"이란 것이 있다면 단독 돌파 작전보다 조
직적 협동 작전이 더 효과적이라는 정도의 견해보다는 훨씬 더 일반적
이고 근본적인 신념으로 이루어져야 할 것이다.

　그렇지만 "축구에 관한 철학"이라는 말은 중요한 통찰을 보여주고
있다. 이 말은 축구에 관한 생각이 한층 깊어지고 더욱 넓어져감에 따
라 점점 철학에 가까워진다는 걸 시사하고 있기 때문이다. 다만 "축구
에 관한 철학"이 학교의 교과 과목으로 다루어지지 않는 이유는 이 주
제에 대해 탐구해볼 만한 내용이 다른 중요한 주제와 비교하면 아주 적
은 편이고, 또 이 주제에 관해서 일어날 만한 물음이 다른 강의에 흡수

되어 다루어지고 있기 때문이다. 그러나 인간의 지식이나 경험을 더 큰
단위로 묶어 각 분야의 신념들의 증거를 물어나가면, 탐구가 제각기 독
립적으로 진행되고 논문과 책이 간행되고 있는 철학의 여러 분야를 확
인할 수 있다. 요컨대 철학의 모든 분야를 여기에 모조리 나열할 수는
없지만 통상적으로 중요시되는 분야들을 예시할 수는 있다.

언어에 관한 철학	(언어 철학)
논리(학)에 관한 철학	(논리(학) 철학)
수학에 관한 철학	(수학 철학)
과학에 관한 철학	(과학 철학)
역사(학)에 관한 철학	(역사(학) 철학)
도덕에 관한 철학	(도덕 철학)
종교에 관한 철학	(종교 철학)
예술에 관한 철학	(예술 철학, 미학)
교육에 관한 철학	(교육 철학)
정치에 관한 철학	(정치 철학)
경제에 관한 철학	(경제 철학)
법에 관한 철학	(법 철학)

⋮

이는 철학적 관심이 초점을 맞추는 주제(主題, subject)를 기준으로 삼아
이루어진 분류인데, 특정한 주제에 관한 철학적 신념들을 집중적으로
검토하는 데에는 매우 쓸모 있는 분류다. 그러나 이 분류는 가장 기본
적인 분류는 못 된다. 주제들을 구별하는 경계선이 선명하지 못한 경우
들이 있기 때문이다. 예컨대 논리학·수학·과학·역사학에 관한 신념

들을 음미하고 탐색하다가 제기되는 어떤 물음은 학문 일반에 관한 어떤 물음과 똑같을 수 있고, 교육·정치·법에 관한 신념들을 음미하고 탐색하다가 제기되는 어떤 물음들은 도덕에 관한 어떤 물음에 포함될 수 있다. 또 올바른 추론을 어떻게 가려내는가라는 물음은 모든 분야에서 제기될 것이다. 이 때문에 오늘날의 철학자는 서로 밀접하게 관련 있는 몇 개의 주제를 포괄적으로 연구하는 것이 보통이다. 따라서 철학의 분야를 더 선명하게 분류하고 싶다면 주제라는 분류 기준보다 더 근본적인 수준의 분류 기준을 설정할 필요가 있다.

이 두 번째 더 근본적인 수준에서의 분류는 다음과 같이 이루어진다. 철학적 물음이나 철학적 수준의 물음에 항상 모습을 나타내는 전통적인 기초 용어(基礎 用語, basic term)를 성격이 같은 것들끼리 모으면 크게 세 집단으로 나누어진다.[4] 이 세 개의 낱말 집단, 달리 말해서 이 낱말들이 사용되어 만들어지는 철학적 물음들의 세 집단 하나하나는 각기 철학적 탐구의 기본 방향을 반영한다.

첫 번째 집단은 실재 전체나 실재의 주요 부분에 대해 언급하는 낱말들로 이루어진다. 여기에는 "사물" "사건" "존재" "본질" "공간" "시간" "실체" "원인" "정신적이다" "물리적이다" "신" "창조" "본성" 등등의 낱말이 속한다. 이러한 낱말이 사용되어 만들어지는 물음, 예컨대 "인간 속의 무언가가 영원히 존재할 수 있는가?" "이 세계에 있는 모든 것은 물리적인 것인가?" "신은 존재하는가?"와 같은 물음은 실재 물음(實

---

4 『철학적 사고에의 초대』(*Invitation to Philosophical Thinking*, E. I. Beardsley & M. C. Beardsley, 이명숙·곽강제 옮김, 서광사, 2003) 35~42쪽의 더 자세한 설명을 참고하기 바란다.

在 問題, reality-question)이라고 불린다. "실재의 본성은 무엇인가?"라는 물음은 실재 물음들 가운데서 가장 일반적이고 근본적인 물음이다. 이 주제를 연구하는 철학 분야가 형이상학(形而上學, metaphysics)이다.

두 번째 집단은 어떤 것에 관한 지식과 관련 있는 낱말들로 이루어진 다. 여기에는 "옳다" "그르다" "개연적이다" "확실하다" "논리" "증명" "이성" "직관" "경험" "의견" "지식" 등등의 낱말이 속한다. 이런 낱말 이 사용되어 만들어지는 물음, 예컨대 "어떻게 어떤 명제가 다른 명제 로부터 논리적으로 연역되는가?" "종교적 신념은 신앙을 증거로 유지 될 수 있는가?" "무언가에 관한 확실한 지식이 있는가?" "우리는 자신 의 감각 경험을 믿어도 좋은가?"와 같은 물음은 지식 물음(knowledge-question)이라고 불린다. 지식 물음들 가운데서는 "우리는 어떻게 아는 가?"라는 물음이 가장 일반적이고 근본적인 물음이다. 이 주제를 연구 하는 철학 분야가 인식론(認識論, epistemology)이다.

세 번째 집단은 무언가를 가치 표준에 따라 평가할 때 사용되는 낱말 들로 이루어진다. 여기에는 "좋다"(선하다) "가치 있다" "나쁘다"(그릇되 다) "악하다" "올바르다" "아름답다" "정의롭다" "당연하다" 등등의 낱 말이 속한다. 이런 낱말이 사용되어 만들어지는 물음, 예컨대 "어떤 행 동을 올바르게 만드는 것은 무엇인가?" "정의로운 사회는 어떠해야 하 는가?" "예술 작품들은 우열이 가려질 수 있는가?"와 같은 물음은 가치 물음(value-question)이라고 불린다. 가치 물음들 가운데서는 "무엇이 가 치 있는가?"라는 물음이 가장 일반적이고 근본적인 물음이다. 이 주제 를 연구하는 철학 분야는 가치론(價値論, axiology)이다.

그런데 지식 문제와 관련해서 도대체 이처럼 궁극적 물음에 대한 답이 있을 수 있을까 하고 의문을 일으킨 사람이 있을는지 모르겠다. 만일 우리가 어떤 신념에 대해서든 훌륭한 증거를 계속 제시해야 한다면, 우리는 운명적으로 다음 두 가지 길 중의 하나를 택할 수밖에 없는 처지에 있는 것 같다. 즉 우리는 (1) 증거를 묻는 일을 영원히 계속할 수밖에 없는데, 어떤 증거도 제 자신의 증거일 수 없으므로, 결국 훌륭한 증거가 부여될 수 있는 신념은 하나도 있을 수 없다고 인정하는 경우와 (2) 더 이상 증거를 요구할 필요가 없는 신념 즉 자명한 신념이나 부정할 수 없어서 승인할 수밖에 없는 신념을 언젠가는 만나게 되리라고 희망을 갖는 경우 둘 중에서 어느 하나를 택해야 하는 것 같다.

그렇다면 왜 증거를 확인하는 수고를 전혀 하지 않고 맨 처음의 명제를 승인할 수 없단 말인가? 그 까닭은 첫 번째 경우는 우리가 자신의 신념을 입증하는 훌륭한 증거를 가질 수 있다는 것, 즉 인간의 이성(理性, reason)과 지성(知性, intellect)을 부정하게 되고, 두 번째 경우는 우리가 자신의 신념을 입증하는 훌륭한 증거를 가질 필요가 있다는 것, 즉 인간 생활의 합리성을 부정하게 되기 때문이다. 철학자들은 이 문제를 놓고 어떤 사람은 두 선택지 중의 하나를 받아들였고, 어떤 사람은 이 진퇴양난의 선택을 피하려고 노력하였다. 그 답이야 어쨌든 지금 우리로서는 이 문제 자체가 아주 흥미로운 인식론적 물음이라는 걸 확인하는 것으로 족하다.

한편 철학적 사고에 빈번히 등장하는 또 하나의 낱말 집단이 있다. 이 집단에는 "의미" "언급" "정의" "무의미" "표시" "기호" "상징" 등등의 낱말이 속한다. 이런 낱말이 사용되어 만들어지는 물음, 예컨대 "시적 언어와 과학적 언어의 차이는 무엇인가?" "'원인' 이란 말의 정의는 무엇인가?" "왜 '2의 제곱근은 노랗다' 라는 문장은 무의미한가?"와 같은 물음은 의미 물음(意味 問題, meaning-question)이라고 불린다. 이런 물음도 이미 알고 있듯이 철학적 물음이므로 철학적 문제의 네 번째 집단으로 간주된다. 의미 물음들 중에는 "'의미' 라는 말의 의미는 무엇인가?"라는 물음이 가장 일반적이고 근본적인 물음이다. 이 주제를 탐구하는 철학 분야가 언어 철학(言語 哲學, philosophy of language)이다.

그런데 이 의미 물음과 앞에서 확인했던 세 집단의 물음은 종류가 다르다는 점을 아는 것이 중요하다. 앞의 세 집단의 물음은 철학적 탐구의 기본 주제를 반영하는 데 비해서, 네 번째 의미 물음은 철학적 사고에 사용되는 언어를 정확하게 이해하는 일, 달리 말하면 철학적 사고 자체의 명료성을 증진하는 일을 목표로 하고 있기 때문이다. 그럼에도 크게 보면 우리가 언어를 사용하는 기본 목적이 무언가에 대해 생각하고 언급하는 일이므로 지식 물음의 테두리 안에 포함시킬 수도 있다고 하겠다.

철학을 분류하는 기준으로 채택되는 것에는 주제 이외에도 사람과 기본 신조와 철학적 사고의 방법이 있다. 사람을 분류 기준으로 삼는 경우에는 다시 개인, 국민이나 민족, 어느 시대의 사람들, 같은 문화권의 사람들 중에서 어느 것을 기준으로 택하느냐에 따라 "분류 명칭"이 달라진다. 하지만 어느 기준에 따르거나 "개인"이나 "일군의 사람"이 지닌 철학적 신념들의 체계라는 뜻으로 이해된다. 예컨대 개인을 기준으로 삼아 "공자 철학" "퇴계 철학" "데카르트 철학" "칸트 철학"으로 나누어 부를 경우, 이 명칭은 모두 그 사람의 철학적 신념들의 체계를 가리킨다. 이와 마찬가지로 "한국 철학"이란 말은 한국인의 철학적 신념들의 체계를, "고대 철학"은 고대 사람들의 철학적 신념들의 체계를, "동양 철학"은 동양 사람들의 철학적 신념들의 체계를 가리킨다. 사람을 기준으로 삼는 이 분류는 개인의 경우에는 명확한 개념을 형성시키지만, 사람들의 동아리를 국가, 시대, 문화권까지 확장하게 되면 현격하게 다른 다양한 철학적 신념들을 하나의 이름으로 통틀어 부르게 되므로 명확한 개념이 형성되지 않아 학문적 의의는 거의 없다. 이 점은 오늘날 한국 사람들이 갖고 있는 이른바 철학적 신념들이 얼마나 다양한지 생각해 보면 분명히 깨달을 수 있을 것이다.

그러나 기본 신조를 기준으로 삼는 분류는 학문적 의의가 크다. 이 분류는 신념들을 체계화하는 데 중심 역할을 하는 철학적 신념의 성격에 따라 이루어진다. "경험주의 철학" "관념주의 철학" "실존주의 철학" 등등의 명칭이 그것이다. 예컨대 "경험주의 철학"이란 말은 경험주의라는 기본 신조를 중심으로 이루어진 신념들의 체계라는 뜻이고, "관념주의 철학"이란 말은 관념주의라는 기본 신조를 중심으로 이루어진 신념들의 체계라는 뜻이다. 이 방식으로 만들어진 다른 명칭들도 이와 마찬가지로 이해할 수 있다.

철학은 철학하는 방법에 따라 분류하기도 한다. 앞에서 설명한 바와 같이 철학하는 일은 철학적 사고를 하는 일이고, 철학적 사고는 음미하는 사고와 탐색하는 사고다. "사변 철학자"라고 불리면서 전통적 방식으로 철학을 해온 철학자들은 사변(思辨, speculation)에 의존하여 철학적 신념들을 음미하고 탐색해왔다. 하지만 20세기 초에 새로운 논리학이 발전하게 되자 대부분의 철학자가 논리적 분석(論理的 分析, logical analysis)이라는 방법에 의해 철학적 신념들을 음미하고 탐색하였다. 20세기 철학을 대표하는 "분석 철학"(分析 哲學, analytic philosophy)이라는 명칭은 이렇게 만들어진 이름이다.

어쨌든 어떤 기준에 따라 분류하든 앞서서 확인했던 철학의 정의에는 변동이 없다는 것을 아는 일이 매우 중요하다. 이런저런 분류 명칭이 있다는 것을 근거로 해서 본질이 완전히 다른 여러 종류의 철학, 특히 "서양 철학"과 "동양 철학" 두 종류의 철학이 있다고 주장하는 것은 분류 명칭에 대한 무지를 고백하는 것일 뿐이다. 모든 개별 학문을 통할하는 "학문으로서의 철학"은 여러 종류가 있을 수 없다. 서양 사람들이 모든 개별 학문의 가장 높은 수준의 학위를 오직 "Ph. D."(철학 박사)라는 하나의 명칭으로 부르는 것은 바로 이 때문이다.

✔️ 더 생각해볼 문제

지금까지 우리는 철학이란 학문의 실체를 확인하였다. 철학이 답을 찾으려는 철학적 물음들은 어떠한 성격의 물음이고, 그 답을 찾는 과정은 어떻게 진행되며, 현재 철학적 탐구가 이루어지고 있는 현장은 어디인지 확인하였다. 하지만 철학은 이천오백 년 이상 진행되면서 다른 지적 탐구와 마찬가지로 수많은 시행착오를 거쳤다. 그래서 인류가 한때 철학의 이름으로 주장했기 때문에 상당한 역사적 가치를 지녔긴 하지만 이제는 철학의 영역에 포함될 수 없는 지적 유산들이 전해지고 있다. 이런 유산들의 기록이 철학의 역사다. 그런데 서양 철학사는 선배의 철학에 대한 논리적 비판과 새로운 도전적 탐구의 연속인 데 비해서, 동양 철학사는 선배의 철학에 대한 논리적 비판이 없는 해설과 답습의 연속이다. 동양 철학사의 이 특징은 과거의 동서양 온갖 사상이 동등한 자격으로 경쟁하는 상황을 허용하는 우리 철학계의 현실에 그대로 재현되고 있다. 따라서 우리나라에서 올바르게 철학하기 위해서는 먼저 이 현실을 극복해야 한다. 온갖 사람이 "철학"이란 이름으로 포장해서 떠들어대는 혼란의 도가니 속에서 "가짜 철학"을 가려내어 제거할 줄 알아야 한다. 이 일을 제대로 하지 못하면, 철학으로의 지적 여행은 아예 첫걸음부터 빗나가게 될 것이고, 결국에는 "철학은 '혼란의 도가니'일 뿐이다!"라는 실망의 말만 되뇌게 될 것이다. 아래에 제시하는 "여러 가지 문제"에 대한 검토를 통해서 "참다운 철학적 물음"과 "참다운 철학"을 정확하게 확인하기 바란다.

1. 많은 사람이 철학이 해결해야 할 가장 중요한 문제는 "죽음의 문제"라고 생각한다. 다음 문제들은 모두 죽음과 관련이 있다. 문제와 물음

의 구별을 염두에 두고, 아래의 문제들이 정말로 철학적 사고를 통해서 답을 찾는 문제인지 생각해보자.

① 생각만 해도 끔찍해!　　　감정 문제
② 한 오백 년 살고 지고.　　　기술 문제
③ 왜 죽나?　　　　　　　　설명 문제
④ 사람을 죽였어? 안 되지!　　도덕 문제
⑤ 살까 말까, 그것이 문제로다.　결단 문제
⑥ 멋있게 죽고 싶어!　　　　미감 문제
⑦ 언제 "죽었다"고 할 수 있는가?　정의 문제

2. 상당히 많은 사람들이 철학의 임무가 "인생의 의미"나 "인생의 가치"를 가르쳐주는 것이라고 생각하고 기대한다. 그런데 "인생은 과연 살 가치가 있는가?" "인생은 무언가 의미를 지닐 수 있고, 실제로 의미를 지니고 있는가?"라는 물음에 대해서 종교를 가진 많은 사상가, 특히 기독교 사상가들은 조건부로 긍정적 대답을 제시하고 있는데, 그 조건은 기독교가 믿는 두 개의 기초 명제 즉 (1) "인생은 신에 의해 질서를 부여받은 우주 체계의 일부이며," (2) "최소한 일부 사람이라도 죽은 뒤에 영원한 행복을 얻게 된다."는 두 명제가 옳다고 인정되어야 한다는 것이다. 또한 비종교인들 중에도 어떤 사람들은 신이 없고, 죽음이 한 사람의 완전한 소멸을 뜻한다면, 위의 두 물음에 부정적인 답이 있을 뿐이라는 종교적 이론가들의 의견에 동의한다. 이런 사람들은 종교적 교리들을 거부하면서도 인생에 살 가치가 없고 아무런 의미도 없다고 결론을 내린다. 이는 우주 전체가 궁극적 의미나 가치를 갖지 않는다면 우리의 인생이 아무 의미나 가치를 갖지 못한다는 생

각이다. 이런 염세주의자들은 자신의 고압적인 표준을 남에게 강요하는 셈이다.

그러나 우리는 인생을 의미 있고 가치 있게 산 사람들을 많이 알고 있다. 어떤 사람이 한 일에 대해 찬성하든 않든 간에 대부분의 사람은 예컨대 딕스(D. Dix, 1802-1887, 정신 질환자의 복지를 위해 헌신한 미국의 사회 개혁가), 파스퇴르(L. Pasteur, 1822-1895, 프랑스의 위대한 생물학자), 생거(M. Sanger, 1879-1966, 미국의 산아 제한과 가족 계획을 지도한 여성), 콤스톡(A. Comstock, 1844-1915, 미국의 열광적인 사회 개혁가), 처칠(W. Churchill, 1874-1965, 2차 세계 대전 당시 영국의 수상)은 물론이고, 다른 수많은 사람들도 의미 있고 가치 있는 인생을 살았다고 인정할 것이다.

그런데 이런 사람들의 생애가 "의미 있고 가치 있는 인생"이라는 특성을 지녔다고 말할 때 우리는 은연중에 두 가지 생각을 주장하고 있다. 첫째로 우리가 관심을 갖고 있는 사람의 인생이 그 사람의 수많은 행동에 지침으로 작용했던 지배적이고 전면적인 목표를 갖고 있었다고 주장하고 있다. 둘째로 이런 최우선의 목표에 직접적으로나 간접적으로 관련이 있는 수많은 행동들이 그 목표를 자기 것으로 삼기 전에는 일어나지 않았던 특별한 열정에 사로잡혀 수행되었다고 주장하고 있다.

그렇다면 어떤 사람의 "인생의 의미나 가치"는 자기 스스로 "지배적이고 전면적인 목표"를 설정하고, 그 목표를 자기 것으로 삼기 전에는 일어나지 않았던 특별한 열정에 사로잡혀 그 목표를 실현하는 노력을 함으로써 결정된다고 할 수 있다. 그래서 "특별한 열정에 사로잡혀 다른 모든 것을 희생하더라도 반드시 이루려고 노력하는 목표"
를 가진 사람은 "나는 내 인생의 의미를 안다!"고 분명하게 말할 것
이다. 이처럼 어떤 사람의 "인생의 의미나 가치"는 밖으로부터 주어지는
것이 아니라 스스로의 결단과 실천에 의해 자기가 창조하는 것이다. 내 인
생의 의미나 가치는 이미 정해졌는가? 아니라면, 자신의 인생의 의
미가 언제 어떻게 결정될 것인지 생각해보자.[5]

3. 대부분의 사람이 살다가 한 번쯤은 "누구나 제 마음대로 다른 시대
    다른 곳에 태어나는 것도 좋을 것 같은데, 왜 사람은 특정한 시대 특
    정한 곳에만 태어날까?"라는 의문을 느끼게 된다.[6] 파스칼(B. Pascal,
    1623-1662)은 이 좌절감을 『명상록』 28절에서 다음과 같이 표현하고
    있다.

    나의 삶의 짧은 존속 기간이 과거와 미래의 영원 속에 삼켜지는 것을,
    또 내가 채우고 있는, 아니, 볼 수 있는 곳까지라 하더라도, 아주 좁은
    이 공간이 내가 알지 못하고 나를 모르는 무한히 광대한 공간에 둘러싸
    여 있음을 생각할 때 나는 두려워지며, 또한 다른 곳이 아니고 여기에
    있다는 사실에 놀라게 된다. 왜냐하면 다른 곳이 아니라 여기에, 다른
    때가 아니라 지금, 내가 존재해야 할 만한 이유가 없기 때문이다. … 무
    한한 공간의 영원한 이 침묵이 나를 두렵게 한다.

---

5   "인생의 의미와 가치"에 관한 더 자세한 논의를 알고 싶으면 *Encyclopedia of Phi-
losophy*(D. M. Borchert, Editor in Chief, 2nd., ed., Macmillan, New York, 2006) 5권 345-358
쪽에 실려 있는 P. Edwards의 논문 「Meaning and Value of Life」를 읽어보기 바란다.
6   이와 관련해서 더 자세한 내용을 알고 싶으면 *A Modern Introduction to Philo-
sophy*(ed., P. Edwards & A. Pap, 3rd., ed., The Free Press, 1973)의 796-810쪽에 실려 있는
Edwards의 논문 「Why?」를 읽어보기 바란다.

현대의 파스칼 찬미자인 로우비체크(P. Roubiczek) 역시 누구도 대답할 수 없는 문제라면서 "실존주의자들을 깊이 사로잡고 있는 출생문제"에 대해 말하고 있다.

그 문제는 왜 나는 지금 이 시대에 내가 선택할 수 없었던 나라와 가정에, 그리고 내가 받아들일 수밖에 없는 성격과 능력들을 지니고 태어났는가 하는 것이다.

파스칼과 로우비체크는 인생의 무상함과 인간 능력의 미약함에 대해 단지 한탄만 하고 있는 건가? 아니면 탐구를 통해 답을 찾아야 할 철학적 물음을 제기하고 있는지 생각해보자. 또 파스칼과 로우비체크 같은 사람들은 언제 어디에 태어나 살아도 똑같은 말을 끝없이 되풀이할 것이다. 이런 사람들에게 어떻게 조언해줄 것인지 생각해보자.

4. "왜?"라는 물음에 대한 답으로 제시되는 설명(說明, explanation)은 설명하는 것과 설명되는 것이 둘 다 반드시 있어야 가능하다. 이 생각을 마음에 간직하고, 다음 문제에 왜 답이 있을 수 없는지 생각해보자.

이 우주가 차지하고 있는 만큼의 공간이 텅 빈 허공이 아니고, 도대체 왜 이런 세계가 되어 있는가? (윌리엄 제임스)

왜 (모든) 이런저런 것들이 있는가? [왜 우주가 있는가?] (볼테르)

왜 존재자들이 존재하는가? [왜 우주가 있는가?] (하이데거)

5. 노자(老子)는 『도덕경』 서두에서 "天地之始에는 無名이므로, 有名이 萬物之母다."라고 말했다. 옳은 말이다. 우주의 어떤 사물도 우리가 분류해서 이름을 붙이기 전에는 이름을 갖고 있지 않았는데, 우리가 이것저것에 이름을 지어 붙이자마자 "이런 것" "저런 것"으로 나뉘어 만물이 생겼다. (하지만 실제로는 만물의 분류 명칭이 생겼을 뿐이다.) 우리가 사물들에 어떤 이름들을 붙여 한 종류와 다른 종류를 가르는 선을 긋는가는 우리의 필요와 목적에 달려 있다. 예컨대 동물들에 대해서 정육업자는 자신의 필요와 목적을 기준으로 삼아 분류하고, 가죽업자는 다른 기준에 따라 분류하며, 또 생물학자는 또 다른 기준에 따라 분류한다. 이런 분류는 어떤 것도 "진짜 분류"나 "절대적 분류"일 수 없으며, 단지 저마다 필요와 목적에 유용한 분류일 따름이다.

분류의 이런 본성은 우리가 지각하는 모든 것에 적용된다. 눈앞의 책상을 우리가 "저것은 책상이다."라고 인식하는 것은 그 물체와 우리의 관심이나 행위와의 관계를 이해할 수 있기 때문이다. 우리는 그 물체 위에 책들과 컴퓨터 등등을 놓고 일을 한다. 그러나 책상을 사용하지 않는 문화 속에서 사는 사람에게는 그 물체가 다른 종류의 물체로 인식될 것이고, 아예 무의미한 물체일 수도 있다.

여기서 주의를 환기하려는 것은 분류 명칭이 사회적 분란을 일으키는 경우다. 사람에 대한 분류는 특별히 조심해야 한다.[7] 불행히도

---

[7] 사람에 대한 분류 명칭을 오용하거나 악용하는 위험에 관해서는 *Language in Thought and Action*(S. I. Hayakawa, 5th., ed., Harcourt Brace Jovanovich, Inc., New York, 1990)의 124-126쪽에 더 자세한 설명이 있으니 참고하기 바란다.

우리는 자신의 분류에 도달한 방식을 항상 자각하면서 생각하고 말하지는 않는다. 어떤 사람이 A씨를 "친일파"로 분류한 다음 A씨의 수많은 객관적 특징을 전혀 고려하지 않으면서 "친일파"라는 분류 명칭의 "정서적 의미"가 암시하는 모든 특징만 가진 사람으로 간주한다면, 금방 최종적인 단정을 내려 "친일파는 친일파일 뿐이다! 그것이 전부다!"라고 말할 것이다. 이 문장은 마피아가 사용하는 "사업은 사업이다!"라는 문장처럼 지령 문장(指令 文章, directive sentence)이다. 이러한 자동 반응은 지성의 활동을 마비시킨다. 이 사람은 자신도 모르는 사이에 A씨에게 성급하게 "친일파"라는 낙인을 찍은 줄도 모르고 무언가 대단한 주장을 하고 있다고 생각하겠지만, 실제로는 "친일파"라는 분류 명칭에 자기가 속고 있다는 것을 모르고 있을 뿐이다. 오늘날 인터넷이나 SNS상에 횡행하는 욕설에 속하는 명칭들의 남용과 악용에 대해서는 언급할 가치도 없다. 우리 사회에 널리 퍼진 "전라도 사람" "경상도 사람" "보수파" "진보파" "우파" "좌파" "여당 사람" "야당 사람" "가진 자" "못 가진 자" "강자" "약자" "종북 세력" "공산주의자" "전교조 회원" 등등의 사람에 대한 분류 명칭을 잘못 사용하면 우리 사회의 균열을 더 키울 것이다. 우리 사회의 화합은 결국 사람들의 화합이므로 사람에 대한 분류 명칭을 올바르게 사용하는 데서 시작해야 한다. 이는 결코 하찮은 일이 아니다.

사람에 대한 분류 명칭을 지령에 잘못 사용함으로 말미암아 우리 사고에 나쁜 영향을 미치는 것을 방지하는 간단한 방법이 있다. 그건 코르지브스키(A. Korzybski, 1879-1950)의 말대로 우리의 분류 명칭에 지수(指數, index number)를 붙이는 방식인데 아주 효과적인 방법이다. 한국인1, 한국인2, 한국인3, …개1, 개2, 개3, …정치가1, 정치가2, 정치가3 … 등등. 이렇게 낱낱이 지수를 붙여놓으면, 분류 명칭은 우리에게 공통 특성을 알려주고, 지수는 외연 즉 개체들의 개별적 특성을 상기시키기 때문에, 추상 수준의 혼동을 방지할 수 있으며, 또 성급하게 결론으로 비약하는 것을 막을 수 있다. 이 사실은 다음과 같은 일반 지침으로 정리할 수 있다. "한국인$_1$은 한국인$_2$가 아니다. 개$_1$은 개$_2$가 아니다. 정치가$_1$은 정치가$_2$가 아니다." 이 일반 지침은 반드시 기억하고 있어야 한다.

　우리 사회에 만연한 개인과 집단에 대한 "낙인찍기"와 "편가르기"의 실례를 조사해서 잘못된 점을 비판해보자.

6. "철학"이란 말은 "철학적 신념들의 체계"를 언급하기도 하고, "철학적 사고"를 언급하기도 한다. 이 때문에 "동양 철학"과 "서양 철학"이란 말을 부주의하게 사용하면 사고에 혼란을 일으킨다. 어떤 주제에 대한 "동양인의 철학적 신념들의 체계"와 "서양인의 철학적 신념들의 체계"는 다를 수 있다. 그렇다고 해서 철학적 사고도 본질이 전혀 다른 "동양적인 철학적 사고"와 "서양적인 철학적 사고"가 있을까? 과학적 사고에 "동양적인 과학적 사고"와 "서양적인 과학적 사고"가 있을 수 있을까? 수학적 사고에 "동양적인 수학적 사고"와 "서양적인 수학적 사고"가 있을 수 있을까? 철학적 사고가 한 가지뿐인 이유를 생각해보자.

7. 20세기 서양 철학의 주류를 이룬 "분석 철학"(分析 哲學, analytic philosophy)에 종사한 대부분의 철학자는 경험주의자였다. 그들은 현대 논리학을 비롯한 여러 가지 근거에 입각해서 "전통적 형이상학자"가 자연

과 인생에 관한 "심오하고 참다운 지식"이라고 주장하는 다양한 사변적 이론을 철저히 비판하였다. 그 결과 지금은 고대 그리스 자연철학자들의 자연에 관한 "과학 이전의 형이상학적 사변"과 "4원소설"(4元素說)은 말할 것도 없고, 데카르트(R. Descartes, 1596-1650) 이후 서양 근세 철학의 모든 "전통적 형이상학 이론"도 학문적 지식의 영역에서 축출되어 철학사라는 박물관에 역사적 유물로 보존되고 있다.

그러나 우리나라에는 아직도 동양 사람들이 고대로부터 대를 이어 답습하고 있는 자연과 인생에 관한 형이상학적 사변, 그중에서도 "음양오행설"(陰陽五行說)을 동양 사람의 "고유 사상"이란 미명 아래 현대의 과학적 지식보다 더 심오한 지식이라고 주장하는 사람이 많이 있다. 물론 음양오행설에 의한 설명은 어떤 현상에 의문을 품은 사람의 당혹감을 해소시킬 수 있기 때문에 "이해했다"는 심리적 만족감을 줄 수는 있으며, 이런 뜻에서 그 사람의 의문을 풀어주었다고 할 수 있다. 하지만 이런 해답은 그 사람에게 아무리 심리적으로 만족스럽다 하더라도 진정한 과학적 지식이 되지 못한다.[8]

음양오행설은 "음양"(陰陽) 개념과 "오행"(金, 木, 水, 火, 土) 개념을 기초 개념으로 사용한다. "음"과 "양"의 개념이 일차적으로 인간의 "여성"과 "남성", 그리고 여러 가지 동물과 식물의 "암컷"과 "수컷"의 구별에 근거를 두고 있다는 것은 잘 알려져 있다. 여기에 일상적으로 관찰되는 자연 현상에 대한 이분법적 분류 개념 즉 "생사"(生死),

---

8 과학적 설명이 갖추어야 하는 기본 조건에 관해서는 『자연 과학 철학』(*Philosophy of Natural Science*, C. G. Hempel, 곽강제 옮김, 서광사, 2010) 101-144쪽의 더 자세한 설명을 참고하기 바란다.

"명암"(明暗), "냉온"(冷溫), "건습"(乾濕) 등등이 더해지면서 강화되었
다. "오행"이란 개념은 일차적으로는 자연을 구성하는 "다섯 가지 원
소"(元素, element)로 이해될 수 있지만, 적용되는 주제나 사용 맥락에
따라서는 "다섯 가지 기본적인 힘", "다섯 가지 기본적인 성질", "다
섯 가지 기본적인 기능", "다섯 가지 기본적인 덕" 등등으로 해석된
다. 음양오행설이 서양의 4원소설보다 더 심오한 것처럼 여겨지는
유일한 이유는 음양과 오행에 대한 해석의 다양성, 바꿔 말하면 "음양"
과 "오행"이란 낱말의 애매성에 있을 뿐이다. 이 점은 오행표가 잘 보
여준다. 오행설은 이 밖에도 우리가 살아가면서 관심을 가질 필요가
있는 온갖 종류의 것들을 항상 "오행"에 맞춰 다섯 가지로 분류한다.

오 행 표								
五帝	五味	五數	五常	五聲	五色	五方	五時	五行
青帝	酸	三, 八	仁	角	青	東	春	木
赤帝	苦	二, 七	禮	徵	赤	南	夏	火
黃帝	甘	五, 十	信	宮	黃	中央	土用	土
白帝	辛	四, 九	義	商	白	西	秋	金
黑帝	鹹	一, 六	智	羽	黑	北	冬	水

고대 동양 사람들이 무수히 많은 분류법 중에서 5분법을 택하여
중시했던 두어 가지 이유를 추측할 수 있다. 첫째는 "수-신비주
의"(number-mysticism)다. 중국의 전설에 의하면 대략 3000년 전 우
(禹) 임금이 낙수(洛水)의 치수 공사를 할 때 나타난 거북의 등에 아래
그림이 새겨져 있었다고 한다. 그 그림은 삼방진(三方陣)의 수들을 점
으로 나타낸 것이었다.

1에서 9까지의 수를 정사각형으로 배열했을 때 가로, 세로, 대각선의 합이 모두 15가 되는 "삼방진"이 된다는 사실은 "십진법"(10進法)을 사용하던 고대 사람들에게 마치 "계시"(啓示)와 같은 강한 인상을 주었을 것이다. "삼방진"은 무수히 가능한 마방진(魔方陣, magic square) 가운데 최초이자 가장 단순한 마방진이다. (이 점은 피타고라스학파의 "Tetraktys"(4元數)에 관한 생각과 비슷하다. 피타고라스학파는 자연수 1, 2, 3, 4가 점으로 표현되면 "완전 삼각형"을 만들고, 1+2+3+4가 10(완전)이 되는 사실을 신비롭게 여겼다. 이 생각이 4원소설과 결합하기는 쉬웠을 것이다.) 여기서 중요한 점은 세 번째 표가 보여주듯이 낙도는 5를 "법"(法, mod)으로 해서 자연수를 5개의 집합으로 분류하고 있는데, 이 5분법을 (자연수 계열의 무한성을 이

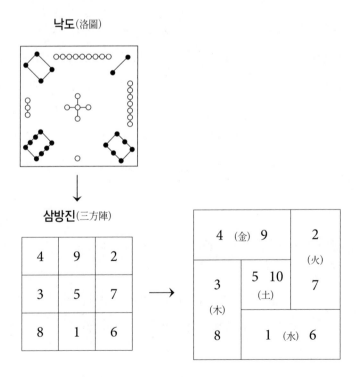

낙도(洛圖)

삼방진(三方陣)

용해서) 자연과 인생의 모든 관심사에 예외 없이 확장해서 적용한다
는 사실이다. 둘째는 당시의 천문학 지식이다. 동서양을 막론하고 고
대의 천문학이 일월성신(日月星辰)을 살펴 자연 현상과 인생사를 예측
하고자 했던 것은 잘 알려진 일이다. 그중에서도 밤하늘의 별, 특히
항성 사이를 떠도는 "행성"(行星, planet)은 주목의 대상이었다. 그런데
공교롭게도 육안으로 관찰할 수 있는 행성은 수성, 금성, 화성, 목성,
토성뿐인데, 이 사실 또한 5분법을 중시하도록 영향을 미친 것으로
보인다. 마지막으로 이렇게 심리적으로 강화된 5분법에 일치하도록
일상생활에서 빈번히 접하고 중요하게 쓰이는 다섯 가지 물질, 즉
흙·물·불·공기·쇠를 선택해서 기본적인 원소로 간주한 것은 고
대 사람들에게는 자연스러운 일이었을 것이다.

음양오행설은 그다음에 "오행" 즉 금·목·수·화·토 사이에는
상생(相生)과 상극(相剋)의 관계가 성립한다고 가정한다. 상생은 목생
화(木生火)·화생토(火生土)·토생금(土生金)·금생수(金生水)·수생목(水
生木)의 순서로 순환하고, 상극은 수극화(水剋火)·화극금(火剋金)·금
극목(金剋木)·목극토(木剋土)·토극수(土剋水)로 순환한다. 이렇게 해
서 "오행"과 "상생·상극 관계"는 모든 것을 설명하는 "범주 체계"의
역할을 하게 된다.

음양오행설에 관해서 다음의 물음들을 생각해보자.

① "음"과 "양"이란 낱말의 정확한 의미 즉 정의는 무엇인가?
  독자는 이 두 낱말에 대한 정의를 본 적이 있는가? 이 두 개념
  은 어떻게 추상된 것인지 검토해보자.

② 어떤 사람들은 음과 양을 "기"(氣) · "에너지"(energy) · "물질" (matter)이라고 주장한다. 우리는 음기와 양기를 감각 기관으로 지각할 수 있는가? 음기와 양기의 양(量)은 현대 과학의 측정 기기에 의해 측정할 수 있는가? 둘 다 아니라면, 도대체 우리는 어떻게 음기와 양기를 확인할 수 있는가? 음기와 양기가 이런 경험적 확인이 필요 없는 것이라면, 그것들은 언제 어디에 어떻게 존재하는가?

③ 음양오행설은 목(木)은 육성(育成)의 덕, 화(火)는 변화(變化)의 덕, 토(土)는 생출(生出)의 덕, 금(金)은 형금(刑禁)의 덕, 수(水)는 임양(任養)의 덕을 맡는다고 주장한다. 그래서 모든 사물에 "5 덕"(五德) 중에서 그 사물에 적당하다고 생각하는 하나의 덕을 부여한다. 예를 들면 동쪽 · 봄 · 파랑색 · 3과 8 · 신맛은 목덕 (木德)을 갖추고 있고, 남쪽 · 여름 · 빨강색 · 2와 7 · 쓴맛은 화 덕(火德)을 갖추고 있다는 식이다. 이런 5덕 할당의 근거는 무엇인가? 5덕 할당의 토대인 "5분법"은 "절대적 분류 방법"인가? 분류는 우리의 필요와 목적에 따라 이루어질 뿐이다. 따라서 "절대적 분류"는 있을 수 없다. "5분법"의 절대성을 정당화할 수 있는 근거가 있는가?

④ 오행의 상생과 상극의 관계에서 "생"(生)과 "극"(剋)은 어떤 과정을 뜻하는가? 이 두 개념이 현대의 화학과 생물학의 지식을 능가하는 설명력을 발휘하고 있는가? 음양가들은 남녀가 상생으로 만나면 행복하고 상극으로 만나면 재앙이 있다고 예언한다. 한 사람의 남자나 여자의 마음과 몸의 모든 정보를 오행 중의 어느 한 낱말이 대표할 수 있는지 생각해보자.

⑤ 음양오행설은 서양의 4원소설과 마찬가지로 자연과 인생사에

관한 "과학적 지식 이전의 사변"이다. 21세기를 살고 있는 한
국 사람이 동양의 고유 사상이란 이유로 이런 "과학 이전의 사
변"을 과학적 지식보다 더 신뢰해야 할까? 만일 음양오행설이
역사적 가치를 지니고 있다면, 어떤 가치를 지니고 있는지, 그
리고 어떻게 평가되어야 올바른지 생각해보자.

8. 주역(周易)은 원래 점(占)을 치는 책이다.[9] 주역으로 점을 치는 사람은
몇 가지 전제 가정을 무조건 믿어야 한다. ① 양(陽)과 음(陰)은 우주와
만물의 생성과 변화를 지배하는 원기(元氣)다. ② 양기는 "－"(양효)로,
음기는 "－－"(음효)로 나타낼 수 있다. ③ 1, 3, 5, 7, 9의 홀수는 양기
의 수이고, 2, 4, 6, 8, 10의 짝수는 음기의 수다. ④ 양효와 음효를
세 겹으로 쌓아 올려 2^3개의 "3획 괘" 즉 "8괘"(☰ ☱ ☲ ☳ ☴ ☵ ☶ ☷)를
만든다. ⑤ 다시 3획 괘를 두 개씩 겹쳐 쌓아 2^6개의 "6획 괘" 즉 "64
괘"를 만든다. ⑥ 이 "64괘"로부터 우주 만물의 생성과 변화, 특히 인
생사의 모든 생성과 변화에 관한 정확한 정보와 지식을 알아낼 수 있
다. 이 가운데 어느 하나라도 옳지 않거나 믿지 않으면 "주역 점"은
성립할 수 없다.

이상의 전제 가정이 옳다는 무조건적 믿음을 전제 조건으로 해서,
"주역 점"은 ① "톱풀(蓍草, 시초)의 줄기" 또는 "대나무를 가늘게 쪼갠
막대" 50개를 이용하는 방법과 퇴계(退溪) 선생이 소개했던 "세 개의
동전"을 동시에 던지는 "척전법"(擲錢法)으로 한 번에 한 개씩 6개의

9 "주역 점"을 치는 방법에 관한 자세한 설명은 『주역강설 상』(이기동, 성균관대출판부,
2002) 37-50쪽을 참고하기 바란다.

효를 결정하고, ② 그 6개의 효를 순서대로 아래에서 위로 쌓아 올려 하나의 6획 괘를 만든 다음, ③ 그 괘의 의미를 풀이해놓은 "괘사"(卦辭)에 의거해서 해석하는 방식으로 진행된다.

"주역 점"에 대해서 다음과 같은 점들을 생각해보자.

① 현대의 자연 과학들은 우주 만물이 정말로 양기와 음기로 만들어졌다고 밝혔는가?

② 양기와 음기는 무엇으로 측정할 수 있고 어떻게 조종할 수 있는가?

③ 홀수는 양기의 수이고 짝수는 음기의 수라는 주장은 현대의 수학과 양립할 수 있는가?

④ "수에 관한 미신"과 "우연한 손동작"에 의해 정해진 효들과 그 조합들이 "사실에 관한 정보"를 찾아낼 수 있는 증거일 수 있을까?

⑤ 논리적으로는 "4획 괘" "5획 괘" "7획 괘" … "k획 괘"까지 만들 수 있는데, 오직 8괘와 64괘만이 우주 만물의 생성과 변화를 설명하고 예측할 수 있는 패턴이라는 생각은 어떻게 정당화될 수 있는가?

⑥ 정말로 "주역 점"은 자연과 인생에 관하여 현대의 학문들이 제공하는 지식을 능가하는 지식을 제공하는가?

⑦ 64괘 즉 예순네 가지 패턴을 해석할 때 주로 "길/흉"(吉/凶) "유리/불리"(有利/不利) "구/무구"(咎/无咎) "회/무회"(悔/无悔) "정"(征) "정"(貞) "인"(吝) "여"(厲) 등등의 일상적 개념이 사용되는데, 과연 이런 개념들로 인간 · 사회 · 자연의 모든 상황과 변화를

설명할 수 있고 미래의 상황과 변화를 예측할 수 있는가?

⑧ 동양철학자들이 아직까지도 학생들에게 주역이 현대의 과학보
다 우월한 지식을 제공하는 것처럼 가르치고 있는 진짜 이유는
무엇일까?

9. 우리 사회에는 개인의 정치적 신조로서의 이데올로기를 "철학", 그것
도 "진짜 철학"이라고 생각하는 사람이 많다. 왜 대학 철학과에서 자
기가 좋아하는 정치적 이데올로기를 가르치지 않느냐고 불평하는 사
람들이 대개 그런 사람이다. 그러나 특정한 정당이 자기네 정치적 이
데올로기를 당원들에게 주입하여 당성(黨性)을 강화하는 일은 정치
단체에서 하는 "정치 훈련"이지 "철학 교육"이 아니다. 다음 글을 읽
고 "학문으로서의 철학"과 "정치적 신조로서의 이데올로기"의 차이
점을 설명해보라.[10]

　　이데올로기(ideology)라는 개념은 사회사상의 역사에서 심한 논쟁
을 일으켜온 개념이다. 어떤 학자는 이데올로기의 인식론적 측면을
강조하고, 다른 학자는 이데올로기의 사회학적 측면을 강조하며, 또
다른 학자는 이데올로기의 심리학적 측면이나 문화적 특징을 강조한
다. 이데올로기의 여러 측면에 대한 이런 다양한 연구 성과를 종합하
면 대부분의 사람이 동의할 만한 이데올로기의 구성 성분을 밝힐 수
있다 ….

---

10   "개념으로서의 이데올로기"에 대한 더 자세한 설명은 Mostafa Rejai의 "Ideolo-
gy" (*Dictionary of the History of Ideas*, editor in chief, P. P. Wiiener, vol. II, Charles Scribner's
Sons, N.Y., 1978, 552–559)를 참고하기 바란다.

이데올로기에 관해서는 우선 "개념으로서의 이데올로기"와 "정치적 신조로서의 이데올로기"를 구별할 필요가 있다. 일반적 개념으로서의 이데올로기에 대한 분석 활동 — 예컨대 이데올로기의 본성과 기능을 확인하는 작업 — 은 자유주의, 보수주의, 사회주의 등등의 정치적 신념들 집단에 대한 분석 활동과는 지적 성격이 아주 다른 활동이다. 마찬가지로 이데올로기 개념에 대한 어떤 사람의 분석, 예컨대 이데올로기 개념에 대한 마르크스의 분석과 마르크스 자신의 이데올로기나 정치적 신조, 예컨대 마르크스의 정치적 신념 집단으로서의 마르크스주의를 혼동해서는 안 된다. 물론 이데올로기 개념에 대한 어떤 사람의 분석이 (마르크스의 경우에 실제로 그랬던 것처럼) 두 번째 정치적 신념들 집단으로서의 이데올로기에 의해 좌우되는 것은 사실이지만, 그래도 개념으로서의 이데올로기와 정치적 신념 집단으로서의 이데올로기는 분명하게 구별되는 별개의 것이다 ….

"개념으로서의 이데올로기"에 관해서는 이데올로기의 세 측면에 관한 연구, 즉 인식론적 접근, 심리학적 접근, 사회-문화학적 접근이 필요하다. 이 세 가지 연구는 각기 이데올로기의 다른 측면을 해명하며, 그와 함께 이데올로기가 지닌 매우 풍부하고 다채로운 지적 유산을 밝힌다. 이 세 가지 연구를 종합하면 이데올로기 개념을 대략 다음과 같이 정리할 수 있다.

이데올로기는 인간과 사회, 정통성과 권위에 대하여 사람들이 일상적으로 반복되는 습관적 강화를 통해 습득하는 신념들의 체계이자 가치들의 체계인데, 그 속의 신념들과 가치들은 감정을 머금고 있고, 신화에 물들어 있고, 행동을 지향하고 있다. 이데올로기를 이루고 있는 신화와 가치는 단순하고 경제적이고 효과적인 상징을 통하여 전파된다. 이데올로기를 이루고 있는 신념들은 다소간 일관성이 있고, 다소간 명확하게 표현될 수 있으며, 새로운 증거와 정보에 상당히 쉽게 영향을 받는다. 이데올로기는 대중 동원, 대중 조작, 대중 통제에 대단히 효과적이다. 이 점에서 이데올로기는 감정·신화·계급의식·이해관계 등등에 의해 활성을 띤 신념들의 체계라 할 수 있다.

10. 다음 이야기를 읽고 "철학적 신념"과 "종교적 신앙"의 차이를 설명해보라.

#1   스님의 콘서트는 인기가 많았다. 삶과 죽음에 대한 중생들의 궁금증을 알기 쉽게 풀어주었다. 이런 식이었다.

수년 전 세상을 떠난 어머니가 몹시 그리워 딸이 물었다.

"스님, 극락왕생은 정말 있습니까? 어머니가 거기서 우릴 기다리고 있는 게 맞습니까?"

"따라 하세요. 믿는 자에게, 복이 있나니, 천국이, 너의 것이니라."

중생의 눈이 화등잔만 해졌다.

"스님, 그건 목사님들 하시는 말씀 아닌가요?"

"스님이 얘기하면 스님 말씀이지, 그게 왜 목사님 말씀입니까. 그리고 어머니가 극락에 갔다 생각하면 기분이 좋아요, 안 좋아요? 반대로 어머니가 지옥 갔다 생각하면 마음이 편해요, 안 편해요?"

중생은 여전히 미심쩍다.

"꿈에 안 나타나시니 걱정이 되어 그럽니다."

"아 글쎄, 극락은 좋은 데예요, 나쁜 데예요? 그런 곳엔 빨리빨리 가시는 게 나아요, 안 가고 여기 남아 구천을 떠도는 게 나아요?"

"빨리빨리 가시는 게 낫습니다."

"근데 왜 자꾸 꿈엔 나오시라 그래~에?"

"진짜 극락에 계시는지 알 수가 없어 그럽니다."

스님, 기어이 법당 마루를 내리친다.

"그래서 내가 처음에 뭐라 그랬어요? 믿는 자에게 복이 있나니, 천국이, 아니 극락이 너희 것이니라."

"할렐루야."

(조선일보, 2013년 4월 23일자, 김윤덕 컬럼 「新줌마병법」)

11. "축구에 관한 철학"에 대한 설명을 되새겨보고, 같은 방식으로 "성명 철학" "관상 철학" "풍수 철학" 등등의 명칭에 대해 논평해보자.

2___

철학적 사고는 논리에 맞아야 한다

1. 논리적 사고의 조건

앞 장에서 우리는 철학적 신념이 고도로 일반적이거나 지극히 근본적이면서 또한 합리적인 신념임을 확인하였다. 철학적 신념은 훌륭한 증거에 의해 입증되고, 또 이미 옳다고 확인된 다른 신념들과 조화를 이루는 신념이다. 어떤 사람이 입증 증거도 없고 또 다른 신념들과 충돌을 일으키는 신념인데도 고집으로 지키는 독단적인 비합리적 신념은 전혀 철학적 신념이 아니다. 철학적 사고는 철학적 수준의 합리적 신념들을 찾아가는 과정이다. 우리는 철학적 사고가 두 방향으로 진행됨을 보았다. 하나는 어떤 철학적 신념을 옳다고 믿을 만한 훌륭한 증거가 있는지, 그리고 증거가 있다면 과연 무엇인지 "음미하는 사고"다. 이는 예컨대 인간이 자유 의지로 행동한다는 신념을 입증하는 증거가 무엇인지 확인하고 검토하는 사고다. 이 첫 번째 사고는 만일 증거가 되는 이러이러한 신념이 옳다면 인간이 자유 의지로 행동한다는 신념이 옳다는 식으로 바꾸어 표현할 수 있다. 또 하나는 어떤 철학적 신념이 옳다고 인정하고 나서 다른 신념들과 조화를 이루는지 "탐색하는 사고"다. 이는 예컨대 만일 인간이 자유 의지로 행동한다는 신념이 옳다면, 이 세계에서 일어나는 모든 사건이 그에 앞선 상태에 의해 결정된다는 신념과 조화를 이룰 수 있는지 검토하는 사고다. 이제 철학적 사고의 두 유형이 모두 "만일 이러이러한 신념이 옳다면 이러이러한 신념이 옳다."라는 똑같은 형식으로 진행될 수 있음을 주목하기 바란다. 이는 철학적 사고는 내용이 무엇이든 그 진행 과정의 기본적 성격이 "논리적 사고"(論理的 思考, logical thingking)라는 것을 뜻한다. 따라서 우리가 철학적 사고를 제대로 해나가고 있는지 어떤지 분별할 수 있으려면 논리학(論理學, logic)에 관한 기초 지식을 얼마쯤은 반드시 갖추어야 한다.

그렇다면 우리의 사고가 어떤 조건들을 갖추어야 논리적 사고가 되는 걸까? 우리의 사고가 논리적 사고가 되기 위해서는 다음의 두 조건을 갖추어야 한다.

명료성 조건

이 조건은 "누구나 진술하거나 사고할 때에는 반드시 진술하는 내용과 사고하는 주제가 무엇인지 분명히 파악해야 한다."고 간명하게 표현할 수 있다. 즉 나는 A에 대해서 진술하거나 사고한다는 것을 스스로 확인해야 한다. 이 조건을 어기게 되면 우리는 도대체 무엇에 대해 말하거나 생각하고 있는지 모르게 된다. 이 조건은 너무나 뻔해서 누구나 지킬 것으로 보이겠지만 실제로는 어기는 사람이 의외로 많다. 어떤 문장이 옳거나 그를 수 있는 명제를 전혀 주장하지 못하는데도, 무언가 옳거나 그를 수 있는 명제를 주장하는 진술, 즉 옳거나 그를 수 있는 명제나 신념을 표현하는 서술 문장으로 착각하거나 오인하고 응대할 때에는 언제나 지극히 심각한 형태로 이 조건을 어기는 일이 일어난다. 이러한 착각이나 오인의 대부분은 옳거나 그를 수 없는 감정, 기분, 심상, 소원, 평가, 명령, 규범을 표현하는 문장의 구조가 명제를 표현하는 문장의 구조와 같을 수 있다는 사실로 말미암아 일어나므로, 우리는 정말로 명제를 표현하는 문장과 그렇지 않은 문장을 구별할 줄 알아야 한다.

정합성 조건

이 조건은 진술들이 서로 조화를 이루어야 한다는 것이다. 어떤 두 진술이 서로 조화를 이루는 성질 즉 정합성(整合性, consistency)이 있다는 말은 우리가 그 두 진술을 승인해도 서로의 진리성을 부정하는 일이 일어나지 않는다는 뜻이다. 예컨대 "쇠는 물 위에 뜨지 않는다."와 "이 열쇠는 쇠로 만들어졌다."는 두 진술은 둘 다 승인해도 서로 진리성을 부정하지 않으므로 정합성이 있다. 그러나 "눈은 희다."와 "눈은 희지 않다."는 두 진술은 동시에 둘 다 승인할 수 없으므로 정합성이 없다. 두 진술이 정합하지 않으면 서로의 증거가 될 수 없다. 어떤 진술이 어떤 진술의 증거가 되는 일은 서로 정합하는 진술들 사이에서만 가능하다. 이를테면, 우리가 "쇠는 물에 뜨지 않는다."와 "이 열쇠는 쇠로 만들어졌다."는 두 진술을 승인했다면, "이 열쇠는 물 위에 뜰 것이다."라는 생각은 이미 승인했던 두 진술과 양립할 수 없다. 그러므로 이미 우리가 승인한 두 진술과의 정합성을 유지하기 위해서는 "이 열쇠는 물속에 가라앉는다."고 생각할 수밖에 없다. 이 사고 과정은 간명하게 "만일 '쇠는 물 위에 뜨지 않는다.'와 '이 열쇠는 쇠로 만들어졌다.'는 두 진술이 옳다면, '이 열쇠는 물속에 가라앉는다.'는 진술이 옳다."는 진술로 표현할 수 있다. 이 "조건 진술"은 명료성 조건과 정합성 조건을 둘 다 갖춘 훌륭한 논리적 사고를 표현하고 있다.[11]

이제 앞 장에서 예로 든 대화를 다시 살펴보자. 이 대화는 어떤 신념의 증거를 음미하는 사고를 표현하고 있다. A와 B의 사고 과정을 요점만 간추리면 다음과 같다.

A: 너는 지난 일요일에 부모님께 편지를 썼어야 한다.
B: 왜?
A: 약속을 했으니까.
B: 왜 그 약속을 지켜야 하는가?
A: 약속을 어기는 건 언제나 잘못이니까.
B: 왜 잘못인가?
A: 대부분의 사람이 약속을 어기는 걸 비난하니까.
B: 대부분의 사람이 어떤 행동을 비난한다고 해서 그 행동이 정말 실제로도 잘못인가?

B의 심각한 도전을 받기 전까지 A가 지니고 있었던 신념 체계는 다음과 같음을 알 수 있다.

① 대부분의 사람이 비난하는 행동은 잘못이다.
② 약속을 어기는 건 대부분의 사람이 비난하는 행동이다.

---

11 논리학과 논리적 사고의 본성에 관해 더 자세히 알고 싶다면 『논리와 철학』(곽강제 엮음, 서광사, 2006)의 13-76쪽에 실려 있는 카르납의 "논리", 곽강제의 "모순고사와 논리"와 "논리의 원리에 대하여"를 읽어보기 바란다.

③ 너는 일요일마다 부모님께 편지를 쓰기로 약속했다.

④ 그러므로, 너는 지난 일요일에 부모님께 편지를 썼어야 한다.

A의 신념 체계에서 신념 ① ② ③은 신념 ④의 진리성에 대한 증거(證據, evidence)다. 다시 말하면 만일 신념 ① ② ③이 옳다면 신념 ④도 옳다는 것이 A의 신념 체계이다. 이는 훌륭한 논리적 사고를 보여주고 있다.

그런데 대화에서는 A가 ④를 먼저 진술하고, B가 A에게 ④의 진리성을 입증하는 증거를 계속해서 파고들자 나중에야 ③ ② ①의 순서로 진술하고 있다. 진술의 순서에 관계없이 이처럼 몇 개의 진술을 어떤 진술의 진리성을 입증하는 증거로 명확히 개진하면 그 일련의 진술은 논증(論證, argument)이 된다. 논증은 우리가 자신의 논리적 사고를 다른 사람에게 명확하게 표현하는 언어적 수단이다.

철학적 사고가 이처럼 논증의 형태를 취해야 하는 이유는 어디에 있는가? 철학적 물음들에 대해서는 오직 철학하는 사람들만 답을 제시하는 건 아니다. 많은 사람이 철학적 물음들에 대해 답을 내놓기 때문이다. 어떤 사람은 전통에 입각해서 답하고, 어떤 사람은 감정에 따라 답하며, 어떤 사람은 직관에 따라 답하기도 한다. 그러나 철학적 물음들에 대한 이런 식의 답은 "철학적인 답"이 아니다. 철학하는 사람은 철학적 물음에 대한 답을 갖는 일만이 아니라 "증거에 입각해서 합리적으로 옹호할 수 있는 답"을 찾는 데 관심이 있다. 철학하는 사람이 철학적 물음들에 대해서 제시하는 답이 논증의 형태를 취하게 되는 건 이 때문이다. 물론 독창적인 철학자들이 깜짝 놀랄 만한 답을 갑자기 제시하는

경우가 있지만, 나중에라도 이러한 답을 증거에 입각해서 합리적으로
옹호하는 논증이 제시되지 않는 한, 승인 아니면 거부의 양자 택일이
있을 뿐이지 합리적 토론은 전혀 진행되지 못한다.

2. 논증과 추리

논증은 증거를 제시하는 하나 이상의 진술에 의거하여 어떤 진술을
입증하려고 할 때 구성된다. 논증에서 증거를 제시하는 진술들을 전제
(前提, premise)라 하고, 전제가 입증하는 진술을 결론(結論, conclusion)이라
한다.[12] 논증은 전제와 결론을 반드시 갖추어야 한다. 전제는 특정한 수
효만큼 있어야 하는 건 아니지만 적어도 하나는 있어야 한다. 그리고
전제가 결론을 정말로 강하게 입증하면 그 논증은 훌륭한 논증(good argu-
ment)이다. 논증의 전제가 결론을 입증한다는 말은 만일 전제가 옳다면 그
전제가 결론을 옳다고 인정할 수 있는 증거가 된다는 뜻이다. 이 말에 대해
서는 한 가지 주의가 필요하다. 그것은 어떤 논증의 전제가 결론을 입
증한다는 말의 뜻은, 그 논증의 전제가 모두 실제로 옳다는 것을 뜻하는
게 아니라, 만일 그 논증의 전제가 옳다고 가정한다면 결론에 대한 훌륭한
증거가 된다는 것일 뿐이다.

글이나 대화 속에서 논증을 확인하기 위해서는 어떤 진술이 전제나
결론의 기능을 갖고 있다는 사실을 알려주는 낱말이나 구절에 주목해

---

12   논증, 추리, 발견과 정당화에 관한 자세한 설명은 『논리학』(*Logic*, W. C. Salmon, 곽
강제 옮김, 박영사, 2012)의 3-28쪽을 참고하기 바란다.

야 한다. "그러므로" "따라서" "그러니까" "이런 까닭에"와 같은 어구는 바로 그다음에 따라 나오는 진술이 논증의 결론임을 알려준다. 그래서 그 결론을 입증하려는 전제들이 그 근처 가까운 곳에 있게 마련이다. 또한 "…이어야 한다" "…일 수밖에 없다"와 같이 필연성을 나타내는 어구들도 이러한 어구를 포함하고 있는 진술이 결론임을 알려준다. 한편 어떤 어구들은 전제로 사용된 진술을 알려준다. 예컨대 "왜냐하면" "…때문에" "…이므로"와 같은 낱말이 그런 낱말이다. 이러한 어구를 포함하고 있는 진술은 논증의 전제이다. 그래서 이 전제가 입증하려는 결론이 그 근처에 있게 마련이다. 이처럼 논증의 부분을 가리키는 낱말들은 논증이 구성될 때에만 사용해야 한다. 이런 낱말을 잘못 사용하면 사고에 혼란을 일으키기 때문이다.

그런데 우리가 대하는 글이나 대화 속에 논증이 나타날 때에는 언제나 먼저 전제들이 진술되고 나서 그 끝에 결론이 진술되지는 않는다. 우리는 이미 1장의 대화에서 결론이 먼저 진술되고 나중에 전제가 진술되는 논증을 보았다. 논증의 전제들이 모두 진술된 다음 그에 이어서 결론이 진술되면 표준 형식의 논증이라 한다. 아래 논증이 그런 예이다.

누구나 약속을 했으면, 그 약속을 지켜야 한다.
너는 약속을 했다.
그러므로, 너는 그 약속을 지켜야 한다.

그런데 대부분의 글이나 대화에서는 논증이 이처럼 표준 형식으로 나타나지 않고 전제와 결론이 문맥 속에 흩어져 있으므로 전제와 결론을 스스로 확인할 줄 알아야 한다. 때로는 결론이 끝에 놓이기도 하고,

때로는 맨 앞에 나오기도 하며, 때로는 중간에 끼어 있기도 한다. 논증은 강조, 어조, 문체 등의 이유로 말미암아 여러 가지 양식으로 제시된다. 아래 두 논증은 앞의 논증과 표현 양식은 다르나 실은 똑같은 논증이다.

너는 그 약속을 지켜야 한다. 왜냐하면 누구나 약속을 했으면 지켜야 하는데, 너는 그 약속을 했기 때문이다.

누구나 약속을 했으면 지켜야 하기 때문에, 너는 그 약속을 지켜야 한다. 너는 그 약속을 했으니까.

대부분의 문맥 속에서 논증이 표준 형식을 갖추지 못하는 이유가 또 하나 있다. 일상의 글이나 대화에서는 드러내어 말하기엔 너무 뻔한 전제는 생략하는 게 상례다. 그래서 앞에서 예로 든 논증은 대개 다음과 같은 형태로 나타나기 쉬울 것이다.

너는 그 약속을 지켜야 한다. 너는 그 약속을 했으니까.

너는 그 약속을 지켜야 한다. 왜냐하면 누구나 약속을 했으면 지켜야 하니까.

이와 같이 전제들 중의 일부가 빠져 있는 논증은 불완전한 논증이다. 대개의 경우 우리는 생략되어 있는 전제를 쉽게 찾을 수 있다. 하지만 어떤 경우에는 생략되어 있는 전제가 결정적 함정일 수 있다. 누구에게나 너무 뻔해서 생략되어 있는 바로 그 전제가 명백히 그른 가정일 수 있기 때문이다.

 그러므로 우리가 어떤 사람이 논증의 형태로 표현하는 철학적 사고를 검토하려면 다음 세 가지 예비 단계를 거쳐야 한다.

1. 논증을 확인해야 한다.
2. 전제들과 결론을 낱낱이 확인해야 한다.
3. 불완전한 논증은 생략된 전제를 찾아내어 보충해야 한다.

 이제 우리는 철학적 사고를 표현하는 논증들 중에서 훌륭한 논증은 어떠한 논증인가를 알아볼 단계에 이르렀다. 그러나 이 대목에서 논증을 구성해내는 사람의 마음속에서 진행되는 추리(推理, inference)에 대하여 살펴볼 필요가 있다. 추리의 본성, 추리와 논증의 관계를 알면 철학에서 왜 그처럼 논증이 중요한지 잘 이해할 수 있기 때문이다.

 추리란 증거로부터 결론을 생각해내는 일이다. 추리는 심리적 활동이다. 누구나 잘 아는 탐정 홈즈는 추리력이 비상한 사람이다. 언젠가 홈즈는 어떤 사건과 관련이 있어 보이는 모자를 집어 들자마자 옆에 있는 친구 왓슨 박사에게 범인이 머리가 좋은 사람일 것이라고 말한 적이 있다. 왓슨 박사는 어리둥절해서 대체 어떻게 알아냈느냐고 묻는다. 홈즈는 대답하는 대신에 모자를 써 보였다. 모자는 홈즈의 이마를 미끄러져 내려와 눈을 가리면서 콧등에 걸렸다. 홈즈는 모자를 벗으면서 바로 이것이 증거라고 말했다. 홈즈는 모자를 보자마자 어느새 모자의 크기를 근거로 삼아 범인의 지능에 관해서 추리를 했던 것이다.

추리하는 사람은 증거와 결론을 둘 다 마음속에 갖고 있어야 한다. 추리의 증거는 추리하는 사람의 마음속에 있는 신념이나 의견이다. 추리하는 사람의 생각은 증거로서의 신념이나 의견에서 끌어낸 결론이라 할 수 있는 다른 신념이나 의견으로 건너간다. 이렇게 되면 결론으로서의 신념은 독단적 신념이 아니라 추리의 결론이다. 그러나 추리할 때 증거가 되는 신념을 정말로 옳다고 인정할 필요는 없다. 예컨대 우리는 3일간의 여행을 계획할 때 그 기간에 비가 올지도 모른다고 가정을 세우고 추리를 해볼 수 있다. 어떤 사람이 논증을 제시한다면 이미 추리했음을 알 수 있고, 추리가 이루어졌다면 논증의 형태로 표현될 수 있다. 추리와 논증은 평행한다. 다만 주요한 차이는 논증이 우리의 눈에 보이거나 귀에 들리는 언어적 표현인 반면에, 추리는 어떤 사람 혼자서만 확인할 수 있는 내면의 심리적 활동이라는 점이다.

논증과 추리의 이 차이가 왜 공적인 학문 토론에서 추리를 대상으로 삼지 않고 논증을 대상으로 삼게 되는지 알려준다. 물론 철학적 토론도 토론에 참여하는 사람들이 제시하는 논증들 가운데서 어느 논증이 정말 훌륭한 논증인지 가려내는 일을 중심으로 진행된다. 하지만 아직도 모든 추리가 언어로 표현될 수 있는지 의심하는 사람이 있을지도 모르겠다. 증거에 의해 입증된 신념이지만 언어로 명확하게 표현될 수 없는 경우는 없을까? 물론 이 가능성은 인정해야 한다. 그러나 주의가 필요하다. 이런 경우를 상상해보라. 한 친구로부터 "요사이 A라는 친구의 언행에서 A의 성격이 지닌 아주 중요한 특성을 분명히 알게 되었지만 말로는 도저히 표현하지 못하겠어!"라는 말을 듣고, 이 결론에 대해 그가 어떤 증거를 갖고 있는지를 물었는데, 이렇게 대답했다고 가정해보자. "그 증거는 A의 언행이 분명히 보여주고 있으나, 언어로는 도저히 표현할 수 없는 특징이야!" 우리는 이 친구가 어떤 증거로부터 어떤 결론을 내렸는지 알 길이 전혀 없다. 따라서 이 친구의 추리에 대해 할 말이 전혀 없을 것이다. 추리는 논증으로 표현되어야 객관적 검토가 가능하다. 이쯤이면 왜 공적인 학문 토론이 논증을 대상으로 진행될 수밖에 없는가를 알 수 있을 것이다. 논리학이라는 학문이 논증들을 일차적 연구 대상으로 삼는 이유도 여기에 있다. 논리학은 무수히 많은 논증들 가운데서 훌륭한 논증을 가려내는 원리와 방법을 연구하는 학문이다.

　한편 이 사실은 또 하나 매우 중요한 사실을 깨닫게 해준다. 그것은 어떤 사람이 논리적인 사람인지 알아볼 수 있게 해준다는 것이다. 흔히 사람들은 듣기에 그럴듯한 말을 청산유수로 쏟아놓는 사람이나 추리를 신속하게 하는 사람을 논리적으로 생각하는 사람이라고 간주한다. 그러나 이 말은 정확한 말이 아니다. 논리적인 사람은 말을 잘하거나 탁월한 추리력을 가진 사람이 아니라, 자기 앞에 제시되는 논증들 중에서 훌륭한 논증을 찾아낼 줄 알고, 훌륭한 논증만 존중하는 사람이다. 그렇다면 비논리적인 사람은 말이 어둔하거나 추리력이 부족한 사람이 아니라, 자기 앞에 제시되는 논증들 중에서 훌륭하지 못한 논증을 훌륭한 논증이라고 잘못 승인하는 사람일 뿐이다. 논리적 사고는 사람이라면 누구나 매일 헤아리기도 어려울 정도로 빈번히 하는 지극히 정상적인 사고이다. 그러나 논리적 사고를 언어로 표현한 논증들 중에서 훌륭한 논증을 가려내는 일을 아무나 정확하게 할 수 있는 것은 아니다. 논리학자들이 연구하여 찾아낸 표준들 즉 논리적 진리들은 바로 이 일을 도와주는 잣대다.

3. 훌륭한 논증 — 연역 논증과 강한 귀납 논증

훌륭한 논증이란 일반적으로 만일 전제를 옳다고 가정하면, 그 전제가 결론을 옳다고 인정하는 데 대한 훌륭한 증거가 될 수 있는 논증이다. 그런데 모든 논증은 반드시 전제와 결론을 갖추고 있고, 전제는 특정한 수효만큼 있어야 하는 것이 아니므로, 우리는 논증의 겉모습만 보고는 훌륭한 논증을 가려낼 수 없다. 게다가 논증을 만들어 제시하는 사람은 누구나 자신의 전제가 결론을 입증한다고 확신할 것이므로, 당사자에게 물어보아도 도움을 받을 수 없다. 그렇다면 훌륭한 논증을 가려내는 기준은 어떻게 마련될 수 있을까?

이 기준을 마련할 수 있는 토대는 논증의 결론을 입증하는 정도에 대한 우리들의 합의(合意, agreement)다.[13] 사람들은 어떤 진술이 정상적인 서술 문장이라는 데 합의한다. 또 진술들이 어떤 식으로 결합하면 논증의 모습을 갖추게 된다는 데 합의한다. 한 걸음 더 나아가 사람들은 논증의 전제가 결론을 입증하는 정도에 대해서도 의견의 일치를 보고 있다. 즉 논증들 가운데에는 전제가 옳다면 결론이 반드시 옳을 수밖에 없는 논증(입증 정도가 100%인 논증), 전제가 옳다면 결론이 옳을 가능성이 증가하

---

13   연역(연역 논증)과 귀납(귀납 논증)에 대한 올바른 정의와 설명은 『논리학』(Logic, W. C. Salmon, 곽강제, 박영사, 2012)의 29-36쪽을 참고하기 바란다. 흔히들 연역(연역 논증)은 "일반 전제로부터 특수 결론을 끌어내는 논증", 귀납(귀납 논증)은 "특수 전제로부터 일반 결론을 끌어내는 논증"이라고 정의하지만, 이 정의를 적용할 수 없는 수많은 예외가 있기 때문에 부정확한 정의다.

예컨대 "A는 B보다 크다. 그러므로 B는 A보다 반드시 작다."는 훌륭한 연역 논증이지만 전제가 특수 진술이고, "이 통 속의 커피 열매 95%가 A등급이다. 그러므로 이 통에서 이번에 나오는 커피 열매는 A등급일 것이다."는 훌륭한 귀납 논증이지만 전제는 통계적 일반 진술이고 결론은 개체 진술이다.

는 논증(입증 정도가 100%도 0%도 아닌 논증), 전제가 옳다 하더라도 결론을 옳게 만드는 증거 역할을 전혀 못하는 논증(입증 정도가 0%인 논증)이 있다고 합의하고 있다. 첫 번째 종류는 연역 논증(演繹 論證, deductive argument, 연역적으로 결론을 입증하는 논증), 두 번째 종류는 귀납 논증(歸納 論證, inductive argument, 귀납적으로 결론을 입증하는 논증), 세 번째 종류는 그릇된 논증(fallacious argument, 오류 논증, 전혀 쓸모없는 논증)이라 부른다. 그렇다면 우리가 앞에서 말한 훌륭한 논증이란 연역 논증과 입증력이 100%에 가까운 강한 귀납 논증이었음을 알 수 있을 것이다.

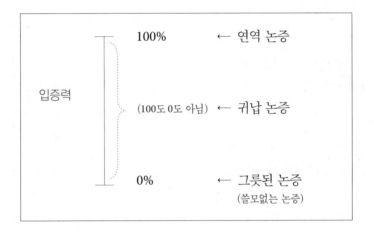

"그릇된 논증"은 어떤 사람이 전제가 결론을 입증한다고 생각하여 제시하지만, 실은 전제가 결론을 전혀 입증하지 못하는 논증이다. 이런 경우에는 논증을 만들어 제시하는 사람이 "그러므로" "왜냐하면" "따라서" 등등의 논리적 용어(論理的 用語)를 잘못 사용하고 있는 셈이다. 다음의 경우를 살펴보자.

모든 포유동물은 죽는다.
모든 개는 죽는다.

그러므로, 모든 개는 포유동물이다.

이 일련의 진술은 "그러므로"라는 논리적 용어가 마지막 진술의 앞에 놓여 있으므로, 겉모습은 앞의 두 진술이 전제이고 세 번째 진술은 결론인 논증이다. 그리고 세 개의 진술은 제각기 살펴보면 모두 옳은 진술이다. 그러나 "그러므로"라는 말의 앞에 있는 두 진술이 옳다는 사실이 세 번째 진술을 옳다고 인정할 증거를 전혀 제시하지 못한다. 이런 논증은 논리적 용어를 잘못 사용하여 우리의 사고를 "논리적 오류"에 빠지게 하므로 그릇된 논증으로 간주한다.

그렇다면 귀납 논증은 철학적 사고의 목적에 충분할까? 귀납 논증의 전제는 결론을 어느 정도 입증하므로 그 입증 정도만큼 쓸모 있는 논증이다. 하지만 그 입증의 정도는 100%도 아니고 0%도 아니다. 따라서 귀납 논증의 전제가 결론을 입증하는 데에는 정도 문제가 생긴다. 귀납 논증은 그 전제가 제시하는 증거의 양, 정확성, 다양성 등등에 따라 결론을 강하게 입증하기도 하고 약하게 입증하기도 한다. 예컨대 많은 사람이 일상의 대화에서라면 다음과 같은 귀납 논증은 전제가 결론을 상당히 강하게 입증한다고 인정할 것이다.

A는 지금까지 언제나 약속을 지켰다.
그러므로, A는 모든 약속을 지킬 것이다.

이 논증은 만일 전제가 옳다면 결론이 옳을 가능성이 상당히 크다고 하겠다. 그러나 전제가 옳다는 걸 증거로 해서 결론이 언제나 옳을 것이라고 장담할 수는 없다. 앞으로 A가 어쩔 수 없이 자신의 약속을 지키지 못할 처지에 빠질지 모르기 때문이다. 다시 말하면 우리는 전제가 옳다 하더라도 결론이 그를 수 있는 가능성을 완전히 없앨 수 없다. 이 점은 이 논증만의 특징이 아니라, 실은 모든 귀납 논증의 기본 특징이다.

이 점을 좀 더 검토해보면, 우리는 귀납 논증의 특징에 대하여 더 자세히 알 수 있다. 위의 논증의 경우 전제가 옳고 또 결론을 강하게 입증하는데도 결론이 그를 수 있는 이유는 어디에 있을까? 그 이유는 결론의 진술 내용이 전제의 진술 내용보다 더 확장되어 있다는 데에 있다. 즉 전제가 진술하고 있는 증거는 지금까지의 A의 약속 이행임에 비해서 결론의 진술 내용은 앞으로의 약속 이행까지 확장되어 있다는 사실이 그 이유다. 일반적으로 귀납 논증의 경우에 전제가 옳고 또 결론을 아무리 강하게 입증한다 할지라도 그 결론이 그를 수 있는 가능성을 완전히 없앨 수 없는 것은 누구나 이 확장된 부분에 대해 의심할 수 있기 때문이다. 하지만 귀납 논증의 이 특징은 논리학적 관점에서 보면 귀납 논증이 수행하는 고유 기능이고, 또 지식의 탐구라는 현실적 목적에 비추어 보면 커다란 장점이라고 할 수 있다. 귀납 논증의 이 기능은 지식을 확장하는 일에 필수 불가결하다.

그렇지만 철학적 물음에 대한 답을 증거에 입각하여 합리적으로 옹호하려는 철학적 사고의 목적에 비추어보면, 입증력이 100%에 가까운 강한 귀납 논증일지라도 우리의 마음을 완전히 만족시켜주지 못한다. 물론 어떤 귀납 논증이 ① 전제가 모두 옳고, ② 적절한 귀납 논증 형식을 갖추고 있고, ③ 전제가 결론과 관련 있는 모든 증거를 제시하고 있으면, 결론이 옳다고 잠정적으로 승인하는 것은 온당하다. 하지만 귀납 논증의 정당화 조건인 이 세 조건을 모두 갖춘 강한 귀납 논증이라 할지라도 결론이 반드시 옳다고 항상 주장하고 싶은 사람을 완전히 만족시키지는 못한다. 그 귀납 논증의 결론에 대한 의심이 가능할 뿐더러 불리한 새로운 증거가 언제 발견될는지 모르기 때문이다. 그래서 옛날부터 자신의 철학적 신념이 증거에 입각해서 언제 어디서나 완벽하게 옹호될 수 있기를 바라는 철학자는 연역 논증에 매력을 느껴 의존하고 싶어했다.

앞에서 연역 논증은 만일 전제가 옳다면 결론이 반드시 옳을 수밖에 없다고 말했다. 연역 논증의 경우에는 그 전제를 옳다고 인정하는 한 그 결론을 옳다고 인정하지 않을 방도, 달리 말하면 그 결론을 의심할 방도가 전혀 없다. 연역 논증의 전제와 결론 사이에 성립하는 이 필연적 관계 즉 논리적 필연성(論理的 必然性, logical necessity)은 전제에 진술되어 있는 내용 중의 일부가 결론으로 진술되기 때문에 성립한다고 할 수 있다. 이 말은 정확하긴 하나 실제로는 개인의 심리 상태로부터 영향을 받을 수 있는 위험을 완전히 배제하지 못하고 있다. 그래서 논리학에서는 논증 형식의 타당성(validity of argument form)을 연역 논증의 타당성 기준으로 삼는다. 다시 말해 어떤 논증이 타당한 연역 논증으로 인정받으려면 그 논증 형식이 타당한 형식이지 않으면 안 된다. 다음의 논증을 살펴보자.

네가 약속을 했으면, 너는 그 약속을 지켜야 한다.
너는 약속을 했다.
그러므로, 너는 그 약속을 지켜야 한다.

이 논증의 경우, 만일 두 개의 전제가 옳다면 결론이 반드시 옳을 수밖에 없다. 달리 말하면, 두 개의 전제를 인정한다고 긍정한 사람은 누구나 결론을 승인하지 않을 도리가 없다. 그러나 이런 판정의 객관적 근거는 대체 무엇인가? 연역 논증의 전제와 결론 사이에 성립하는 논리적 필연성을 명확하게 객관적으로 확인하려면, 위의 논증이 지닌 "논증 형식"을 드러내야 한다. 이 일은 그리 어렵지 않다. "너는 약속을 했다." 는 진술이 차지하고 있는 자리를 ☐로, "너는 그 약속을 지켜야 한다."는 진술이 차지하고 있는 자리를 ◯로 나타내면, 이 논증의 형식은 다음과 같이 드러나게 된다.

만일 ☐라면 ◯다.
☐다.
그러므로, ◯다.

이 논증 형식을 논리학에서 사용하는 방식으로 표현해보면 다음과 같다.

$$p \supset q$$
$$p$$
$$\therefore q$$

이 논증 형식은 왜 전제와 결론 사이에 논리적 필연성을 성립시킬까? 그 이유는 간단하다. 이 논증 형식에 진술들을 대입(代入, substituion)시켜 이루어지는 논증은 예외 없이 두 개의 전제를 옳다고 인정하면 결론도 반드시 옳을 수밖에 없기 때문이다. 이 점은 p와 q에 일부러 "그른 진술"을 대입해도 그대로 성립한다. 이러한 연역 논증의 논증 형식을 타당한 형식(valid form, 論法)이라 한다. 연역 논리학(演繹 論理學, deductive logic)을 흔히들 형식 논리학(形式論理學, formal logic)이라 부르는 것은 오직 연역 논증의 타당성을 "논증 형식의 타당성"이 보증한다는 이 사실 때문이다. 어떤 사람들은 연역 논리학을 헐뜯으려고 "그건 '형식 논리학' (형식 논리)에 불과해!"라고 말하지만, "형식 논리학"이나 "형식 논리"라는 말을 이런 식으로 사용하는 사람은 단지 "연역 논리학"에 대한 자신의 무지를 고백하고 있을 따름이다. 그뿐 아니라 이런 사람은 예외 없이 자신이 이미 상대방의 전제를 승인했으면서도 그 전제가 연역적으로(필연적으로) 입증하는 결론을 막무가내로 거부하는 비이성적 태도를 취하고 있으므로 그 태도를 바꾸지 않는 한 더 이상의 합리적 대화는 전혀 불가능하다.

한 걸음 더 나아가, 타당한 형식이 타당할 수밖에 없는 이유를 논리학의 진리치표 방법을 사용하여 객관적으로 증명하기는 쉬운 일이다.[14] 두 전제 p⊃q와 p, 그리고 결론인 q의 진리치들이 만들 수 있는 가능한 조합을 보여주는 표를 만들면 쉽게 증명할 수 있다.

p q	p⊃q	p	q
T T	T	T	T
T F	F	T	F
F T	T	F	T
F F	T	F	F

이 진리치표가 보여주듯이, 두 개의 전제 "p⊃q와 p"가 옳은 경우는 1행뿐인데, 그때 결론 q도 언제나 옳도록 되어 있다. 따라서 p와 q에

---

14 "진리치표 방법"의 원리와 활용 방법에 관한 자세한 설명은 『논리학』(Logic, W. C. Salmon, 곽강제 옮김, 박영사, 2012)의 77-102쪽을 참고하기 바란다.

어떤 진술이 대입되든 이 형식에 따라 만들어지는 논증은 만일 두 개의
전제를 옳다고 인정한다면 결론은 반드시 옳을 수밖에 없다. 다시 말해
"반대 사례 논증"(counter-example argument)을 절대로 만들 수 없다. 연역
논증의 이 성질 때문에 어떤 신념의 진리성이 연역 논증을 통해서 입증
되면 누구도 그 논리적 필연성에 대해서 이의를 제기할 수 없게 된다. 흔
히들 푸념하는 "논리는 너무 비정하고 엄격하다."는 불평은 연역 논증의
이 점을 두고 하는 말이다.

   하지만, 예민한 독자라면 연역 논증에 대해 아직도 약간의 미진한 느
낌을 떨쳐버리지 못할 것이다. 그것은 연역 논증이 전제와 결론 즉 입
증하는 증거로서의 신념과 입증되는 결론으로서의 신념을 완벽하게 결
합하는데도, 왜 "만일 전제가 옳다면 결론이 옳다."는 식으로 조건적으로
(가정적으로) 말했는가라는 점일 것이다. 이 점에 생각이 미쳤다면, 이제
는 논증의 목표와 철학적 사고의 목표를 명확하게 구별하지 않으면 안 된
다. 일반적으로 논증은 전제가 옳든 그르든 전제에 의해 입증될 수 있는 결
론을 드러내 보여주는 일을 한다. 그러나 철학적 사고는 어떤 철학적 신념
의 진리성을 정말로 옳은 전제를 증거로 하여 입증하려는 데 있다. 따라
서 철학적 사고는 연역 논증의 전제가 실제로 옳아야 한다는 한 가지 제
약 조건을 더 갖추지 않을 수 없다. 아래의 두 논증을 비교해보면 이 점
을 분명히 깨달을 수 있을 것이다.

   모든 철학자는 이성적 사고를 한다.
   모든 논리학자는 철학자다.
   그러므로 모든 논리학자는 이성적 사고를 한다.

모든 고양이는 날개를 가지고 있다.

모든 개는 고양이다.

그러므로 모든 개는 날개를 가지고 있다.

위의 두 논증은 연역 논리학의 관점에서 보면 둘 다 타당한 논증이다. 즉 만일 두 개의 전제를 옳다고 인정한다면 결론이 반드시 옳을 수밖에 없는 논증이다. 두 논증은 모두 다음과 같은 타당한 형식을 지니고 있기 때문이다.

모든 G는 H이다.

모든 F는 G이다.

∴ 모든 F는 H이다.

그러나 철학적 사고의 목적에 비추어보면 두 번째 논증은 쓸모가 없다. 철학적 사고는 그 목적을 가장 강하게 표현하면 어떤 철학적 신념의 진리성을 증명하는 일이다. 증명(證明, proof, demonstration)이란 어떤 명제의 진리성에 대한 의심을 증거에 의해 말끔히 없애는 일이다. 증명은 증거에 대한 의심이 전혀 일어날 수 없어야 성공할 수 있다. 따라서 어떤 철학적 신념에 대한 의심을 없애려고 하는 철학적 사고에 이바지할 수 있는 논증은 결론에 대한 증거를 제시하는 전제가 모두 실제로 옳아야 하고, 타당한 논증 형식을 갖춰야 한다. 그래야 우리는 결론의 진리성을 승인할 수 있기 때문이다. 이처럼 결론을 정당화하는 논증을 정당한 논증(결론의 진리성을 성공적으로 정당화하는 논증, 正當한 論證, sound argument)이라 한다.

앞에서 우리는 귀납 논증이 결론의 진리성을 정당화하기 위해서는 세 가지 조건을 갖추어야 한다는 것을 확인하였다. 그러고 보면 그 세 가지 조건을 갖춘 논증은 정당한 귀납 논증(正當한 歸納 論證, sound inductive argument)이었던 셈이다. 그러나 정당한 연역 논증(正當한 演繹 論證, sound deductive argument)은 ① 전제가 모두 실제로 옳고 ② 타당한 형식을 지녀야 한다는 두 가지 조건만 갖추면 된다. 이것이 연역 논증의 정당화 조건이다. 우리가 수학이나 과학에서 "올바른 증명"이라고 인정하는 것은 모두 "정당한 연역 논증"이다. 철학이 추구하는 신념의 합리성은 어떤 철학적 신념이 증거에 입각해서 진리임이 증명되었을 때 가장 훌륭하게 실현된다. 따라서 위의 첫 번째 논증과 같이 전제가 모두 실제로 옳고 타당한 형식을 지닌 정당한 연역 논증은 철학적 사고에 크게 도움이 되지만, 전제가 옳다고 가정했을 경우에만 결론이 옳을 수 있는 두 번째 부류의 타당한 연역 논증은 철학적 사고에 실질적인 도움을 주지 못한다. 그렇다면 철학적 사고에 실제로 쓸모 있는 훌륭한 논증은 철학적 욕구를 가장 강하게 만족시킬 수 있는 정당한 연역 논증 한 종류뿐이다.

4. 철학적 토론

그러고 보면, 어떤 사람이 철학적 물음과 더불어 시작한 철학적 사고는 그 철학적 물음에 대한 답이랄 수 있는 어떤 진술을 정당화하는 논증을 구성하고서 끝나게 된다. 여기에 도달하면, 그는 자신의 전제가 결론의 진리성을 충분히 정당화한다고 믿을 것이므로, 그 결론을 원래의 철학적 물음에 대한 자신의 철학적 신념으로 삼고 살아가게 될 것이다. 이런 경우에는 설령 그 결론이 그르거나 논증이 훌륭하지 못할지라도 순전히 개인적인 일이므로 탓할 필요는 없을 것이다. 그러나 자신의 결론을 다른 사람에게 승인시키기 위해서 논증을 개진한다면 사정이 달라진다. 어떤 사람이 자신의 철학적 신념을 다른 사람에게 "설득하는 행위"는 사회적 행동이다. 이 일은 다른 사람들의 신념이나 행동에 간섭하는 행위이고, 더 나아가 우리 사회 전체에 영향을 끼치는 행동이다. 더욱이 철학적 신념은 고도로 일반적인 신념이거나 지극히 근본적인 신념이므로 대상이 개인이든 사회든 그 영향의 강도나 진폭이 아주 크지 않을 수 없다. 어떤 사람이 자신의 철학적 신념을 다른 사람에게 설득하는 일은 도덕적 책임은 물론 때로는 법적 책임까지 따르는 사회적 행위이다. 한 예로 우리 사회에서 거짓 선전으로 공산주의를 퍼뜨리는 일을 금지하고 있는 것은 이 때문이다. 따라서 이런 경우에 우리가 그 철학적 신념이 옳은지 그른지 비판적으로 검토하는 일은 지성인의 당연한 권리이자 책임이다.

이제 어떤 사람이 우리를 설득하기 위해서 자기가 보기에는 정당한 연역 논증 — 즉 전제가 자신의 철학적 신념의 진리성을 성공적으로 증명한다고 믿고 있는 연역 논증 — 을 제시했는데, 우리가 그 철학적 신념에 대해 이의를 제기하고 싶어 한다고 해보자. 우리는 어떻게 이의를 제기할 것인가? 철학적 비판(哲學的 批判, philosophical criticism)은 상대방의 논증의 결론에 대해 단지 다른 의견을 선언하는 것으로는 이루어지지 못한다. 왜냐하면 철학적 비판은 의견을 달리하게 되는 이유나 증거를 밝히는 일이기 때문이다. 철학적 비판은 그 자체가 또 하나의 정당한 논증이지 않으면 합리성을 확보할 수 없다. 감정을 앞세운 거부는 합리적 비판이 아니다.

우리가 해야 할 일은 상대방이 정당한 연역 논증이라고 제시한 논증의 어딘가가 잘못되었음을 증명하는 일인 셈이다. 우선 해볼 수 있는 일은 우리는 그 결론이 그르다고 믿고 그렇게 주장해보는 것이다. 그러나 아무리 강하게 그 결론을 그르다고 믿는다 해도 믿음만으로는 충분하지 않다. 문제의 논증을 제시한 사람도 자신의 논증이 조금도 빈틈없는 완벽한 논증이라고 굳게 믿고 있을 것이고, 그래서 자기의 논증에 따르면 그 결론은 피할 수 없다고 주장할 것이기 때문이다. 이렇게 되어서는 결말이 나지 않을 것이다.

그래서 우리는 그 사람의 논증 자체를 문제 삼지 않으면 안 된다. 이 경우에도 그 사람이 제시한 논증에 무언가 잘못된 점이 있다는 믿음만으로는 비판이 안 된다. 그 논증의 어디가 어떻게 잘못되었는지 구체적으로 지적할 수 있어야 한다. 그 논증의 결론이 아무리 그르게 보인다 하더라도 그 논증에 아무런 잘못이 없다면, 우리는 그 논증의 전제로부터 그 결론에 도달할 수밖에 없기 때문이다. 그렇다면 논증은 어디가 어떻게 잘못될 수 있는가?

지금 우리가 문제로 삼고 있는 논증은 정당한 연역 논증이다. 논증이 만일 정말로 타당한 형식으로 되어 있고 또 전제가 모두 옳다면, 옳은 결론에 도달할 수밖에 없다. 그런데 우리는 문제의 논증이 그른 결론에 도달했다고 보고 있다. 정말로 그 논증이 그른 결론에 도달했다면, 그 논증은 ① 타당한 형식으로 되어 있지 않거나 ② 전제가 모두 옳지는 않거나 둘 중의 하나일 것이다. 이 두 가능성은 우리가 그 논증에 대해 이의를 제기할 수 있는 두 가지 방식이 있음을 알려주고 있다. 첫째는 전제와 결론 사이의 관계에 결점이 있음을 발견하여 "이건 당연한 결론이 아니다."라고 이의를 제기하는 방식이고, 둘째는 전제에 나타난 진술 하나하나의 내용을 살펴본 다음 "이 전제는 옳지 않다."고 이의를 제기 하는 방식이다.

논증의 타당성에 대한 비판

첫 번째 방식은 어떤 연역 논증의 타당성 — 더 정확하게 말하면 그 논증이 지닌 논증 형식의 타당성 — 을 비판하는 일이다. 다시 말하면 문제의 논증을 제시한 사람이 타당하다고 여기고 있는 논증 형식이 실 은 부당한 형식이라는 것을 증명하는 일이다. 이 일은 생각보다는 어렵 지 않다. 이러한 비판적 증명이 성공적으로 이루어질 수 있는 근거는 "타당한 형식"에 대한 "정의"다. 우리는 앞에서 어떤 논증 형식으로부 터 대입에 의해서 만들어지는 모든 논증이 예외 없이 만일 전제가 옳다 면 결론이 옳을 수밖에 없을 때에만 그 논증 형식이 타당한 형식이라고 말했다. 따라서 문제의 논증이 지니고 있는 형식을 그대로 사용하여, 전제는 옳은데 결론이 그른 논증 즉 "반대 사례 논증"이 하나라도 만들 어질 수 있으면 그 논증 형식은 타당하지 못하게 되고, 따라서 그 논증 도 부당한 논증이 된다. 논증의 부당성을 증명하는 이 방법을 반대 사례 방법(反對 事例 方法, method of counter-example)이라 한다.

이 절차를 좀 더 정확하게 이해하기 위해서는 실례를 하나 들어 실제 로 비판을 해보는 게 좋을 것 같다. 누구나 잘 알고 있는 데카르트(R. Descartes, 1596-1650)는 『제일 철학에 관한 성찰』(*Meditation on First Philosophy*)이란 책에서 우리의 감각 기관을 믿지 말라고 다음과 같이 말하고 있다.

나는 지금까지 내가 완전히 옳다고 여겨 확신했던 모든 것을 감각 기관
에서 얻었거나, 아니면 감각 기관을 통해서 얻었다. 하지만 나는 이 감각 기
관이 때로 나의 판단을 그르친다는 것을 경험을 통해 알게 되었다. 따라서
우리는 속인 적이 있는 것들을 다시는 믿지 않는 게 현명하다.

데카르트의 이 구절 속에는 논증이 들어 있다. 데카르트는 그 논증을
"정당한 연역 논증"으로 생각했음에 틀림없다. 데카르트가 자신의 전제
가 옳다면 결론이 반드시 옳다고 생각하지 않은 한 책으로까지 써서 다
른 사람들을 설득하려고 하지는 않았을 것이기 때문이다. 데카르트의
이 말은 매우 일반적이고 근본적인 문제에 대한 철학적 발언이다. 왜냐
하면 우리가 자신의 감각 기관에 대해 어떤 신념을 갖는가에 따라 영향
을 받을 신념과 행위가 엄청나게 많기 때문이다. 만일 우리가 데카르트
의 이 말에 설득되어 눈앞의 냄비 속에서 끓고 있는 물의 모습을 완전
히 믿지 않고 손을 집어넣거나, 길을 건너면서 급히 다가오는 자동차
소리를 전혀 믿지 않고 어정거린다면 어떻게 될까? 실제로 사고가 일어
나서 우리가 손을 데고 몸을 다쳤다면 어떻게 할까? 우리는 보상받을
길이 없다. 데카르트는 이미 죽어서 이 세상에 없기 때문이다. 어떤 사
람이 철학적 신념을 다른 사람들에게 설득하는 일이 도덕적 책임은 물
론 때로 법적 책임까지도 따르는 사회적 행위라고 말한 이유가 여기에
있다.

우리가 이처럼 어리석고 허망한 처지에 빠지지 않으려면, 데카르트
의 논증을 비판할 줄 알아야 한다. 한 번 더 말하지만, 우리가 데카르트
의 결론이 그르다고 굳게 믿는 것만으로는 안 된다. 데카르트가 지금
우리 옆에 있다면 그는 아직도 자신의 결론이 옳다고 굳게 믿을 것이기

때문이다. 그런데 다행히도 데카르트는 자신의 철학적 신념이 자신의
전제에 의해서 연역적으로 정당화된다고 주장하였다. 따라서 우리에게
는 데카르트의 논증 자체를 비판의 대상으로 삼을 수 있는 길이 있다.
만일 우리가 "그 철학적 신념은 그 논증의 당연한 귀결이 아니다."라는
걸 증명할 수 있다면 우리는 데카르트의 논증을 "논리적으로" 비판한
것이 된다. 이제 데카르트의 논증을 "반대 사례 방법"으로 비판해보자.
우선 그 전제와 결론을 명확하게 드러내면 다음과 같다.

감각 기관은 때로 우리를 속인다.
그러므로 감각 기관은 항상 우리를 속인다.

데카르트가 이 논증을 "정당한 연역 논증"으로 보는 것은 ① 전제가
옳고 ② 다음과 같은 논증 형식이 타당하다고 인정하는 것이다.

X는 때로 F다.
그러므로 X는 항상 F다.

이 논증 형식이 타당하기 위해서는 "X"와 "F"에 어떤 것을 대입해도
항상 전제가 옳다면 결론이 옳을 수밖에 없는 논증이 만들어져야 한다.
만일 전제는 옳은데도 결론이 그른 논증 즉 "반대 사례 논증"이 하나라
도 만들어진다면 이 논증 형식은 타당한 형식이 못 된다. 우리는 이런
반대 사례 논증을 쉽게 만들 수 있다.

미술품은 때로 가짜다.
그러므로 미술품은 항상 가짜다.

이 논증은 데카르트의 원래 논증이 지녔던 형식을 그대로 지니고 있다. 그리고 전제는 분명히 옳다. 하지만 결론은 그르다. 이처럼 "반대 사례 논증"이 만들어질 수 있다는 사실은 데카르트가 의존했던 "논증 형식이 부당하다."는 것을 증명하는 데 충분하다. 따라서 우리는 데카르트의 논증이 부당한 논증이므로, "데카르트의 결론은 당연한 결론이 아니다."라고 명확하게 결론 내릴 수 있다.

하지만 지금까지 우리가 한 일을 정확하게 평가하는 일이 중요하다. 특히 주의해야 할 점은 우리가 데카르트의 결론이 그르다는 것을 증명하지는 못했다는 사실이다. 데카르트의 결론이 그르다는 것을 증명하려면 또 다른 논증이 필요하다. 타당성과 부당성은 논증의 성질이지, 결론으로 주장되었던 진술의 성질이 아니다. 우리는 사람의 감각 기관이 항상 우리를 속인다는 데카르트의 철학적 신념이 그르다는 것을 증명한 게 아니다. 우리가 실제로 증명한 것은 감각 기관이 가끔 우리를 속인다는 사실이 감각 기관이 항상 우리를 속인다고 믿을 충분한 증거가 못 된다는 것이다. 다시 말하면 데카르트의 결론이 옳든 그르든 데카르트는 자신의 철학적 신념을 성공적으로 입증하지 못했다는 것이다. 따라서 우리는 데카르트의 전제를 인정할 수밖에 없다 할지라도 그 결론은 자유로이 거부할 수 있다. 이렇게 해서 우리는 데카르트의 논증을 처음 대했을 때 느꼈던 압박감으로부터 벗어나 지적 자유(知的 自由, intellectual freedom)를 확보하게 된다. 이는 두 가지 철학적 사고 가운데 "음미하는 사고"가 아주 구체적 성과를 얻어낸 실례다.

논증의 전제에 대한 비판

앞에서 예로 살펴본 데카르트의 논증은 다행히도 그 논증 형식이 부당한 형식임을 밝힐 수 있어서 우리는 데카르트의 설득을 거부하고 자유를 확보할 수 있었다. 그러나 어떤 사람이 우리를 설득하려고 내세우는 논증이 논증 형식에는 아무런 결함이 없는데도, 그 결론을 우리가 받아들일 수 없다면, 그 논증을 어떻게 비판할 수 있을까? 예컨대 결정론(決定論, determinism)을 신봉하는 어떤 사람이 우리에게 자유 의지(自由 意志, free will)가 있을 수 없다는 자신의 철학적 신념을 설득하려고 다음과 같은 논증을 전개했다고 해보자.

만일 결정론이 성립한다면 인간은 자유 의지를 갖지 못한다.
결정론은 성립한다.
그러므로 인간은 자유 의지를 갖지 못한다.

이 논증은 앞에서 이미 타당성을 확인했던 다음의 논증 형식을 지니고 있다.

$$p \supset q$$
$$p$$
$$\therefore q$$

그러므로 이 논증의 타당성에 대해서는 비판할 방도가 없다. "반대 사례 논증"을 만들 수 없기 때문이다. 그런데도 우리는 인간이 자유 의지를 갖는다고 믿고 있으므로, 이 논증의 결론에 대해 이의를 제기하려

한다고 해보자. 우선 단정적으로 결론을 부정하는 일이나 매한가지로, 그저 전제들 가운데 하나를 부정해버리는 것은 의견의 차이를 드러내는 일에 지나지 않으므로, 합리적 토론이 진행되지 못한다는 사실을 다시 기억하자. 어떤 전제가 그르기 때문에 제거해야 한다고 주장하는 것만으로는 충분하지 않다. 이 경우에도 어떤 전제가 그르다는 이유를 밝히는 일이 필요하다. 이 일 역시 논증을 구성하는 일임은 쉽게 이해될 것이다.

그렇다면 앞에서 예로 든 논증의 전제에 이의를 제기하기 위해 어떤 논증을 구성해야 할까? 혹시 그 논증의 전제들 가운데 한눈에 뻔히 그른 진술이 있다면 아주 간단할 것이다. 그런 전제는 없다. 또 이미 과학자들이 확인한 실험 결과와 어긋나는 전제가 있어도 아주 쉬울 것이다. 이런 전제도 없다. 또 두 전제는 과학적 방법으로 진리성(옳음)이나 허위성(그름)이 밝혀질 진술도 아닌 것 같다. 그리고 이런 일은 할 수 있다 하더라도 과학의 과제이지 철학의 과제가 아니다. 그렇다면 어떻게 해야 할까?

이 대목에서 우리는 철학적 사고 중에 "탐색하는 사고"가 있음을 상기하자. 그리고 철학하는 사람은 자신의 신념들이 조화로운 체계이기를 간절히 바란다는 사실에 주목하자. 지금 우리를 설득하고 있는 결정론자 역시 철학하는 사람이다. 그는 예로 든 논증의 두 전제와 결론이 자신의 다른 신념들과 정합성 있는 체계를 이루고 있다고 굳게 믿고 있을 것이다. 그런데 그가 승인하고 있는 수많은 신념들 중에 "누구나 자발적으로 법을 어기면 처벌받아야 한다."는 신념이 있다고 해보자. 이런 사정이라면 결정론자가 우리를 설득하려고 제시한 논증의 전제에 이의를 제기하는 일은 다음과 같이 진행된다.

① 우리는 처음에 결정론자가 제시한 논증의 결론이 그르거나 의심
   스럽다고 생각한다.
② 그러나 그 논증의 형식이 타당하므로 논증의 타당성에 대한 비판
   은 불가능하다.
③ 그래서 우리는 비판의 방향을 전제로 돌려서 두 번째 전제 즉 "결
   정론은 성립한다."는 진술이 그르다고 생각한다.
④ 하지만 이 전제가 그르다는 것을 과학적으로 증명할 수 없다.
⑤ 이 단계에서 우리는 결정론자가 가진 신념들 전체의 정합성과 일관
   성을 검토하는 쪽으로 방향을 바꾸어 다음과 같은 결정론자의 신
   념들을 확인한다.

   결정론은 성립한다.
   누구나 자발적으로 법을 어기면 처벌받아야 한다.
   결정론이 성립한다면 누구도 자발적으로 법을 어길 수 없다.

⑥ 그다음 우리는 결정론자의 신념들에 따르면 "결정론이 성립한다
   면 누구도 자발적으로 법을 어길 수 없으므로 어떤 범법자도 처
   벌할 수 없다."는 점을 지적한다.
⑦ 이로써 우리에게 결정론을 설득하던 사람은 난처한 처지에 빠졌
   다. 왜냐하면 이 사람이 지금까지 조화로운 체계를 이루고 있다고
   편안하게 믿어오던 자신의 신념들을 모두 고집한다면, "누구나
   자발적으로 법을 어기면 처벌을 받아야 한다."는 법치주의 원칙이
   유지될 수 없기 때문이다.

⑧ 마지막으로 우리는 결정론자에게 당신이 "누구나 자발적으로 법을 어기면 처벌을 받아야 한다."는 법치주의 원칙을 유지하고 싶다면 "결정론은 성립한다."는 신념을 반드시 포기해야 한다고 지적한다.

이런 방식으로 어떤 사람의 신념 체계의 부정합성(不整合性, inconsistency, 신념 체계 안의 모순)을 지적하는 일을 내적 비판(內的 批判, internal criticism)이라 한다. 이 간단한 "내적 비판"의 실례는 철학적 사고 가운데 "탐색하는 사고"가 어떻게 진행되어 어떤 성과를 얻게 되는지 잘 보여주고 있다.

그러나 이 사람에게도 선택권은 남아 있다. 그는 물론 "결정론이 성립한다."는 신념을 버릴 수 있지만, 이 신념을 고집스럽게 유지하면서, 인간의 행동에 관한 신념이나 처벌에 관한 신념을 포기할 수 있다. 그러나 이 사람에게는 아직도 또 하나의 선택지가 남아 있다. 그건 우리가 그의 전제를 비판하기 위해 제시한 "우리의 논증"을 그가 다시 비판하는 것이다. 그는 자신의 신념들 가운데 하나를 포기하는 일을 싫어할 터이므로 우리의 논증에 대한 비판을 시도할 것이다. 그가 이 길을 택하면 그는 또 하나의 논증을 만들어 제시할 것이고, 우리는 또 이 논증을 비판하게 될 것이다. 이와 같이 철학적 토론은 논증 대 논증으로 계속 진행된다.

이제 이 철학적 토론의 과정이 보여주는 몇 가지 특징을 정리해보자.

1. 처음에 우리와 결정론자 사이의 의견 불일치는 인간의 "자유 의

지"에 관한 것이었다. 그러나 비판의 초점이 논증으로 옮겨지게
되자 원래의 문제에서 멀리 떨어진 범법자의 처벌 가능성 문제가
토론의 중심이 되었다.

2. 토론이 점점 진행되어감에 따라 "인간은 자유 의지를 갖지 못한
다."는 단일 신념에 대한 토론에서 이 신념이나 그 부정 신념이 들
어 있는 신념 체계 전체에 대한 토론으로 옮겨갔다.

3. 무엇보다 가장 중요한 것은 철학적 토론이 논증 대 논증으로 진행
된다는 사실이다.

특징 1은 어떤 철학적 토론이 왜 겉보기에 사소한 물음을 대상으로
진행되는지 알려준다. 철학을 처음 시작하는 사람들은 철학자들이 정
말로 중대한 문제들은 제쳐두고 대수롭지 않은 문제에 대해서 왈가왈
부한다고 생각하면서 실망하기 일쑤다. 철학자들은 "감각 지식의 한계
는 무엇인가?"라는 물음 대신에 "나는 지금 깨어 있는지 꿈꾸고 있는지
알 수 있는가?"라고 묻는다. 철학자들은 "불멸의 영혼이 있는가?"라고
묻는 대신에 "내가 내 장례식을 보고 있는 상황이 가능할까?"라고 묻는
다. 또한 "언어의 뜻 기능과 언급 기능은 어떻게 다른가?"라고 묻는 대
신에 "'샛별은 샛별이다.'와 '샛별은 개밥바라기다.'의 차이점은 무엇
인가?"와 같이 하찮은 것처럼 보이는 것을 문제 삼는다. 왜 철학자들은
이런 식으로 물음을 설정할까? 그 이유는 각 쌍의 첫 번째 물음은 너무
일반적이고 추상적이어서 직접 성과 있게 다룰 수 없기 때문이다. 그래
서 그런 일반적이고 근본적인 물음을 시험할 수 있으면서 실질적 성과
를 얻을 수 있는 구체적 물음을 설정하여 토론을 전개하는 것이다. 마

지막 프레게(G. Frege, 1848-1925)의 물음도 초등학생의 물음인 것처럼 보이지만 실은 "언어적 표현들의 뜻과 언급"에 관한 근본적 해결책을 찾고 있는 물음이다. 철학자들의 진짜 탐구 목표가 일반적이고 근본적인 물음의 답이라는 것은 두말할 필요가 없다.

특징 2는 철학적 토론이 명확한 결론을 맺고 끝나기 어려운 이유를 알려주고 있다. 철학을 처음 시작하는 사람들은 철학자들이 끝없이 논쟁을 하고 있다는 사실에 실망한다. 철학에는 새로운 것은 나타나지 않는 것 같고 진전도 없는 것 같다. 철학자들은 옛날 철학자들의 고전적 입장들을 되새기고, 새롭게 다듬고, 더욱 정교하게 만드는 일만 하는 것 같다. 그러나 이 말이 옳다고 해도 철학과 철학자들에게 흠이 되는 건 아니다. 이 말은 현대의 철학자들이 새로운 착상을 못한다는 뜻이 아니기 때문이다. 실제로 현대의 철학자들은 수많은 "새로운 착상"을 창안하였지만 옛날 철학자들이 만들어놓은 철학적 토론 마당을 벗어나지 못하는 것처럼 보인다. 그 이유는 옛날 철학자들이 철학의 거의 모든 주요한 문제들에 대한 기본적 입장을 개략적으로 언급했으므로, 현대의 철학자들은 주로 그와 같은 주요한 입장들을 하나의 일관성 있는 체계로 통합하는 이론이나 방법을 찾는 일을 중요시하기 때문이다. 하지만 철학적 신념들의 체계는 어마어마하게 넓은 영역에 걸쳐 있다. 진리, 지식, 실재, 실존, 가치, 행위, 의미, 언어 등등의 주제는 모두 각 영역에만 한정해도 철학적 신념들의 체계가 세워지기가 쉽지 않은 주제이므로, 각 주제에 관한 신념 체계들을 다시 더 큰 그물의 일부가 되도록 체계화하는 일이 단시일에 이루어지지 않는다고 불평해서는 안 될 것이다.

특징 3은 철학적 토론이 겉보기에 명확한 실질적 주제가 없는 듯한 인상을 주게 되는 이유를 알려준다. 철학자들은 실질적 주제에 정면으로 맞서거나 직설적으로 언급하는 일을 피하는 듯한 인상을 준다. 그들은 다른 사람이 제시한 논증에 대해서만 논의를 계속한다. 그래서 철학자가 아닌 사람에게는 쓸데없는 말싸움만 하는 것처럼 보인다. 그렇지만 우리가 정말로 말싸움만 계속하고자 하지 않는다면, 누구나 자신의 주장을 논증의 형태로 표현해야 하며, 또 논증에는 논증으로 대결해야 하는 것이 토론을 해나가는 방법임을 깨닫는 것이 중요하다. 철학적 비판은 논증을 대상으로 해야 잠정적으로 해결점을 찾을 수 있고, 밑도 끝도 없는 의견 불일치의 되풀이를 극복하고 어떤 주장을 내세울 수 있게 되며, 어떤 사람이 완강하게 고집하는 철학적 주장이나 견해를 제거해버릴 수 있게 된다. 논증에 대한 비판은 논증으로 해야 한다. "합리적 비판"이란 바로 이러한 이성적 활동을 일컫는 말이다.

지금까지는 철학적 토론의 요령을 이해시키려는 목적으로 아주 단순한 예를 사용하여 설명하였다. 이제 철학적 토론이 대규모로 진행되는 모습을 살펴보자. 우리는 앞에서 아주 간단한 경우 즉 어떤 주장을 승인할 수 있는지 없는지가 쟁점으로 되어 있을 경우에도, 철학적 토론은 서로 맞서 있는 두 논증의 전후좌우 맥락 관계를 문제 삼고 있음을 보았다. 두 토론자가 맨 처음 결론에 대해 보인 의견의 불일치는 전제로 옮겨가고, 또 계속 확장되어 끝내는 두 사람의 복잡한 신념 체계 전체에 영향을 미치게 된다. 결국 철학적 비판은 처음에 문제가 된 하나의 주장에 대해서가 아니라, 그 주장을 포함하고 있는 상대방의 "신념 체계 전체의 정합성과 일관성"에 대해서 이의를 제기하는 셈이다. 그렇다면 철학적 토론에서 정말 쟁점이 되는 것은 특정한 진술이나 주장이 아니라 상대방의 세계관(世界觀, world view)이다. 철학적 토론은 두 개의 빙산의 충돌과 비슷한 셈이다. 물에 잠겨 있는 부분이 물 위에 나타난 부분보다 훨씬 크다는 점에서 그렇고, 또 물에 잠겨 있는 부분이 물 위에 나타나 있는 부분을 유지시키기도 하고 없애버리기도 한다는 점에서도 그렇다.

이제 한 예로 유신론적 세계관(有神論的 世界觀)과 무신론적 세계관(無神論的 世界觀)을 생각해보자. 일상적으로는 대부분의 사람이 이 두 세계관 사이를 때에 따라 왔다 갔다 하며 사는 것 같다. 그러나 세계에 대한 이 두 이해 방식은 결국은 둘 다 옳다고 인정할 수는 없게 된다. 이 양립 불가능성은 어떻게 드러나게 될까? 한 가지 전통적 방식은 "신은 실존한다."는 진술에 대해 어떤 두 철학자의 의견이 불일치하는 것이다. 첫 번째 철학자는 "신이 실존한다."는 진술을 옹호하는 논증을 전개한다. 두 번째 철학자는 이 논증을 비판하고, 첫 번째 철학자는 다시 이 논증을 비판한다. 이렇게 철학적 토론은 계속된다. 이 대화를 그저 "신은 실존한다."는 진술의 옳음이나 그름에만 관련된 논쟁으로 보는 것은 물에 잠겨 있는 더 큰 빙산 덩어리를 못 보는 것이다.

이 논쟁은 실은 우리의 인생과 관련 있는 온갖 것과 관련이 있다고 해도 과언이 아니다. 그래서 토론은 두 세계관의 내용을 이루고 있는 여러 가지 다른 신념으로 옮겨가게 된다. 우주와 인간의 존재 이유와 목적과 의미는 신이 부여했다. 아니다, 인간이 부여하는 것이다. 인간은 천사보다 약간 낮은 존재다. 아니다, 원숭이보다 약간 높은 존재다. 인간은 영혼을 갖고 있다. 아니다, 인간은 영혼을 갖고 있지 않다. 몸이 죽은 뒤에도 삶이 있다. 아니다, 몸이 죽은 뒤에 삶은 없다. 인간은 자유 의지를 갖고 있다. 아니다, 인간의 행동은 그에 앞선 상태의 필연적

귀결이다. 객관적 가치들이 있다. 아니다, 모든 가치는 주관적인 것이다 … 등등. 이런 신념에 대해 논증 대 논증으로 진행되는 두 철학자의 토론은 두 세계관의 내적 정합성이나 내적 일관성에 대한 진지한 탐색이다. 이런 철학적 탐구 과정을 통하여 한쪽 세계관을 이루는 신념들 사이에서 부정합성이 발견되고, 다른 쪽 세계관을 이루는 신념들은 더욱 명료해지고 더욱 튼튼한 증거를 확보하게 되어 더욱 치밀한 체계를 이루게 된다. 그리고 이런 일이 실제로 일어나면, 그것은 개인에게나 인류에게나 지성의 커다란 진보라고 할 수 있다.

✔ 더 생각해볼 문제

1. 명령을 표현하는 문장이 명제를 표현하는 문장과 똑같이 서술문
    형식을 취할 경우에는 사고에 혼란이 일어나기 쉽다. 이런 예는 심각
    한 결과를 초래하는 정치적 선전이나 선동에서 빈번히 발견된다. 다음
    선전문이 어느 나라의 정치 단체가 퍼뜨리고 있는 전단에 실려 있다
    고 해보자. [앞에서 소개한 카르납의 "논리"에서 인용]

    이 세상에 고등 인종은 오직 하나뿐이다. 호텐토트 인종이 바로 그것
    이다. 그러므로 오직 이 인종만이 다른 인종들을 지배할 자격이 있다.
    다른 인종에 속하는 인간들은 열등하며, 따라서 이 나라에 거주하는 모
    든 다른 인종은 시민권을 박탈해야 한다.

    이 선전문은 정말로 옳거나 그를 수 있는 명제를 표현하고 있는
    가? 이 신조(실은 사이비 신조)에 대해 "합리적 비판"이 가능할까? 위
    의 구절을 명확한 "명령 문장"으로 바꾸어놓고 생각해보자.
    　명령 이외의 감정, 기분, 소원, 평가, 규칙, 규범, 법률, 정의 등이
    서술문으로 표현된 예들을 찾아 검토해보고, 왜 논리적 사고에 "명
    료성 조건"이 필요한지 생각해보자.

2. 우리는 어떤 것 A에 대해 생각하거나 생각하지 않을 수 있지만, A
    에 대해 생각하면서 동시에 생각하지 않을 수는 없는데, A에 대해
    생각하기로 작정하고 A에 대해 옳은 명제들을 계속 생각해나가면 정
    합성 있는 사고, 즉 명제들이 모순을 일으키지 않고 서로 조화를 이루는
    사고를 할 수 있다. 고대 그리스의 철학자 아리스토텔레스는 이 원리

가 "논리적 사고의 원리"임을 알아보고 다음과 같이 간명하게 표현
하였다.[15]

동일률   A는 A다.
모순율   어떤 것도 A이면서 A-아닌-것일 수 없다.
배중률   어떤 것이든 A이거나 A-아닌-것이다.

이 세 원리는 논리적 사고의 "명료성 조건"과 "정합성 조건"을 세
개의 일반적 진술로 표현하고 있다. 우리는 이 "논리의 원리"를 어기
고는 이치에 맞게 생각할 수도 없고 말할 수도 없다. 이 원리를 어기
는 사람과는 정상적인 의사소통이 전혀 불가능하다. 어떤 사람이
"내 약속은 약속이 아니다." "내 말은 약속이면서 약속-아닌-것이
다." "날아가는 화살은 날면서 정지해 있다."라고 고집한다면 어떻게
될까? 우리는 이런 말을 이해할 수 있을까? 우리는 이런 사람과 의
사소통을 할 수 있을까? 우리는 이런 사람과 함께 협동하면서 살아
갈 수 있을까? "논리의 원리"는 명료하고 정합성 있는 사고가 이루
어지기 위해서 반드시 지켜야 할 원리일 뿐만 아니라, 우리의 행위의
일관성, 정직성, 정상성의 기초이자 이성과 지성의 기초인 이유를 생각
해보자. 또한 논리적 사고가 왜 자유 민주 사회의 시민이 반드시 갖추
어야 할 "필수 교양"인지 생각해보자.

3. 앞에서 철학적 토론에 효과 있게 사용되는 "내적 비판"의 방법을

---

15   동일률 · 모순율 · 배중률이 "논리의 원리"로서 어떻게 작동하는지 더 자세히 알
고 싶으면 『논리와 철학』(곽강제 엮음, 서광사, 2006)의 55-76쪽에 실려 있는 곽강제의 "논
리의 원리에 대하여"를 읽어보기 바란다.

설명하기 위해 아래의 논증을 예로 사용했었다.

  만일 결정론이 성립한다면 인간은 자유 의지를 갖지 못한다.
  결정론은 성립한다.
  그러므로 인간은 자유 의지를 갖지 못한다.

이 논증은 다음과 같은 전건 긍정 논법이라는 타당한 형식을 가지고 있
으므로 타당한 논증이다.

$$p \supset {\sim}q$$
$$p$$
$$\therefore \ {\sim}q$$

  어떤 사람은 이 결정론자의 논증에 대해 다음과 같은 논증을 맞세
워 간단하게 비판할 수 있다고 생각할는지 모르겠다.

  만일 결정론이 성립한다면 인간은 자유 의지를 갖지 못한다.
  인간은 자유 의지를 갖고 있다.
  그러므로 결정론은 성립하지 못한다.

이 논증은 다음과 같은 후건 부정 논법이라는 타당한 형식을 가지고 있
으므로 타당한 논증이다.

$$p \supset {\sim}q$$
$$q$$

$$\therefore \ \sim p$$

위의 두 논증은 모두 타당한 논증이므로 의견의 불일치는 전제에
있을 수밖에 없는데, 두 논증의 첫 번째 전제는 똑같고 두 번째 전제
만 다르다.[16] 그런데 두 논증의 두 번째 전제 즉 "결정론은 성립한
다."와 "인간은 자유 의지를 갖고 있다."는 진술은 두 사람의 기본 입
장을 표현하고 있을 뿐이다. 따라서 이런 경우에는 겉으로는 논증 대
논증의 토론인 것처럼 보이지만, 실은 두 사람의 기본 입장의 대립이
계속되고 있을 뿐이다. 이와 관련해서 철학적 사고 가운데 "탐구하
는 사고"의 의의를 생각해보자. 그리고 철학적 토론에서 "내적 비판"
의 방법이 성과 있게 사용되려면 토론하는 사람들이 어떤 태도를 유
지해야 하는지 생각해보자.

4. 흔히들 사람은 누구나 철학을 가지고 있고 또 철학을 한다고 말한
다. 이 말은 아주 느슨하고 엉성한 말이다. 이 말은 누구나 이런저런
인생사에 대해서 자기 나름대로 신념을 가지고 살아가고 있다는 정
도의 뜻이다. 그러나 일반성이나 근본성이 어느 정도건 간에 그 신념
들이 증거에 의해 입증되지 않았거나 서로 조화를 못 이루고 충돌을
일으키고 있다면 철학적 신념이랄 수 없으며, 또 그 사람이 자신의
신념들에 대해 "음미하는 사고"와 "탐색하는 사고"를 자각적으로 하
지 않는다면 철학을 한다고 할 수 없다.

---

16 이 설명에 관해서는 『논리학』(*Logic*, W. C. Salmon, 곽강제 옮김, 박영사, 2012)의
57-58쪽을 참고하기 바란다.

한편, 어떤 사람들은 종교적 신념, 즉 어떤 종교의 교리에 대한 무조건적 믿음이 철학적 신념을 대신할 수 있다고 주장하기도 한다. 이는 철학과 종교를 혼동하고 있음을 보여주는 말이다. 철학적 사고의 본성과 철학적 신념의 본성을 마음에 간직하고서 "철학적으로 사는 사람"(철학적 신념들을 지침으로 삼고 사는 사람)과 "종교적으로 사는 사람"(종교적 신조들의 인도를 받고 사는 사람)은 어떤 차이가 있는지 생각해보자.

5. 우리는 치밀하게 체계가 잡힌 철학적 세계관을 이루기 위해 실제적 작업 즉 논증 구성 작업을 어디에서 어떻게 시작할 수 있을까? 우리는 철학적 세계관이 형성되는 실마리를 스스로 가지고 있다. 그것은 바로 "상식"이다. 상식 속에는 느슨하긴 하나 서로 연결되는 개념들, 신념들, 이론들, 원리들이 있다. 우리는 이것들을 부지불식간에 기초가정(基礎 假定, basic assumption)으로 삼고 일상생활을 하고 있다. 상식에 무언가 올바른 것이 있다고 느끼는 이유가 여기에 있다.

그러나 상식은 우리의 경험이 넓어지고 지식이 깊어지면서 자꾸 무너져간다. 우리는 누구나 해와 달과 별이 동쪽에서 떠서 서쪽으로 지고, 대략 24시간 동안에 밤낮이 한 번 바뀐다고 편안히 믿고 살지만, 이런 신념들이 북극이나 남극에서는 전혀 통하지 않는다. 옛날의 위대한 철학자들은 모두 상식적 신념들의 합리성과 정합성을 비판적으로 검토하는 일로부터 철학적 사고를 시작하였다. 사람들이 일상의 대화에서조차 아주 빈번히 철학에 대한 갈망을 표현하면서도, 정작 철학적 사고에 대해서는 왜 그처럼 어렵게 생각하는지 이유를 생각해보자.

철학을 높이 멀리 있다고 생각하는 사람은 상식에서 한 걸음도 더 나가지 않으려는 사람이라 해도 과언이 아니다. 철학을 하게 되는 동기와 관련해서 "철학은 놀람에서 시작한다."는 아리스토텔레스의 말을 다시 생각해보자.

6. 어떤 사람들은 머리가 비상하게 좋아야 철학을 할 수 있다고 말한다. 이른바 천재적 직관력이 있어야 철학을 할 수 있다는 것이다. 이 생각은 철학자들이 때로 상식을 넘어선 주장을 편다는 사실에 강한 인상을 받아 만들어진 것 같다. 그러나 철학적 사고는 합리적 신념을 원하는 사람은 누구나 할 수 있는 선명하고 분명한 사고이다. 철학한다는 것은 언제 떠오를지 모르는 천재적 직관을 막연히 기다리는 일이 아니다. 아인슈타인이 계속 과학적 사고를 했기 때문에 "상대성이론"을 떠올릴 수 있었고, 아리스토텔레스가 끊임없이 철학적 사고를 했기 때문에 "논리의 원리"를 깨달을 수 있었던 사실을 잊지 말자. 어떤 사람이 어떤 신념에 직관적으로 도달했다고 해서 곧바로 그 신념이 철학적 신념이 되는 건 아니다. 신념이 어떤 특성들을 갖추어야 철학적 신념이 될 수 있는지 다시 한 번 새겨보자.

3

철학적 사고는 명료해야 한다

1. 사고와 언어

우리는 1장에서 철학적 물음이 고도로 일반적이고 지극히 근본적인 물음임을 알았다. 철학적 물음이 지닌 이 일반성과 근본성은 우리가 도저히 명료하게 이해할 수도 없고 정확하게 다룰 수도 없는 신비로운 성질이 결코 아니다. 철학적 물음의 이 두 가지 특성은 실은 철학적 물음과 답을 표현할 때 반드시 사용할 수밖에 없는 추상적 낱말과 일반적 낱말이 지닌 성질일 뿐이다. 철학적 물음과 답을 표현하는 낱말들이 지닌 이 추상성과 일반성은 처음 철학을 시작하는 사람들에게 좌절감을 일으키는 근원이다. 그리고 이 좌절감은 흔히 철학은 고도로 추상적인 주제를 다루므로 너무 어려워서 아무나 할 수 없다는 말로 표현된다. 그러나 이 말은 철학에 대해서 전혀 옳지 못한 말이다. 이런 말을 하는 사람은 스스로 자기는 철학에서 사용되는 낱말들의 의미를 선명하게 파악할 줄 모르고, 그 낱말들을 올바르게 사용할 줄 모르는 무능력자라고 밝히고 있을 뿐이다. 낱말들이 지닌 추상성과 일반성은 전혀 특이한 성질이 아니다. 언어에 전면적으로 퍼져 있는 이 두 가지 특성은 우리가 매일 사용하고 있는 언어를 성립시키는 기본적 조건이다. 우리가 사용하는 낱말들은 거의 대부분이 추상성과 일반성을 지니고 있다. 따라서 우리가 철학적 주제를 명료하게 파악하기 위해서는 (그리고 더 나아가 수학, 과학 등의 다른 학문이 다루는 주제는 물론 일상적 대화의 주제를 명료하게 파악하기 위해서도) 언어의 추상성과 일반성을 정확하게 이해하고, 낱말들을 명확한 의미로 올바르게 사용하는 방법을 잘 알아야 한다.

한편 2장에서 보았듯이 어떤 사람이 철학적 물음에 대한 답으로서 제시하는 논증은 진술들로 구성된다. 논증은 어떤 사람의 논리적 사고를 담고 있다. 정신 활동으로서의 논리적 사고는 형체가 없는 것이어서 언어라는 그릇에 담겨야 형체가 생겨 우리의 귀에 들리고 눈에 보이게 된다. 어떤 사람이 자신의 논리적 사고에 언어라는 옷을 입혀 내놓아야 우리는 그가 논리적 사고를 했음을 알 수 있으며, 우리는 언어로 표현된 논증의 모습을 보고 그 사람의 논리적 사고를 평가하게 된다. 따라서 어떤 사람의 논리적 사고를 이해하려면 증거와 결론을 표현하는 일련의 진술 속에 나타나는 추상적 낱말과 일반적 낱말의 의미를 선명하게 파악해야 한다. 결국 우리가 철학적 물음이 형성시키는 주제를 파악하는 일이나 다른 사람의 철학적 의견을 이해하고 평가하는 일을 할 때에는 언제나 언어적 표현들 속에 나타나는 추상적 낱말과 일반적 낱말의 의미를 선명하게 파악하는 일이 선행되어야 한다.

그런데도 어떤 사람들은 철학적 진술에 대한 정말 중요한 이해는 그 진술을 주장하는 사람이 그 진술을 할 당시에 지니고 있었던 심리적 동기나 목적, 더 나아가 그가 처해 있었던 학문적, 문화적, 사회적 상황이나 그 말이 끼친 영향 등에 대해 호의적으로 공감하는 것이라고 주장한다. 이러한 공감적 이해나 역사적 이해가 때로 어떤 맥락이나 목적에는 필요한 게 사실이지만 절대로 지나치게 강조되어서는 안 된다. 이런 식의 이해가 진짜 이해나 유일한 이해라는 편견을 가진 사람들은 철학적 진술 속의 핵심 용어들에 대해서도 멸시하듯이 "이건 낱말에 불과하다."고 말하기 일쑤이고, 철학적 토론을 하다가 상대방의 강력한 비판에 부딪히면 "이건 단지 내가 사용한 용어에 대한 비판일 뿐이다."라고 발뺌하는 수가 흔한데, 이는 언어의 본성을 까맣게 모르고 하는 종잡을 수 없는 말이다. 그 사람이 사용하는 언어를 떠나서는 절대로 그 사람의 사고를 비판할 수 없기 때문이다.

사람이 사용하는 언어 즉 낱말이나 진술은 단지 음성이나 잉크 자국에 지나지 않는 게 아니다. 어떤 사람이 그런 물리적 표지에 의미를 부여하여 사용할 때만 언어인 것이며, 그 낱말이나 문장의 의미가 바로 그 사람의 사고 내용이다. 우리는 그 사람이 사용하는 언어의 의미를 파악할 때 그 사람의 사고 내용을 알게 된다. 달리 말하면 사람은 언어를 사용하여 남에게 자신의 것과 같은 내용의 사고를 일으킨다. 이 말은 철학사에 이름을 남긴 철학자의 진술에 대해서도 그대로 성립한다. 우리는 이미 2장에서 데카르트의 진술을 우리말로 번역하여 의미를 파악하고 비판까지 해보았다. 그때 우리는 데카르트가 그런 진술을 하게 되었던 동기나 목적, 그가 처해 있었던 학문적, 문화적, 사회적 상황이나 그 진술의 영향을 전혀 모르고서도 데카르트의 사고 내용을 우리의 마음속에 떠올리고 또 비판했던 사실을 상기하기 바란다. 이처럼 언어는 공간과 시간을 넘어서 사고 내용을 전달하는 일과 사고를 형성하는 일을 한다. 따라서 사고를 명료하게 한다는 것은 결국 언어를 명확한 의미로 사용하는 일이나 매한가지다. 그렇다면 추상적 사고(抽象的 思考)는 추상적 낱말을 명확하고 정확하게 사용하는 일이고, 일반적 사고(一般的 思考)는 일반적 낱말을 명확하고 정확하게 사용하는 일이다. 우리는 1장에서 추상하는 일과 일반화하는 일은 같은 사고 작용의 두 측면임을 확인했다. 이제 추상하는 일과 일반화하는 일, 다시 말해 우리가 추상적 낱말과 일반적 낱말을 만들어 사용하는 일이 어떻게 이루어지는지 좀 더 자세히 알아보자.

우주는 끊임없이 유동하는 상태에 있다. 별들은 커지고 식어가고 폭발하고 있다. 지구도 매 순간 작건 크건 헤아릴 수 없이 많은 변화를 겪고 있다. 사람은 나서 자라고 늙어간다. 우리가 전혀 변화가 없다고 여기는 책상이나 의자도 변화가 육안으로 지각되지 않을 만큼 작을 뿐 계속 변하고 있다. 헤라클레이토스(Heracleitos, 기원전 535?~475?)의 말대로 만물은 유전한다. 현대 과학에 고정되어 있는 물질이나 물체는 없다. 어떤 것이 우리에게 고정되어 있는 것으로 보인다면 그건 단지 운동이 너무 빠르거나 너무 느려서 감지되지 않기 때문이다. 이처럼 우리의 감각 기관의 능력은 한계가 있기 때문에, 우리의 감각 기관이 직접 기록할 수 없는 사건을 조사하여 기록하는 데에는 현미경, 망원경, 청진기, 속도계 등등의 기구를 사용하지 않으면 안 된다. 하지만 이런 기구를 사용한다 해도 외부의 어떤 것에 대한 우리의 감각은 외부의 그것과 신경 체계의 상호 작용이다. 우리가 모든 사물을 있는 그대로 지각한다고 상정하는 것은 불합리하다.

이제 우리 앞에 한 마리의 개 "바둑이"가 있다고 하자. 바둑이는 살아

있는 동물이어서 계속 공기를 호흡하고 때로 음식물을 섭취하여 소화
시킨다. 바둑이 몸 안의 피는 순환하고 신경 조직은 자극을 전달한다.
생물학적 관점에서 보면 바둑이는 여러 가지 혈구와 세포와 세포 조직
으로 되어 있는 유기체다. 물리학적 관점에서 보면 바둑이는 끊임없이
움직이는 원자들의 복합체다. 따라서 우리는 바둑이를 완전히 알 수는 없
다. 어느 한순간에 완전히 파악된 바둑이가 이러이러하다고 서술한다
하더라도, 바로 그다음 순간에는 바둑이가 변해 있을 것이므로, 그 서
술은 다음 순간에는 바둑이에게 정확하게 맞지 않을 것이다. 우리는 어
떤 것에 대해서도 실제로 이러이러하다고 완전하게 표현할 수 없다. 바
둑이는 고정된 대상이 아니라 물리 화학적 과정이기 때문이다.

　그러므로 우리가 경험한 바둑이는 실제로는 물리 화학적 과정으로서의
바둑이와 크게 다르다. 우리는 바둑이 전체 중에서 아주 적은 부분만 경
험할 뿐이다. 다시 말해 바둑이 전체 중에서 밖으로 드러나는 모양, 동
작, 소리 등등을 경험할 뿐이다. 그런데도 우리는 과거의 경험 때문에 이
경험 내용 중에서 지금까지 "개"라는 말을 적용해온 동물과 비슷한 점을 깨달
을 수 있다. 따라서 우리가 경험하는 대상은 사물 그 자체가 아니라 우리
의 불완전한 신경 체계와 외부의 어떤 것 사이에 일어나는 상호 작용이다.
바둑이는 독특하다. 이 우주 안에 이 개와 모든 점에서 정확하게 똑같
은 개는 없다. 그러나 우리는 경험된 바둑이가 그와 비슷한 모양, 기능,
습관 등등을 지닌 동물들과 닮은 특징들만 자동적으로 추상(선택)하여
눈앞의 독특한 바둑이를 "개"라고 분류한다.[17]

17　"추상의 과정"과 "추상의 사다리"에 관한 자세한 설명은 *Language in Thought
and Action*(S. I. Hayakawa, 5th., ed., Harcourt Brace Jovanovich, Inc., New York, 1990)의
98-111쪽을 참고하기 바란다.

그렇다면 우리가 "바둑이는 개다."라고 말할 때, 특정한 과정-바둑이
가 다른 수많은 개와 닮은 점만 주목하고 있을 뿐 차이점은 무시하고 있
다. 하지만 참으로 주목해야 할 점은 이렇게 말하자마자 우리는 자기도
모르게 "사실(事實, fact)의 세계"로부터 "언어(言語, language)와 관념(觀念,
idea)의 세계"로 어마어마한 간격을 뛰어넘는다는 사실이다. 우리는 물
리 화학적 과정-바둑이 즉 전자기적 사건 · 화학적 사건 · 신경학적 사
건의 소용돌이로부터 비교적 고정되어 있는 내면의 관념과 개념으로,
그리고 이것들을 밖으로 표현하는 언어로 뛰어넘은 것이다.

이 점을 하야까와(S. I. Hayakawa)의 "추상의 사다리"(abstraction ladder)를
통해 더 자세히 알아보자.[18] 우리가 실제로 지각하는 대상은 가장 낮은 수
준의 추상이다. 그 대상은 실재(實在, reality)로서의 과정-암소의 특징을 많
이 놓치고 있으므로 "추상된 것"(선택된 것)임에 틀림없다. "베시"(암소1)
라는 고유 이름은 가장 낮은 수준의 언어적 추상(言語的 抽象)인데, 어제의
베시와 오늘의 베시의 차이점들을 모두 무시하고 유사점만 선택하고
있다. "암소"라는 낱말은 베시(암소1), 데이지(암소2), 로지(암소3) 등등이
지닌 유사성만 선택하고 있으므로 베시의 특성을 더 많이 빠뜨린다.
"가축"이라는 말은 다시 베시가 소 · 말 · 돼지 · 닭 · 염소 등등과 공유
하고 있는 특성만 추상하고 있다. "농장 재산"이라는 말은 다시 베시가
토지 · 창고 · 가구 · 농기구 · 트랙터 등등 농장에 있는 값나가는 모든
것과 공유하는 특성만 선택하고 있다. "재산"이란 말은 베시가 그 농장
주인이 소유하고 있는 모든 재화와 공유하는 특성만 추상하므로 지극

추상의 사다리

(밑에서 위로 읽어 올라감)

8. "부"(富)

8. "부"(富)라는 말은 **베시의 특성**에 대한 대부분의 언급을 생략하고 있는 지극히 높은 수준의 **추상적 낱말**이다.

7. "재산"

7. 베시를 "재산"이라 말하면, 베시가 지닌 더 많은 **고유 특성**을 빠뜨린다.

6. "농장 재산"

6. 베시를 "농장 재산"에 포함시키면, 이 낱말은 베시가 그 농장의 **팔 수 있는 모든 물건**과 공유하는 특성만 언급할 뿐이다.

5. "가축"

5. 베시를 "가축"이라 부르면, 이 낱말은 오직 베시가 돼지, 닭, 염소 등등과 **공유하는** 특성만 언급할 뿐이다.

4. "암소"

4. "암소"라는 낱말은 암소$_1$, 암소$_2$, 암소$_3$,… 암소$_n$이 공유하는 특성들만 추상한 **공통 특성**을 대표한다. 개개의 암소들이 지닌 수많은 **고유 특성**을 빠뜨린다.

3. "베시"

3. "베시"(암소$_1$)라는 낱말은 우리가 수준 2의 지각의 대상에 부여한 이름이다. 이름은 대상이 **아니다**. 이름은 단지 지각한 대상을 **대표할** 뿐이어서, 대상의 수많은 특성에 대한 언급을 빠뜨리고 있다.

2.

2. 우리가 **지각하는 암소**는 낱말이 아니라 경험의 대상이며, 우리의 신경 체계가 과정-암소를 이루고 있는 특성들 전체에서 추상한(선택한) 특성들이다. **과정-암소**의 수많은 특성을 빠뜨리고 있다.

언어와 관념의 세계

경험

과정 – 수준 – 세계

1. 현대 과학의 추리에 따르면, 암소는 궁극적으로 원자·전자 등등으로 구성되어 있다. 이 수준에서는 (여러 가지 도형으로 표시된) 특성들이 무한히 많으며 또 매 순간 변하고 있다. 이것이 **과정-수준-대상**이다.

히 높은 수준의 추상적 낱말이다.

이렇게 추상의 과정을 명확하게 이해하고 보면 한 가지 사실이 분명해진다. 그것은 언어에 대한 이해는 발음·철자·어휘·문법 등에 대한 공부만으로 이루어지지 않는다는 사실이다. 특히 작문 교육이나 논술 교육은 언어에만 관심을 두어서는 안 된다. 우리가 일상의 경험을 통해서 잘 아는 바와 같이 언어를 배운다는 것은 그저 낱말만을 배우는 일이 아니다. 언어를 배우는 일은 낱말과 그것이 나타내는 것을 올바르게 연결할 줄 알게 되는 것이다. 야구를 실제로 하거나 구경하면서 야구의 언어를 배우는 것은 바로 야구가 어떻게 진행되는가를 배우는 일이다. 어린아이가 "과자"나 "개"라는 낱말을 배우는 일은 그저 발음만 하는 것으로는 충분하지 못하며, 이런 낱말을 실제의 과자와 실제의 개에 올바르게 연결해 사용해야 성공을 거두게 된다. 그러니까 이런 낱말을 배우는 일은 그 말의 역할과 기능을 배우면서 시작되는데, 이 일은 바로 언어적 추상을 하는 일인 것이다. 따라서 추상적 사고는 특이하거나 어려운 사고가 아니라 누구나 매일 헤아릴 수도 없이 빈번히 하고 있는 일상적 사고다.

이러한 추상의 과정 즉 여러 가지 특성을 생략하고 관심을 가질 필요가 있는 특성들만 주목하는 일은 굉장히 편리한 일이다. 예컨대 어떤 외딴 마을에 김씨, 이씨, 박씨, 최씨네 집안이 각기 다른 가옥에서 살고 있다고 하자. 이 마을 사람들은 김씨네 가옥을 "가나", 이씨네 가옥을 "나다", 박씨네 가옥을 "다라", 최씨네 가옥을 "라마"라고 부른다. 지금까지는 이 마을 사람들이 가옥에 대해 의사를 소통할 때 이 네 낱말로 충분하였다. 그러나 새로운 가옥이 지어지면 곤란한 문제가 생긴다. 이

다섯 번째 가옥은 지금까지 사용하던 네 개의 낱말로는 언급할 수 없다. 지금까지 사용하던 네 개의 낱말이 제각기 특정한 의미를 갖고 있기 때문이다. 그래서 이 마을 사람들은 좀 더 높은 수준의 추상적 사고를 통해서 일반적 낱말을 만들지 않으면 안 된다. 그 새로운 낱말은 "가나, 나다, 다라, 라마와 공통 특성을 지니고 있으면서도, 김씨, 이씨, 박씨, 최씨의 것이 아닌 가옥"이라는 뜻을 지녀야 할 것이다. 그런데 다섯 번째 가옥에 대해 말할 때마다 이처럼 긴 낱말을 사용하는 것은 불편하므로 약어(略語)를 발명하게 된다. 이 목적을 위해 "집"이라는 음성과 잉크 자국이 선택되면 "집"이라는 일반 명사가 만들어지게 된다. 이 낱말은 일종의 속기(速記)다. 이 새로운 일반적 낱말 즉 새로운 추상의 발명은 커다란 진보이자 발전이다. 이 새로운 일반적 낱말이 대화를 가능하게 해주기 때문이다. 이제 이 마을 사람들은 "집"이라는 일반적 낱말을 이용함으로써 다섯 번째의 집에 관한 토론은 물론 앞으로 지을 모든 집, 더 나아가 여행 중이나 꿈속에서 본 집에 관해서도 의사소통을 성공적으로 할 수 있게 되었다.

이제는 추상성과 일반성이 언어의 필수 조건이며, 또 그러한 언어를 우리가 일상생활에서 거의 어려움을 느끼지 않고 편리하게 사용하고 있다는 사실을 분명하게 이해했을 것이다. 우리는 일상의 대화에서 언어가 너무 추상적이고 일반적인 것이기 때문에 사용하기 어렵고 이해하기 힘들다고 불평하는 사람을 거의 만나지 않는다. 누구나 추상적 낱말이나 일반적 낱말을 사용하는 훌륭한 능력을 지니고 있기 때문이다. 그렇다면 철학의 언어 즉 철학적 사고를 표현하는 말이나 글이 너무 추상적이고 일반적이기 때문에 이해하기 어렵다는 불평은 왜 나오는 걸까? 우선 한 가지 분명한 것은 그 이유가 언어 자체에 있지 않다는 사실이다. 모든 언어는 원래 추상적이고 일반적인 것이기 때문이다. 철학자들의 용어들이 추상의 정도가 매우 높고 일반성이 매우 넓은 것은 사실이다. 그러나 이것이 철학적 사고를 표현하는 말이나 글이 어려워야 할 근본적 이유는 못 된다. 수학의 언어나 과학의 언어도 고도로 추상적이고 일반적인 언어이기는 마찬가지지만 그 때문에 수학이나 과학이 어려워지는 건 아니다.

사실 철학이 어렵다는 불평, 다시 말해 철학적 사고를 표현하는 말이나 글이 어렵다는 불평이 나오는 근본적 이유는 상당히 많은 철학자들의 언어 사용에 결함이 있기 때문이다. 원래 우리가 무엇이 어떠하다고 진술할 때에는 술어 자리에 나오는 낱말이 주어 자리에 나오는 낱말보다 추상 수준이 낮아야 구체적인 정보가 표현되어 의미가 명료해지는 법이다. 실례를 이용하여 설명하면 이해가 선명해지는 것은 이 때문이다. 따라서 우리가 명료한 사고를 원하면 추상의 사다리를 내려와 경험에 발이 닿아야 한다. 그런데도 어떤 철학자들은 추상의 사다리를 바닥까지 내려오지 않고 매우 높은 수준의 추상적 언어 속에서 맴도는데, 이런 철학자들의 말이나 글은 청자나 독자에게 어렵다는 인상을 주게 된다. 하지만 실은 이런 일은 누구나 빠져들 수 있는 잘못이다.

첫 번째 경우는 추상의 수준이 높은 낱말들을 같은 수준에서 서로 연결하는 일에 골몰하는 잘못이다. 이처럼 진술이 추상의 사다리의 어느 한 수준에만 머물러 있는 경우에는 우리가 새로운 구체적 정보를 얻지 못하기 때문에 공허함과 답답함을 느끼게 된다.

그러나 이보다 더 심각한 두 번째 경우는 "빨강은 색이다." "색은 사

물의 속성이다."는 식으로 주어보다 추상의 수준이 더 높은 낱말을 술어
로 사용하는 경우다. 이런 경우 어떤 일이 생기는지 아래 대화를 살펴
보자.

"빨강이란 무엇인가?"
"색이다."
"색이란?"
"사물의 속성이다."
"그럼, 속성이란 무엇인가?"
"그건 어떤 존재자가 바로 그것이기 위해서 반드시 지녀야 하는 성질
이다."

이쯤이면 누구나 얼떨떨할 것이다. 이 대화는 언어의 미궁으로 빠져들어
가고 있다. 추상의 사다리를 계속 올라가고 있기 때문이다.

세 번째 경우는 주어와 술어가 추상의 정도가 아주 높은 낱말들 사이
를 오르락내리락하며 헛바퀴 돌다가 끝나는 경우다. 아래 대화를 살펴
보자.

"민주주의란 무엇인가?"
"인간의 권리를 수호하는 일이다."
"그럼, 권리란 무엇인가?"
"우리 모두가 나면서부터 지니고 있는 특권이다."
"예를 들면?"
"자유 같은 것."

"자유란?"

"정치적 자유나 신앙의 자유."

"정치적 자유와 신앙의 자유는 무엇인가?"

"정치적 자유나 종교적 자유란 자유 민주 사회의 시민이 누리는 것이다."

이 대화는 언어의 미로를 헤매고 있다고 해도 지나친 말이 아닐 것이다. 이처럼 아주 높은 수준의 추상적 낱말에만 사로잡혀 있는 사람은 자기가 무엇에 대해 말하고 있는지 갈피를 잡지 못한다. 실은 이런 사람은 언어의 순환이라는 소용돌이에 빠져서 자신이 무의미한 소리를 내고 있다는 것조차 모른다. 지금까지의 세 경우는 모두 언어를 사용하는 사람이 추상의 사다리를 능숙하게 오르내리면서 낱말을 명료하게 사용하지 못하기 때문에 일어나는 바람직하지 못한 상황일 뿐이다. 우리는 어떤 주제에 대하여 말을 하든 글을 쓰든 원리상으로는 추상의 사다리를 내려오면서 설명하면 상대방으로 하여금 의미를 명료하게 파악하도록 할 수 있다. 이 일은 앞에서 말한 바와 같이 어떤 표현이 적용되는 실례를 상대방에게 제시할 때 이루어진다. 이러한 일은 철학적 주제에 관해 말할 때에도 충분히 가능한 일이다. 따라서 어쩌다 난해한 철학적 문장을 대한다 하더라도 철학의 언어가 원래 어려울 수밖에 없기 때문에 어려운 게 아니라 그 문장을 쓴 사람이 추상적 낱말과 일반적 낱말의 의미를 명료하게 전달하지 못했기 때문이라고 보아야 한다. 추상의 사다리를 내려오면서 생각하면 금방 명료한 의미를 파악할 수 있다.

오늘날 우리 사회에는 유감스럽게도 상당한 학식을 지닌 사람들조차도 "그건 단지 추상에 지나지 않는다."고 멸시하듯이 말하는 경향이 있다. 이런 경향이 생긴 이유를 이해하기는 어렵지 않다. 그동안 수많은 사람이 추상의 수준이 높은 낱말을 함부로 무책임하게 사용하여 많은 사람을 혼란시켰기 때문이다. 그러나 우리의 사고가 높은 수준의 추상으로 올라갈 수 있다는 것은 인간 지성의 탁월한 능력이며, 이 능력 없이는 철학적 통찰(哲學的 洞察, philosophical insight)이나 과학적 통찰(科學的 洞察, scientific insight)은 하나도 이루어지지 못했을 것이다. 화학이란 학문을 만들기 위해서는 우리가 "H_2O" "$NaCl$" … 등등의 추상적 표현을 생각할 수 있어야 한다. 윤리학이 이루어지기 위해서는 우리가 여러 가지 조건과 문명 속에서 도덕적으로 훌륭하다고 인정하는 사람들, 즉 윤리적인 상인, 윤리적인 실업가, 윤리적인 정치가, 윤리적인 의사 … 등이 공유하는 것과, 또 유교인의 행동 규범, 불교인의 행동 규범, 기독교인의 행동 규범이 공유하는 것을 추상하지 않으면 안 된다. 공자의 "자기가 그런 대접을 받기 싫으면 남을 그렇게 대접하지 마시오!"(己所不欲, 勿施於人 ·『論語』, 顏淵 2)라는 가르침이나, 예수의 "여러분이 남에게 바라는 대로 여러분이 남에게 해주시오!"(마태오, 7:12)라는 황금률 교훈은 이런 견지에서 보면 여러 가지 도덕적 행동의 규범에 공통하는 요점을 추상하여 훌륭하게 정리한 "일반적 지침"이다. 이 일반적 지침은 누구에게나 적용될 수 있을 정도로 추상의 정도가 높은 철학적 통찰이다. 이처럼 철학적 물음이나 철학적 신념이 추상의 정도가 높다는 것은 결함이 아니라 오히려 장점이다. 추상의 사다리가 보여주듯이 실은 우리가 알고 있는 것은 모두 추상이다. 따라서 우리가 노력해야 할 가장 중요한 일은 언어를 명료하게 사용하는 일, 다시 말하면 추상의 사다리를 필요에 따라 오르내리면서 언어를 명확하고 올바르게 사용하는 일이다. 이제 이 일에 도움이 되는 지침들을 좀 더 알아보자.

2. 낱말의 의미

언어는 우리가 의사소통에 사용하는 도구들 가운데 가장 중요한 도구다. 어떤 언어든 간에 언어는 낱말들과 여러 개의 낱말이 결합된 문장들로 구성되어 있다. 언어는 미묘한 도구라서 연구해야 할 중요한 문제가 많이 있다. 그러나 우리의 목표는 철학적 사고를 명료하게 하는 데 있으므로, 낱말과 문장에 대해서 철학적 사고와 관련 있는 사항만 간추려 알아보고자 한다.

낱말이 무엇인가를 정확하게 정의하려면 많은 논의가 필요하지만 여기서는 의미의 최소 단위라는 정의로 충분하다. 낱말은 발언되면 소리로 귀에 들리고, 기록되면 종이 위의 잉크 자국으로 눈에 보인다. 그러나 낱말이 그저 소리나 잉크 자국에 지나지 않는 건 아니다. 낱말은 의미를 지닌 소리나 잉크 자국이다. 하지만 이 설명은 아직도 낱말을 그와 비슷한 다른 것과 구별하기에 충분하지 못하다. 모든 낱말이 의미를 지니는 게 사실이지만 의미를 지닌 모든 것이 낱말인 것은 아니기 때문이다. 수학의 기호는 의미를 갖고 있어서 "언어"라는 말의 아주 넓은 뜻에서는 일종의 특수한 언어라고 할 수 있지만 일상 언어의 낱말은 아니다. 하늘의 먹구름은 소나기를 의미하고, 초록색 교통 신호등은 길을 건너도 좋다는 것을 나타낸다. 어떤 사람이 끙끙거리며 신음하면 그가 고통을 느끼고 있음을 뜻하며, 해변의 모래밭에 난 발자국은 어떤 사람이 지나갔다는 사실을 뜻한다. 그러나 이 가운데 어느 것도 낱말이 아니다.

이 모든 것을 통틀어 말할 때에는 표시(表示, sign)라는 일반 명칭으로 부르는 것이 편리하다. 만일 어떤 것 A가 어떤 방식으로든지 다른 것 B

3. 철학적 사고는 명료해야 한다

를 나타낸다면 A는 B의 표시다. 그러나 어떤 것이 다른 것을 나타내는 데에는 여러 가지 방식이 있다. 낱말은 자연적 표시(自然的 表示, natural sign)와 대립되는 것으로 이해될 때에는 약정적 표시(約定的 表示, conventional sign)로 간주된다.[19] 우리는 하늘을 뒤덮은 먹구름을 보면 "비가 곧 쏟아지겠다!"고 말한다. 먹구름과 비 사이에 먹구름이 비의 표시라는 관계가 성립된 것이다. 이 경우 먹구름은 비에 대한 "자연적 표시"다. 왜냐하면 먹구름과 비 사이의 "표시 관계"는 사람이 만들어놓은 것이 아니라 "사실 관계"이기 때문이다. 사람들은 어떤 종류의 구름이 비를 몰고 온다는 것을 발견할 뿐이지 그렇게 되도록 만들지 못한다. 사람들이 이런 사실을 발견하지 못했다 할지라도 먹구름은 역시 비를 나타낼 것이다. 이런 관계는 자연적 인과 관계이지 사람이 만들어내는 관계가 아니다. 사람들이 해변의 모래밭에 찍힌 발자국의 의미를 알아내려고 할 때에는 누가 그 발자국을 내었는지 알려고 하는 것이다. 이것 역시 자연적 사실이다. 발자국의 의미는 발견되는 것이지 사람의 결정에 의해 정해지는 게 아니다. 사람들은 그런 발자국을 잘못 해석하는 수가 있는데, 이는 조심성이 부족하기 때문이다. 이런 식으로 사람들은 흔히 자연의 사실을 잘못 해석한다. 원시 시대로부터 내려오는 자연에 대한 미신들은 이런 식의 잘못된 해석으로 말미암아 생긴 것이다.

그러나 사람들이 언어를 사용한다는 사실 역시 자연적 사실이 아닐까? 물론 자연(自然, nature)이라는 말을 가장 넓은 의미 즉 공간과 시간 속에서 일어나는 모든 것이라는 뜻으로 사용한다면 분명히 그렇다. 하지만

---

19 "표시의 분류"와 "언어의 약정적 성격"에 관한 더 자세한 설명은 『언어 철학』(*Philosophy of Language*, W. P. Alston, 곽강제 옮김, 서광사, 2010)의 115-137쪽을 참고하기 바란다.

낱말은 자연 속에 있는 구름, 발자국 등등의 것이 지니는 의미와는 종류가 다른 의미를 갖고 있다. 낱말의 의미는 인간이 부여한 것이다. 더 정확하게 말하면, 인간이 어떤 소리나 자국을 택해서 거기에 현재 지니고 있는 의미를 부여한 것이다. 그래서 서로 다른 언어를 사용하는 사람들은 똑같은 의미를 각기 다른 음성이나 잉크 자국으로 표현한다. 우리말의 "개"와 영어의 "dog"가 그런 경우다. 이런 표시에 우리가 어느 날 직접 의미를 부여하지 않은 건 사실이다. 우리는 다만 언제부턴가 전해오는 이미 형성되어 있는 의미, 또는 오늘날의 사람들이 그 표시로 표현하고자 하는 의미를 배웠을 뿐이다. 우리는 그 표시가 쓰이는 약정, 용법, 관례, 습관을 배운 것이다.

이 말은 옛날에 어떤 사람들이 모여 앉아 어떤 소리는 어떤 의미를 갖도록 하자고 결정했다는 뜻이 아니다. (그들이 어떤 소리가 어떤 의미를 갖도록 하자고 결정하기 위해 의견을 교환했다면, 바로 그때엔 대체 어떤 말을 사용했을 것인가?) 언어의 기원은 역사의 안개 속으로 사라져서 이제는 찾을 길이 없다. 언어가 처음 어떤 방식으로 시작되었든 중요한 점은 그 구성 성분 즉 낱말들이 언제 어디선지는 모르지만 처음 사용한 사람에 의해 의미가 부여되었다는 것이고, 언어는 그러한 "약정적 표시들(낱말들과 문장들)의 체계"라는 사실이다.

그런데도 사람들은 낱말과 그것이 나타내는 것 사이에는 무언가 자연적 관계가 있다고 오랫동안 믿어왔다. 이 말은 누군가가 낱말이 사물이라고 생각한 적이 있다거나, "바둑이"라는 말을 실제의 바둑이와 혼동했다는 뜻이 아니다. 다만 원시인들이 어떤 말을 입 밖에 내는 일은 (예컨대 "신"이란 말을 함부로 하면 신의 격노를 살 것이라고 믿은 경우처럼) 그 말이 의미하는 것에 영향을 끼친다고 정말 믿었다는 뜻이며, 특히 낱말과 그것이 뜻하는 것 사이에 "자연적 관련"이 있어서 어떤 낱말이든지 그것이 지금까지 뜻해온 것 이외의 다른 것을 뜻하도록 사용하는 것은 "올바르지 못한 사용"이라고 진지하게 믿었다는 뜻이다.

그러나 낱말과 그것이 나타내는 것 사이에는 이러한 자연적 관련이 없다. 낱말은 어떤 사물을 대신할 뿐 그 사물 자체가 아니다. 낱말은 처음에 누군가의 임의적 표시로서 나타나는데, 다른 사람들이 이것을 채택하여 사용하게 되면 바로 약정적 표시가 된다. 이처럼 낱말은 약정적 표시이므로 원래 어떤 사물에 대한 올바른 낱말이나 잘못된 낱말 같은 것은 있을 수 없는 법이다. 낱말이 불필요하게 길거나 발음하기 어렵거나 쓰기 어려운 경우가 있고 또 이런 이유로 거부될 수는 있지만, 어떤 사물을 나타내도록 사용된 소리가 잘못된 소리라는 이유로 거부될 수는 없다. 어떤 소리든 그 목적에 사용될 수 있다는 것은 당연하기 때문이다.

그러므로 누가 어떤 소리를 택해서 무엇을 가리키도록 사용하는 일은 그 사람이 그 소리가 무엇을 가리키도록 사용하고 있는지 분명히 밝히기만 한다면 자유라고 할 수 있다. 이를 약정의 자유에 관한 규칙이라 한다. 이 규칙에 따르다 보면 혼란이 일어날 수 있다. 그렇다 하더라도 약정하는 일은 누구에게나 항상 자유다. 중요한 것은 그 약정을 이용하는 것이 원하는 목적에 실제로 효과적인가라는 점이다. 그래서 낱말의 사용에 대해 통상 누구에게나 권장되고 있는 규칙은 "일상 용법(慣用 語法, common usage)에 따르라!"는 것이다. 이 규칙은 주변의 모든 사람이 이미 어떤 소리를 사용하여 나타내는 사물을 "새로운 소리"로 나타내는 건 쓸모없는 일이기 때문에 누구나 말없이 따르고 있는 규칙이다. 누구나 이미 확립되어 있는 일상 용법에 따라 낱말을 사용하는 것이 아주 편하다는 걸 잘 알 것이다. 혹시 어떤 사람이 진정으로 어떤 낱말을 일상 용법에 어긋나는 새로운 방식으로 사용하고자 할 때에는 그 낱말이 무엇을 뜻하도록 사용되고 있는지 청자나 독자에게 명확히 알려주어야 하는 책임이 있다. 그렇지 않을 때에는 청자나 독자가 당연히 그 낱말은 일상 용법의 의미로 사용되고 있다고 판정할 권리를 갖는다. 특히 철학적 토론 과정에서 갑자기 어떤 사람이 그 토론의 핵심이 되는 낱말을 일상 용법에 어긋나게 사용할 때에는 심각한 사고의 혼란이 일어나므로 주의해야 한다. 그렇긴 하지만 우리는 꼭 필요하다면 일상 용법을 벗어나 새로운 낱말을 만들거나, 이미 사용되고 있는 어떤 낱말에 새로운 의미를 부여하여 사용할 수도 있다. 하지만 다른 사람들의 찬성을 얻지 못한다면 이런 시도는 금방 의의를 잃어버려 헛수고로 끝나게 마련이다.

한편, 우리말의 문법이나 외국어를 공부할 때 그런 것처럼, 우리는 언어 그 자체에 대하여 언급하기 위해서 언어를 사용하기도 한다.[20] 이런 경우에는 낱말을 나타내는 낱말이 필요하다. 다시 말하면 우리가 동물인 바둑이에 관해서 언급하고자 할 때에는 "바둑이"라는 이름이 필요하듯이, "개"라는 낱말에 대해서 언급하고자 할 때에는 이 낱말을 지칭하는 이름이 필요하다. 사실 우리가 동물인 개를 나타내는 낱말을 하나 만들고, 또 이 낱말을 나타내는 낱말을 또 하나 만드는 건 쉬운 일이다. 하지만 이런 식으로 낱말을 증가시키는 것은 너무 부담스러운 일이다. 왜냐하면 사물을 나타내는 낱말이 100,000개 있다면, 이 낱말들을 나타내는

---

20   언어의 "사물에 관한 사용(use)"과 "언어에 관한 언급(mention)"을 구별하는 원리에 대한 더 자세한 설명은 『논리학』(*Logic*, W. C. Salmon, 곽강제, 박영사, 2012)의 291–297쪽을 참고하기 바란다.

낱말이 또 100,000개 있어야 하고, 다시 이 두 번째 낱말들에 대해 언급하려면 새로운 낱말이 또 그만큼 있어야 할 것이다. 이런 식으로 나가면 낱말의 수효가 끝없이 늘어날 것이다. 그래서 20세기 분석 철학자들은 동물인 바둑이를 나타내는 낱말에 대해 언급할 때에는 원래의 낱말에 인용 부호를 붙여서 그 낱말의 이름을 짓기로 약속하고 있다. 철학적 주제에 대해 이야기하는 글에는 다른 사람의 기초 용어의 의미에 대해 논의하는 경우가 많으므로 이 표기법이 자주 나타난다. 이 방법은 다음의 진술이 잘 보여준다.

우리가 🍎에 관해 진술하기 위해 사용하는 사과라는 일반 명칭에 대해 언급하기 위해서는 "사과"라는 이름을 사용해야 한다.

🍎 ← 이 사과는 빨갛다. ← "사과"는 두 음절 낱말이다.

이 방법은 문장에도 똑같이 사용된다.

🍎 ← 이 사과는 빨갛다. ← "이 사과는 빨갛다."는 주어-술어 문장이다.

인용 부호는 "인용"이나 "강조"나 "주의 환기" 등등의 다른 목적에도 흔히 사용되므로, 인용 부호가 붙은 낱말이 보인다고 해서 언제나 언어에 대해 언급하고 있다고 단정해서는 안 된다. 매번 문맥을 살펴 인용 부호가 어떤 목적으로 사용되었는지 분별해야 한다.

지금까지는 언어에 관심을 모으다 보니까 낱말이라는 언어적 표현의 의미에 대해서만 주로 이야기하였다. 그러나 "의미"나 "의미한다"("뜻"이 나 "뜻한다")는 말은 낱말에 대해서만 사용되는 게 아니라, 앞에서 언급 했듯이 사물에 관해서도 사용되는 말이다. 일반적으로 A가 B의 표시일 때는 언제나 "A는 B를 의미한다."("A는 B를 뜻한다.")고 말한다. 그런데 A 가 B의 표시일 수 있는 방식이 많이 있으므로 A가 B를 의미하는 방식도 많이 있을 수 있다. 낱말이 무언가를 의미하는 방식은 붉은 저녁노을이 다음 날의 맑은 날씨를 의미하는 방식과 전혀 다르다. 따라서 "의미"라 는 말의 여러 가지 의미를 명확하게 파악하는 일은 언어의 이해에도 크게 도움이 된다. "의미"라는 말의 여러 가지 의미 가운데 몇 가지 중요한 의미는 다음과 같다.[21]

1. **징조**(徵兆, indicator)   A 현상은 B 현상이 다가오고 있음을 의미할 수 있다. 하늘의 먹구름은 비가 곧 쏟아질 것을 의미한다. 이 경우 "먹 구름"이라는 낱말은 비를 의미하지 않는다. "먹구름"이란 낱말은 먹구 름을 의미하며, 하늘의 먹구름이 비를 의미하는 징조다.

2. **원인**(原因, cause)   "A는 무얼 의미하는가?"라는 물음은 "무엇이 A를 일으켰는가?"라는 물음인 경우가 있다. "모래 위의 이 발자국은 무 엇을 의미하는가?"라는 물음은 "어떤 사람이 왜 이런 발자국을 남겼는 가?"라는 물음일 수 있다.

3. **결과**(結果, effect)   "A는 B를 의미한다."는 진술은 "A는 B라는 결

---

21   "의미"(의미하다)라는 말의 여러 가지 의미에 관한 더 자세한 설명은 *An Intro-duction to Philosophical Analysis*(J. Hospers, 2nd., Routledge & Kegan Paul, 1970)의 11-13 쪽을 참고하기 바란다.

과를 초래한다." "B는 A의 결과다." "A는 결국 B가 될 것이다."로 번역
될 수 있는 경우가 많다. 미국의 트루먼 대통령은 진주만을 기습당한
뒤 "이건 전쟁을 의미한다."고 선언했는데, 이는 "이 사건의 결과는 전
쟁일 것이다."로 번역될 수 있는 말이다.

4. 의도(意圖, intention)   "내 말은 청소를 하겠다는 의미다."라는 진
술은 "나는 청소를 하려는 의도를 갖고 있다."는 진술과 의미가 똑같다.
"방금 한 내 말의 의미는 … "으로 시작되는 진술은 "그 말을 한 내 의
도는 … "으로 시작되는 진술과 의미가 같다.

5. 설명(說明, explanation)   "그건 무얼 의미하는가?"라는 물음은 흔
히 "왜 그 사건이 일어났는가?"로 바꾸어 생각할 수 있다. 설명은 "왜"
라는 물음에 대한 답으로 제시된다. 많은 사람들, 그중에서도 특히 종
교인들은 "왜?"라는 물음은 언제나 원인이나 목적을 묻는 것으로 생각
하지만 설명을 요구하는 경우도 많이 있다.

6. 목적(目的, purpose)   우리는 흔히 행동이 어떤 목적에 이바지하는
바가 있다는 뜻으로 "의미"라는 말을 사용한다. "그건 무의미한 행동이
었다."는 말은 어떤 목적에 기여하는 바가 전혀 없었다는 뜻이다. "의미
있는 행동"은 어떤 목적, 그것도 훌륭한 목적에 기여하는 행동이다.

7. 함의(含意, implication)   "만일 이 세계 속의 모든 사건이 그에 앞선
상태에 의해 결정되고, 인간의 행위도 이 세계 속의 사건으로 간주된다
면, 이는 인간이 자유 의지를 가질 수 없다는 것을 의미한다." 이 말은
앞의 진술이 뒤의 진술을 함의한다는 주장이다. 논리적 문맥에서는 흔

히 "의미"라는 말이 함의라는 뜻으로 사용되는데, 이런 경우 "의미하다"라는 말은 "논리적으로 함의하다"와 동의어다.

8. 의의(意義, significance)　　　"당신은 인생의 의미를 느끼는가?" 이 말은 의의를 묻는 물음이다. 하지만 "의의"라는 말은 "이건 매우 의의 있는 발견이다."라는 진술의 경우처럼 중요성(重要性, importance)이라는 다소 모호한 뜻으로 더 빈번히 사용된다. "인생의 의미는 무엇인가?"와 같은 물음의 답을 찾기 어려운 이유는 이 물음 자체가 애매하다는 데 있다. 왜냐하면 이 물음은 묻는 사람이 무엇을 묻고 있는지 더 알지 않는 한 매우 불명료한 물음이기 때문이다. 이 물음을 제기한 사람은 혹시 중요성이란 뜻으로 이해되는 의의를 묻고 있는 걸까? 아니면 자신이나 모든 사람이 평생 추구할 가치 있는 어떤 특정한 목적을 묻는 걸까? 물음을 제기한 사람이 이 물음을 다른 말로 더 명료하게 표현한다면, 아마 이처럼 우리를 당황하게 하지는 않을 것이다. 명료한 답을 원한다면 먼저 명료한 물음을 설정하지 않으면 안 된다. 이와 관련해서 "잘 설정된 물음은 이미 반쯤 풀려 있다."는 듀이(J. Dewey, 1859-1952)의 말도 기억해 둘 필요가 있다.

이와 같이 "의미"라는 말이 여러 가지 의미로 사용되기 때문에, 누가 "X의 의미는 무엇인가?"라는 형태의 의미-물음(meaning-question)을 제기할 때 심중에 두고 있는 "의미"라는 말의 의미가 딱히 무엇인지 항상 명확한 건 아니다. 특히 "X"라는 낱말의 의미를 묻고 있는 건지, 그렇지 않으면 "X"가 지칭하는 어떤 사물의 의미 즉 "의미"라는 말이 사물에 적용될 때 지니는 여러 가지 의미 가운데 어느 한 의미에 대해 묻고 있는 것인지 주의를 기울여 식별해야 한다. 몇 가지 예를 통해 이 점을 분명히 해보자.

1. "원지점의 의미는 무엇인가?"   이 물음의 경우에는 원지점이란 낱말의 앞뒤에 인용 부호가 있어야 하지 않을까? 만일 이 물음이 "원지점"이라는 낱말이 뜻하는 걸 알고 싶어서 제기된 것이라면 반드시 인용 부호를 붙여야 한다. 아마 십중팔구는 이 낱말의 의미를 묻고 있을 것이다. 만일 이 물음을 제기한 사람이 이 낱말의 의미를 알고 있었다면 아마 이런 물음을 발언하지도 않았을 것이다.

2. "너는 전쟁의 의미를 모르고 있다."   이 경우에는 말하는 사람이 누군가에게 "전쟁"이란 낱말의 의미를 모른다고 비난하고 있는 것 같지는 않다. 이 말을 한 사람은 바로 전쟁이라는 사태(事態)에 관해 무언가 말하고 있는 것 같다. 십중팔구 전쟁이 일으키거나 전쟁에 뒤따르는 상황들, 예를 들면 수많은 사람들의 죽음, 폐허로 부서진 생활공간, 파괴된 가정, 가난, 질병 등등에 관해서 무언가 이야기하고 있을 것이다.

3. "생명의 의미는 무엇인가?"   이 경우에도 물음을 제기한 사람이 알고자 하는 것은 "생명"이란 낱말의 의미가 아니라는 것이 거의 확실하다. 이 사람은 이 낱말이 뜻하는 바를 알고 있으면서 생명에 대한 설명에 막연한 관심을 보이고 있다. 이 사람은 생물이 성장하고 번식하고 … 등등을 알고 있으면서도, 이 놀라운 과정이 어떻게 설명될 수 있는지 알고자 하는 것으로 보인다. 어쨌든 이 물음은 낱말에 관한 물음이 아니며, 비록 물음이 분명하지는 않지만 생명 현상 그것에 관한 물음이다.

이와 똑같은 혼란이 아주 흔한 "X는 무엇인가?"라는 물음에도 널리 퍼져 있다. 합(合)과 충(衝)이란 무엇인가? 시간이란 무엇인가? 인간이란 무엇인가? 때로 이런 물음을 통해서 우리는 어떤 낱말의 지금 사용되고 있는 의미가 무엇인지 알고 싶어 한다. 예컨대 "합과 충이란 무엇인가?"란 물음은 "'합'과 '충'이란 말은 무슨 뜻인가?"로 바뀔 수 있을 것이다. 그렇다면 "태양과 지구의 연장선상에서 행성이 지구 쪽 연장선상에 있는 경우는 '합', 태양 쪽 연장선상에 있는 경우는 '충'이다."라는 것이 답이다. 그러나 누가 "시간이란 무엇인가?"라고 묻는다면, 아마 "시간"이란 낱말의 의미를 묻는 건 아닐 것이다. 누구나 이미 시간을 알고 있기 때문이다. 이 물음은 시간이란 것에 관해서 자기가 도대체 무슨 정보를 갖고 있는지 전혀 확신이 서지 않는 사람이 정보를 요구하고 있는 것이다. 이 물음처럼 아주 일반적인 물음에는 답하기가 어려운데, 그 어려움은 물음이 불명료하기 때문이지 답하는 일이 불가능하기 때문이 아닌 경우가 흔하다. 이와 관련해서 다시 한 번 "명료한 답을 원한다면 먼저 명료한 물음을 설정해야 한다."는 걸 기억하기 바란다. 물음을 명료하게 설정하는 일은 철학적 사고에서 더없이 중요한 일이다. 철학사에는 오랫동안 고심해온 주제에 대하여 요령 있게 명료한 물음을 설정함으로써 커다란 발전의 계기가 마련된 경우가 많이 있다.

3. 정 의

철학적 사고나 철학적 토론에 등장하는 물음이나 답이 명료하지 못하면, 그 물음이나 답에서 핵심적 역할을 하는 낱말의 의미를 선명하고 분명하게 밝히기 위해 노력해야 한다. 이 일을 위해서는 그 말이 어떤 조

건 아래서 사용될 수 있는지, 다시 말해 어떤 사물이나 상황에 적용될 수 있
는지 결정짓는 약정(約定, convention)을 명확하게 드러내야 한다. 이 일을
정의(定義, definition)라 한다.[22] 낱말의 의미는 앞에서 말했듯이 사람이 어
떤 소리나 잉크 자국에 부여한 것이다. 달리 말하면 낱말의 의미는 시
점은 분명하지 않지만 사람들이 어떤 소리나 잉크 자국을 어떤 뜻으로
사용하자고 정해놓은 약정이다. 이러한 약정은 여러 가지 관례가 그런
것처럼 오랜 세월에 걸쳐 점차적으로 성장해왔다. 언어는 계속 성장하
고 발전하는 것이어서 언어 사용의 약정도 변화를 겪는다. 이 세계에는
한국어, 영어, 독어, 불어, 스페인어 등등의 각기 다른 언어가 많이 있
는데, 이 언어들은 모두 다른 약정을 갖고 있다. 약정은 옳거나 그른 것이
아니다. 따라서 이 가운데 어떤 언어도 참다운 언어나 그릇된 언어라고 할 수
없다. 낱말은 사용을 결정해주는 약정이 있으면 의미를 지닌다. 낱말의
의미를 결정하는 약정은 정의에 의해서 공식적으로 설정되는 수도 있고,
관례적 사용 방식에 따라 비공식적으로 형성되는 수도 있다. 어느 경우
나 정의는 사용의 약정을 정확하게 표현하는 것이어서 옳지도 그르지도 않
다.

우리가 어떤 낱말의 의미를 정의에 의해 밝힐 때에는 다른 낱말들을
사용하는 게 상례인데, 이 다른 낱말들은 정의되는 낱말(피정의항)과 의
미가 동등해야 한다. 따라서 정의하는 낱말(정의항)은 정의되는 낱말이

---

22 정의에 관한 더 자세한 설명은 『논리학』(Logic, W. C. Salmon, 곽강제 옮김, 박영사,
2012)의 298~319쪽을 참고하기 바란다.
아직도 정의가 사물이나 사물의 본질을 규정한다고 잘못 생각하는 사람이 많다. 정
의를 이렇게 생각하면 어쩔 수 없이 아리스토텔레스의 본질주의 형이상학에 사로잡히
게 될 뿐만 아니라 수많은 주제에 관한 철학적 사고의 맥락에서 혼란에 빠지게 된다.

사용된 문장의 의미를 변경하지 않으면서 정의되는 낱말에 대치될 수 있다. 이런 정의를 동등 어구에 의한 정의(definition by equivalent words)라 하는데, 이것이 가장 많은 사람에게서 인정받고 있는 "정의"라는 말의 일상적 의미다. 그렇지만 "정의"라는 말은 이보다 더 넓게 어떤 낱말이 (특정한 언어 집단 속에서) 의미하는 바를 드러내는 모든 방식을 포함하도록 사용된다. 그래서 "정의"라는 낱말의 넓은 의미에서는 어떤 낱말의 사용에 관한 약정을 진술하지 않고도 낱말의 의미를 정의할 수 있다. 우리가 어떤 낱말이 적용되는 실례 즉 외연(外延, extension)의 이름들을 열거하는 식으로 언어를 사용하는 외연적 정의(外延的 定義, extensional definition)나, 이름을 사용하지 않고 실례를 직접 제시하는 예시적 정의(例示的 定義, ostensive definition)를 통해 낱말의 의미를 이해시키는 경우가 그런 경우다.

어떤 낱말의 경우에는 동등 어구를 제시하는 일이 단 하나의 낱말로 충분할 수 있다. 예컨대 "용기"를 "용감"으로 정의하는 경우가 그렇다. 하지만 자연 언어 속에는 정확한 동의어가 드물며, 게다가 의미상의 미묘한 차이는 단순하게 동의어를 제시하는 방법으로는 드러낼 수 없다. 어떤 낱말을 정확하게 정의하기 위해서는 정의되는 낱말보다 더 긴 구절이 필요한 게 보통이다. 예컨대 유클리드의 "삼각형"의 정의는 "평면상에서 세 직선이 폐쇄되어 이루어지는 도형이다."라는 식으로 이루어진다.

정의는 논리적으로는 만족스럽지만 심리적으로는 만족스럽지 못할 수 있다. 풀어 말하면 어떤 정의의 피정의항과 정의항이 같은 뜻이므로 서로 대치해 사용해도 괜찮도록 정의되었는데도, 듣는 사람이 정의항에 쓰인 낱말들의 의미를 몰라서 아무런 의미도 전달되지 못하는 경우가 있을 수 있다. 예를 들어, "형제"라는 말을 "어떤 남성의 남성인 동기(同氣)"라고 정의한다면, 논리적으로는 올바른데도 "동기"라는 말의 의미를 모르는 사람에게는 쓸모없는 정의가 될 것이다. 대화 중에 정의를 할 필요가 있는 낱말은 통상 상대방에게 익숙하지 못한 낱말이며, 그래서 정의에 사용되는 낱말들의 의미를 상대방이 이해하고 있을 때에만 정의가 이해될 수 있다.

　그런데 어떤 낱말은 그와 의미상으로 동등한 낱말 집단이 그 언어 속에 없을 수 있다. 그 낱말과 대치 가능한 일련의 낱말이 없는 경우가 있는 것이다. 감각 경험을 지칭하는 데 사용되는 "빨강" "기쁨" "슬픔"과 같은 낱말이 그런 낱말이다. 이런 낱말의 경우에는 상대방으로 하여금 그 낱말이 지칭하는 경험을 실제로 겪어보도록 하지 않는 한 그 낱말이 의미하는 바를 이해시킬 수 없다. 예컨대 상대방에게 "아프다"는 말이 의미하는 바를 이해시키기 위해서는 못 같은 것으로 그의 손등에 자극을 주어 고통을 일으키지 않으면 안 된다. 이 일은 몇 개의 낱말을 결합해서 제시함으로써는 도저히 이루어질 수 없으며, 오로지 그 경험 자체를 직접 겪도록 해야 한다. 이런 낱말들의 의미를 전달하는 일은 예시적 정의에 의존할 수밖에 없다. 이처럼 예시적 정의는 우리의 언어를 이 세계와 연결시키는 중대한 기능을 지니고 있다. 그러니까 예시적 정의는 지도를 현지에 정확하게 맞추어 읽을 수 있게 해주는 삼각점과 같은 역할을 한다고 할 수 있다. 다른 한편으로 적용 범위가 너무 넓어서 동등 어구를 전혀 발견할 수 없는 또 한 종류의 낱말이 있다. 이런 낱말은 적용 범위가 너무 넓기 때문에 다른 어떤 낱말이나 어구로도 대치될 수 없다. 예컨대 추상의 정도가 지극히 높은 "질" "양" "수" "관계" "존재" 같은 낱말이 그런 예다. 이런 낱말들은 계속 "사용의 맥락"을 정확하게 살

피면서 익숙해지는 수밖에 없다. 이런 낱말에 대한 정의를 훌륭하게 할
수 있는 사람은 그 낱말이 적용되는 주제 영역 전체에 관해 정통한 지
식을 갖고 있는 사람일 것이다.

　낱말의 의미를 명료화하는 일에 더할 나위 없이 큰 도움을 주는 한
가지 방법은 어떤 것이 지닌 수많은 특성들 가운데서 정의 특성(定義 特
性, defining characteristic)으로 간주되는 것이 어떤 특성인지 주의 깊게 알
아보는 것이다. (이 방법은 명사, 동사, 형용사 등에는 아주 효과가 있
지만, 접속사, 감탄사 등은 사물의 특성과 관련이 없으므로 적용되지
못한다.) 어떤 대상의 정의 특성이란 그 대상에서 그 특성이 없어지면 본래
의 낱말을 그 대상에 적용할 수 없게 되는 특성이다. 정의 특성은 흔히 낱
말의 내포(內包, intension)라 부르기도 한다. 어떤 것도 세 변을 갖고 있지
않는 한 삼각형일 수 없으므로 세 변을 갖고 있다는 특성은 삼각형의 정
의 특성이다. 중심으로부터 같은 거리에 있는 모든 점을 둘레로 갖고 있
다는 특성은 어떤 도형도 이 특성을 갖고 있지 않으면 원이 아닐 것이
므로 원의 정의 특성이다. 하지만 10센티미터의 높이나 50센티미터의
둘레를 갖는다는 특성은 높이가 이보다 크든 작든 삼각형일 수 있고,
둘레가 이보다 길든 짧든 원일 수 있으므로 정의 특성이 아니다.

　어떤 특성이 정의 특성인가 아닌가를 알아보는 시험은 다음과 같은
물음을 통해 이루어진다. 이 특성을 잃어버려도 그 대상에 계속 본래의 낱
말이 적용될 수 있을까? 만일 답이 "그렇다!"라면 그 특성은 단지 동반 특
성(同伴 特性, accompanying characteristic)일 뿐이다. "길이가 제각기 다른 세
직선이 폐쇄되어 이루어진 도형에 '삼각형'이란 말을 적용할 수 있는
가?" "그렇다!" 따라서 세 변의 길이가 같거나 다르다는 특성은 삼각형

3. 철학적 사고는 명료해야 한다

의 정의 특성이 아니라 동반 특성이다. 하지만 "어떤 삼각형의 두 변의 길이가 같지 않아도 '이등변 삼각형'이란 말을 적용할 수 있는가?" "아니다!" 그렇다면 같은 길이의 두 변을 갖는다는 특성은 이등변 삼각형의 정의 특성이다. 정의 특성은 어떤 낱말을 어떤 대상에 적용하기 위해서 그 대상이 반드시 갖고 있어야 하는 특성이다. 일반적으로 X에 A라는 특성이 없을 경우에 "X"라는 낱말을 X에 적용할 수 없다면 특성 A는 "X"의 정의 특성이다. "정의 특성"에 관한 이 정의는 옛날부터 형이상학에서 사용해온 "본질"(本質, essence)에 관한 정의 즉 "X에 그 속성이 없으면 X일 수 없는 속성"이란 정의와 혼동하기 쉽다. 그러나 "정의 특성"과 "본질"은 근본적으로 다르다. "정의 특성"은 낱말의 의미 즉 어떤 낱말의 정의에 필요한 특성을 뜻하는 반면에, "본질"은 사물이 실제로 지닌 본질적 속성을 뜻한다는 근본적 차이가 있다. 위에서 보았듯이 우리는 정의 특성을 가려낼 수 있는 명확한 방법을 확보하고 있다. 하지만 어떤 사물의 수많은 속성들 중에서 본질적 속성만 가려내는 방법은 없다. 왜냐하면 어떤 사물이든 동등한 자격의 속성을 무수히 많이 갖고 있는데, 그 속성들 중에서 본질적 속성만 가려낼 수 있게 해주는 기준(基準, criterion)을 만들 수 없기 때문이다. 이것이 바로 옛날 형이상학자들이 사물의 본질을 찾기 어려웠던 이유다. 따라서 명료한 사고와 명확한 언어 사용을 위해서는 옛날 형이상학의 몽롱한 용어인 "본질"이란 말을 잊어버리는 것이 가장 좋은 방책이다.

어떤 낱말의 정의를 간명하면서도 정확하게 표현하고자 하거나 누군가에 의해 제안된 정의를 평가하고자 할 때 반드시 고려해야 할 점이 세 가지 있다. 첫째로 정의는 너무 넓지 않아야 한다. 한 예로 "전화기"를 "통신 수단"이라고 정의한다면, 이 정의는 너무 넓어서 아무도 전화기라고 부르지 않는 것까지 외연에 포함하게 될 것이다. 이런 정의는 한 가지 이상의 정의 특성을 추가함으로써 적용 범위를 좁혀야 한다. 둘째로 정의는 너무 좁지 않아야 한다. 누군가가 "나무"라는 말을 "초록색 잎을 가지고 있으며, 최소한 20미터 이상 크고, 땅에서 수직으로 자라는 식물"이라고 정의한다면, 이 정의는 사람들이 나무라고 부르고 있는 것들 가운데 많은 것을 외연으로부터 쫓아낼 것이다. 이 정의는 어떤 특성들을 삭제함으로써 적용 범위를 넓혀야 한다. 셋째로 정의가 너무 넓거나 너무 좁지 않은데도 만족스럽지 못할 수 있다는 사실을 기억할 필요가 있다. 두 개의 낱말이 똑같은 외연에 사용될 수 있다 하더라도 내포 즉 정의 특성은 서로 다를 수 있다. "등변 삼각형"과 "등각 삼각형"은 외연은 똑같지만 내포 즉 정의 특성은 다르다. 따라서 어떤 낱말을 정확하게 정의하려면, 상상을 통해 상황을 이리저리 변화시키면서 그 낱말의 외연으로 유지하려고 마음먹고 있는 대상을 그 정의가 쫓아내거나, 그 낱말의 외연에서 배척하려고 마음먹고 있는 대상을 그 정의가 끌어들임으로써 정의가 깨질 수 있는지를 시험해보아야 한다.

정의 특성은 항상 고정되어 있는 건 아니다. 정의 특성은 변하는 수가 있다. 한때 "고래"라는 말의 정의 특성 속에는 어류라는 특성이 포함되어 있었는데, 고래가 포유류라는 사실이 발견된 후에 포유동물이라는 특성이 정의 특성으로 인정되었다. 때로는 새로 발견된 특성이 어떤 낱말의 유일한 정의 특성으로 대치되는 경우도 실제로 일어난다. 여러 가지 질병의 원인이 발견되기 전에는 질병은 그 증후에 의해서 정의되었다. 그리고 여러 가지 질병은 이 증후에 비추어 확인되었다. 그러나 현미경을 통해 병원균이 발견되자 질병의 원인인 병원균에 의해서 단순하게 질병을 정의하게 되었다.

정의 특성과 동반 특성의 구별은 대화나 토론에서 매우 중요하다. 우리는 어떤 특성이 어떤 사물에 속한다고 진술하는 대부분의 경우에 통상 그 특성이 정의 특성인지 아닌지 분명하게 언급하지 않는다. 하지만 이 점을 분명하게 하는 일이 지극히 중요한 경우가 흔하다. 왜냐하면 그 진술이 논쟁에 휘말릴는지, 논쟁이 일어난다면 어떤 방식으로 진행될 것인지가 문제의 특성이 정의 특성인가 동반 특성인가에 전적으로 달려 있기 때문이다. 정의 특성을 진술하는 것은 어떤 낱말의 의미, 즉 정의의 일부분을 말하는 것이다. 그러나 동반 특성을 진술하는 것은 어떤 사실을 말하는 것, 즉 낱말이 아니라 그 낱말이 적용되는 사물에 관해서 진술하는 것이다. 동반 특성은 어떤 낱말의 의미의 일부분이 아니기 때문이다. 다음의 두 문장을 비교해보자.

강철은 철의 합금이다.
강철은 건축 자재로 사용된다.

첫 번째 문장은 정의 특성을 진술하고 있다. 어떤 것이 철의 합금이 아니라면 강철일 수 없기 때문이다. 더 정확하게 말하면 어떤 것이 철의 합금이 아니라면 그것에 "강철"이란 말을 적용하지 못하기 때문이다. 그러나 두 번째 문장은 동반 특성을 진술하고 있다. 강철은 앞으로 건축 자재로 사용되지 않더라도 여전히 강철일 것이기 때문이다. 첫 번째 문장은 "강철"이라는 낱말의 의미의 일부분을 주장하고 있는 반면에, 두 번째 문장은 강철이라는 사물에 관한 사실을 주장하고 있다. 따라서 첫 번째 진술이 토론의 대상이 되면 토론의 주제는 언어의 용법(用法, usage)이며, 두 번째 진술이 토론의 대상이 되면 토론의 주제는 강철에 관한 사실(事實, fact)이다.

어떤 사람이 자신이 정의 특성을 진술하는지 동반 특성을 진술하는지 분명히 자각하지 못하고 토론 도중에 자신의 입장을 바꾸게 되면 토론은 심한 혼란에 빠지게 된다. 다음의 대화를 보자.

A: 모든 고니는 희다.
B: 나는 오스트레일리아에서 검은 고니를 보았네.
A: 천만에! 검은 새가 어떻게 고니일 수 있단 말인가!

일상의 대화에서라면 A의 첫 번째 주장은 고니에서 발견된 사실에 관한 진술, 다시 말하면 동반 특성에 관한 진술로 인정될 것이다. 그러니까 색깔이 희다는 것은 고니의 정의 특성으로 간주되지 않을 것이다. 그런데 A의 주장이 사실에 관한 진술이라면 반박될 수 있고, 실제로 B의 진술에 의해서 반박되었다. 그러자 A는 자신의 첫 번째 진술을 여하한 사실에 의해서도 반증이 불가능하도록 만들어버렸다. 이 일은 A가 흰색을 고니의 정의 특성으로 전환함으로써 자신의 첫 번째 진술을 고니라는 새에서 발견된 사실에 관한 진술로부터 "고니"라는 낱말에 관한 진술로 바꿨기 때문에 일어났다. 이렇게 되면, 원래 고니라는 새에 관한 사실을 두고 시작된 대화가 "고니"라는 낱말의 정의에 관한 문제와 뒤얽혀 혼란 상태로 빠져들게 된다. 그러나 A와 B가 처음에 자신의 진술이 정의 특성에 관한 진술인지 동반 특성에 관한 진술인지 분명히 밝혔다면 아예 논쟁이 안 일어났을 것이다.

한편 사람들이 하나의 낱말을 똑같은 의미로 사용하지 않는 경우가 흔하기 때문에 이런 낱말을 둘러싸고 논쟁에 빠지는 수도 많다. 게다가 이런 논쟁은 거기에 빠져든 사람들이 논쟁의 초점이 되어 있는 낱말의 의미를 명료하게 하는 일에 주의를 기울이지 않기 때문에 끝없이 계속되기 쉽다. 예로부터 "아무도 없는 숲 속에서 나무가 넘어질 때 소리가 난다고 할 수 있을까?"라는 문제를 두고 벌어지는 논쟁은 언어상의 논쟁(verbal dispute) 즉 "문제를 일으키고 있는 낱말의 의미가 명료해지면 해결될 수 있는 논쟁"의 좋은 본보기다. 이 논쟁에서 결정적인 낱말은 "소리"다. 만일 이 낱말이 음파(공기의 밀집과 희박이 교대로 계속 일어나는 파동)를 언급하도록 쓰인다면 그 숲 속에서 나무가 쓰러질 때 듣는 사람이 있든 없든 소리가 난다고 할 수 있다. 그러나 이 낱말이 소리에 대한 경험(소리 감각)을 뜻하도록 사용된다면 그 숲 속에 누군가가 있어서 실제로 귀로 듣지 않는 한 소리 경험은 있을 수 없다고 의견의 일치를 볼 수 있을 것이다. "소리"라는 낱말이 두 가지 다른 의미로 사용되고 있다는 게 분명해지자마자 이 논쟁은 해결되어버린다. 더 이상 논쟁거리가 없기 때문이다.

물론 모든 논쟁이 언어상의 논쟁인 건 아니다. 오히려 대부분의 논쟁은 사실에 관한 논쟁(factual dispute)이며, 이런 논쟁은 낱말의 의미를 더 명료하게 함으로써가 아니라 사실을 더 넓고 깊이 탐구함으로써만 해결될 수 있는 법이다. 사실에 관한 문제는 많이 있고, 답을 찾기 어려운 문제도 많이 있다. 그 이유는 문제의 사실이 어떠한 것인지 알기 어렵기 때문인데, 특히 문제의 사실이 다른 은하계의 생명체처럼 인간의 관찰 능력의 한계를 벗어나 있는 사실인 경우에는 답을 찾기가 매우 어렵다. 하지만 사실에 관한 문제인 양 제시되는 문제들 가운데에는 앞의 예처럼 실은 언어상의 문제인 경우가 상당히 많다. 그러나 이런 문제가 일단 언어에 관한 문제라는 게 확인되기만 하면 누구도 영원히 올바른 답을 알 수 없는 해결 불가능한 문제라고 단정하거나 사물의 본성이 지닌 심오한 신비나 되는 것처럼 주장할 이유가 없게 된다. 앞에서 낱말의 정의 특성과 관련해서 언급한 사물의 본질에 관한 논쟁도 이런 문제들 중의 하나다.

낱말의 의미를 명료하게 함으로써 해결될 수 있는 논쟁이 많이 있는 것과 마찬가지로, 낱말의 의미를 명료하게 함으로써 처리될 수 있는 물음도 많이 있다. 어떤 물음에 대한 답이 사물에 관한 정보인지 낱말에 관한 정보인지가 그 물음을 표현하는 의문문에 항상 명확하게 드러나지는 않는다. 이미 앞에서 살펴본 "X는 무엇인가?"와 "X의 의미는 무엇인가?"라는 물음이 바로 그런 실례였다. 이와 비슷한 일이 어떤 것의 본성 (本性, nature)에 대해 묻는 물음에도 일어난다. "X의 본성은 무엇인가?"라는 물음은 통상 (묻는 사람이 자각하고 있든 자각하고 있지 않든) 정의 특성을 알고 싶어서 하는 질문이다. 때로 우리는 "개의 본성은 무엇인가?" "물의 본성은 무엇인가?"라는 물음을 통해서 정의 특성뿐만 아니라 동반 특성까지도 알고 싶어 한다. 즉 우리는 개나 물이 지닌 가장 정상적인 특성이나 가장 중요한 특성을 알고자 하는 수가 있다. 그러나 우리가 X의 본성을 알고 싶어 할 때 X의 정의 특성 즉 그 사물에 그 특성이 없으면 "X"라고 부를 수 없게 되는 특성을 알고자 하는 경우가 훨씬 더 빈번하다. 이 말은 본질(本質, essence)에 관한 물음에 대해서도 그대로 적용되는 말이다. "X의 본질은 무엇인가?"라는 물음은 대개 정의에 대한 요구를 변장시킨 질문이거나, 아니면 적어도 "X"의 정의 특성들 가운데 일부에 대한 요구를 위장시킨 질문에 지나지 않는다. 어떤 대상에 그 특성이 없으면 "X"라는 말을 적용할 수 없는 특성은 바로 "X의 본질"을 이루는 특성이기 때문이다.

4. 문장의 의미

지금까지는 낱말과 어구의 의미에 관해서 살펴보았다. 그러나 낱말과 어구는 낱낱이 고립된 채로 사용되는 게 아니라 정상적으로는 문장의 부분으로 사용될 때 "의미의 최소 단위"로서 제대로 기능을 발휘한다. 프레게는 이 사실을 맥락 원리(脈絡 原理, context principle)라고 부르면서 의미 이론의 공리로 삼았으며, 비트겐슈타인(L. Wittgenstein, 1889-1951)도 이 맥락 원리를 받아들여『논리철학론』에서 활용하였다. 하나의 문장은 의미 있는 낱말들로 이루어지지만, 그래도 낱말을 줄이어 엮어놓았다고 해서 언제나 문장이 되는 건 아니다. 질서 없이 엮어놓은 낱말들의 의미는 문장의 의미를 보장하지 못한다. 어떤 문장의 의미는 통사론 규칙에 따라 구성된 일련의 낱말이 어떻게 사용되느냐에 따라 결정된다. 문장이 사용되는 방식은 여러 가지가 있다. 문장은 일상생활에서 명령, 제안, 질문, 권고, 감탄, 주장 등등을 표현하기 위해서 사용된다. 그러나 그중에서 철학적 사고와 관련해서 가장 중요한 것은 무엇이 어떠하다는 주장을 진술하는 인식적 사용이다. "무엇이 어떠하다."라는 서술 문장을 발언함으로써 이루어지는 진술 속의 옳거나 그른 의미가 이른바 명제(命題, proposition)이기 때문이다. 그러므로 지금 우리의 관심사는 겉보기에 명제를 주장하는 서술 문장처럼 보이는 다양한 문장들을 "유의미한 문장"과 "무의미한 문장"으로 구별하기 위한 문장 의미의 조건 즉 문장 의미의 기준이다.[23]

---

23 "문장의 의미"와 "문장 의미의 기준"에 관한 더 자세한 설명은 *An Introduction to Philosophical Analysis*(J. Hospers, 2nd., Routledge & Kegan Paul, 1970) 77-100쪽을 참고하기 바란다.

우선 우리는 서술 문장과 명제를 구별해야 한다. 서술 문장은 낱말과 마찬가지로 의미를 가져야 한다. 서술 문장은 종이 위에 쓰면 일련의 잉크 자국으로 보이고, 입으로 말하면 일련의 소리로 들리지만, 의미를 지닌 일련의 잉크 자국이나 소리이다. 그런데 우리가 어떤 서술 문장이 옳거나 그르다고 말할 때에는 문장 그 자체에 대해서가 아니라 그 서술 문장이 의미하는 것 즉 명제에 대하여 옳거나 그르다고 말한다. 명제는 옳거나 그른 것인 반면에, 서술 문장은 의미를 갖거나 못 갖는 것이다. 서술 문장은 오로지 의미의 전달 수단일 뿐이다. 그리고 서술 문장이 전달하는 의미는 명제다. 그래서 우리는 어떤 서술 문장의 의미를 알 때에만 그 서술 문장이 표현하고 있는 옳거나 그른 명제를 알 수 있다.

그렇다면 서술 문장은 언제 의미를 가질까? 만일 어떤 서술 문장이 무의미하다면 전혀 명제를 표현할 수 없다. 서술 문장이 의미를 갖고 있지 않다면 그 속에 옳거나 그를 수 있는 것이 전혀 없기 때문이다. 옳고 그름과 무의미함을 가르는 이 구별은 아주 중요하다. 어떤 문장이 옳다는 말과 어떤 문장이 그르다는 말은 그 문장이 유의미하다는 것이 인정되었을 때만 할 수 있는 말이다. 그런데도 사람들은 흔히 그른 서술 문장과 무의미한 서술 문장을 혼동한다. 만일 어떤 철학자가 다른 철학자의 이론이 그르다고 비판한다면, 이는 그 이론이 의미하는 것을 이해하고 하는 말이므로 서로 검토해볼 수 있는 불평이다. 그러나 어떤 철학자가 다른 철학자의 이론을 무의미하다고 평가한다면, 이는 더할 나위 없이 철저한 비판이다. 그 이론이 정말로 무의미하다면, 그 이론이 옳은가 그른가라는 물음은 아예 제기되지도 못하기 때문이다. "다른 은하계에 이성적 존재가 있다."는 진술은 아마 그르겠지만 분명히 의미를 알 수 있는 서술 문장이다. 그러나 "토요일이 잠잔다."는 진술은 옳거나 그른 게 아니라 단지 무의미할 뿐이다.

이래서 우리는 도대체 어떤 조건 아래서 문장이 유의미하다(의미를 갖고 있다)고 말할 수 있는가라는 문제에 부딪히게 된다. 일상의 문장들 가운데에는 우리가 의미를 아주 잘 이해하는 유의미한 문장이 많이 있다.

고양이가 의자 위에 앉아 있다.
화성은 두 개의 달을 가지고 있다.
어떤 개는 희다.

그러나 낱말들이 문법에 맞게 연결되었는데도 듣자마자 "그건 무의미한 말이다!"라고 말하지 않을 수 없는 문장들도 있다.

초록색은 새큼하다.
수 7은 파랗다.
그는 어떤 우체통 사이에 서 있었다.

이처럼 문장들이 유의미한 문장과 무의미한 문장으로 나누어지는 이유는 어디에 있는가? 우선 우리가 "이것은 유의미한 문장이다."라고 말할 때 의존하는 기준이 무엇인지 알아보자.

1. 상황을 상상할 수 있는 경우   어떤 서술 문장이 기술하고 있는 상황이 어떠한 상황인지 상상할 수 있으면 그 문장은 유의미하다고 인정된다. 물론 누구나 눈이 흰색이라는 걸 안다. 그러나 분홍색 눈이 내리는 상황을 상상할 수는 있다. 그래서 분홍색 눈에 관해서 언급하는 서

술 문장은 그런 눈이 실제로 없으므로 그른 문장이긴 하나 유의미한 문장으로 인정될 수 있다. 그렇다면 어떤 문장이 묘사하는 상황을 상상할 수 없으면 모두 무의미한 문장일까? 그렇지 않다. "백만 개의 변을 가진 도형이 있다."는 서술 문장의 경우에는 이 도형을 누구도 상상할 수 없겠지만 분명히 의미 있는 문장이다.

2. 의미를 다른 말로 기술할 수 있는 경우   어떤 서술 문장이 표현하고자 하는 상황이 다른 서술 문장으로 구체적으로 기술될 수 있으면 그 문장이 유의미하다고 인정될 수 있다. 예컨대 우리는 "세포는 분열한다."는 서술 문장이 의미하는 바를 다른 낱말들 즉 핵심 용어들의 동의어나 정의를 사용하여 기술할 수 있으므로 이 문장을 유의미하다고 인정할 수 있다. 이 경우 다른 낱말들로 이루어지는 번역 문장은 원래의 문장을 이해하는 데 도움이 된다. 그러나 "나는 지적 흥분을 느끼고 있다."는 서술 문장에 대한 기술은 이런 경험을 해보지 않은 사람에게는 아무런 쓸모가 없을 것이다.

3. 진리성 조건을 말할 수 있는 경우   어떤 진술이 어떤 조건 아래서 옳을 수 있는지 말할 수 있을 때 그 문장이 유의미하다고 인정될 수 있다. 물론 그 진술이 실제로 옳을 필요는 없다. 그 진술은 그를 수도 있다. 그러니까 그 진술의 진리성 여부를 검증하는 방법이 제시될 수 있다면 그 문장은 유의미하다고 인정될 수 있다. 가령 어떤 사람이 "달의 뒷면에 금강석이 많이 있다."고 말했을 경우에, 그 사람이 이 진술이 옳은지 그른지 모를지라도 이 진술이 옳거나 그를 수 있는 조건을 말할 수 있다면 그 사람은 이 문장의 의미를 이해한다고 할 수 있다.

4. 어떠할 것인지를 아는 경우   우리가 어떤 문장이 표현하고자 하는 상황을 상상할 수는 없을지라도, 그 상황이 어떠할 것인지 말할 수 있다면, 그 문장이 유의미하다고 인정할 수 있다. 이 경우에도 그 문장이 실제로 옳은지 그른지는 관계가 없다. 예컨대 "코끼리가 날아다닌다."라는 문장은 실제로 그르지만, 우리는 이 문장이 옳게 되는 상황이 어떠할 것인지 알고 있다. 우리가 그 상황을 상상할 수 있기 때문이 아니라 이 문장이 옳기 위해서 이 세계에 어떤 일이 일어나야 할 것인지 알기 때문이다.

위의 네 가지 기준은 모든 유의미한 문장을 식별하기 위해서는 불충분하다. 그래도 어떤 문장이 이 가운데의 어느 한 기준이라도 만족시키면 유의미한 문장으로 인정해도 좋을 것이며, 반대로 어떤 문장이 네 기준 가운데 어느 것도 만족시키지 못하면 무의미한 문장이 아닐까 하고 의심해보는 게 좋을 것이다. 하지만 위의 네 기준과 더불어, 무의미한 문장들을 제거할 수 있는 다음 다섯 가지 기준을 함께 사용하게 되면, 우리는 문장의 의미에 대해 상당히 명료한 기준을 갖게 된다.

5. 문맥 이탈로 말미암아 무의미한 경우   낱말은 올바르게 사용되는 문맥 속에서만 의미를 갖게 마련이다. 따라서 낱말이 적절한 문맥을 벗어나서 사용되면 무의미하게 되며, 이로 말미암아 그 낱말을 포함하고 있는 문장도 무의미한 문장이 되어버린다. 다음의 대화를 살펴보자.

"세상에 가을 짐승의 잔털 끝보다 큰 것은 없다."(『장자』, 제물론 18.)
"무엇보다 크단 말인가?"
"그것은 어떤 것과도 관계없이 크다."

"당신 말은 이 세상의 다른 어느 것보다 크다는 뜻인가?"

"천만에, 그건 그저 클 뿐이다. 이게 할 수 있는 말 전부다."

우리는 가을 짐승의 잔털 끝보다 큰 것이 없다는 말을 이해할 수 있을까? 이 말이 무의미해지는 이유는 "보다 크다"라는 말이 원래 사물의 크기를 비교하는 문맥에서만 의미를 가질 수 있는 관계 용어(關係 用語, relational word)인데도, 이 관계 문맥을 벗어나 사물의 고유 특성(固有 特性, intrinsic characteristic)을 서술하는 낱말로 사용되고 있기 때문이다. 물론 "보다 크다"라는 말은 "그의 사람됨은 누구보다도 크다."와 같이 사물 아닌 것에 대하여 비유적 사용이 가능하다. 그러나 위의 대화에서는 "보다 크다"라는 말이 비유적으로 사용되지 않으면서 원래의 관계 문맥을 벗어났기 때문에 무의미하다. "이 사물은 시간 위에 있다." "그는 어떤 우체통 사이에 서 있었다."와 같은 문장도 마찬가지 경우다. 이런 경우 "글쎄, 이 문장은 무언가 의미는 있을 것이지만, 그 의미가 너무 심오해서 우리가 이해하지 못하는 게 아닐까?"라고 생각해서는 안 된다. 낱말은 정상적인 문맥에서 사람이 부여해놓은 의미만 갖는다는 사실을 잊지 말아야 한다.

6. 범주 착오로 말미암아 무의미한 경우   우리가 언급 대상으로 삼는 것은 무엇이든 여러 가지 더 큰 집합 즉 여러 가지 범주(範疇, category)에 속해 있다. 책은 정보를 얻는 데 쓰이고 크기와 무게를 갖고 있다고 말할 수 있지만 책을 수라고 말할 수 없으며, 책이 책을 읽는다고 말할 수 없다. 따라서 어떤 범주에 속하는 사물이 바로 그 범주에 속하는 특성을 지니고 있다는 진술은 유의미하지만, 그 범주에 속하지 않는 특성을 지니고 있다는 말은 무의미하다. 이런 문장은 범주 착오(範疇 錯誤, cate-

gory-mistake)를 범하고 있기 때문이다. 범주들은 서로 중첩하는 부분이 전혀 없는 영역들이므로 서로 공통하는 특성이 있을 수 없다. 따라서 A 범주에 속하는 것을 주어로 삼고 B 범주에 속하는 특성을 나타내는 술어를 사용하는 진술은 모두 범주 착오에 빠진다. 예컨대 어떤 사람이 냄새를 맛본다든가 맛을 만져본다는 진술, 또는 수 7은 파랗다든가 2차 방정식이 달음박질한다는 진술은 범주 착오를 범하고 있으므로 무의미하다.

7. 자체 모순을 범하고 있는 경우   누군가로부터 "그는 사각형의 원을 그렸다." "6면체는 구면체다." "그 방은 텅 비어 있으면서 책들로 가득 차 있다." "날아가는 화살은 정지해 있다."는 말을 들었다고 해보자. 만일 이 네 문장에 나타나 있는 낱말들이 일상의 관용어법과 다른 새로운 의미로 사용되지 않았다면 누구나 어리둥절할 수밖에 없을 것이다. 정상적 어법으로는 어떤 것 X가 A라는 특성을 지니고 있으면서 동시에 A라는 특성을 지니고 있지 않다는 말은 자체 모순(自體 矛盾, self-contradiction)에 빠진다. 도형이 사각형이기 위해서는 원이 아니어야 하며, 어떤 입체가 6면체라면 구면체일 수 없고, 방이 텅 비어 있다면 책들이 없어야 하며, 화살이 날고 있다면 매 순간 위치가 변하고 있으므로 정지해 있을 수 없다. 따라서 위의 문장들은 이 세계에 관한 어떠한 명제도 표현하지 못한다.

8. 다른 말로 표현할 수 없는 은유의 경우   언어의 은유적 사용(隱喩的 使用, metaphorical use)은 유의미한 문장과 무의미한 문장의 구별과 관련 있는 미묘한 경우를 만들어낸다. "은유"를 정확하게 정의하기는 어려운 일이다. 그래서 누구나 은유라고 인정할 만한 예를 하나 들어 의미와

관련 있는 문제점을 살펴보는 편이 좋겠다. 시인 딜런 토마스(Dylan Thomas, 1914-1953)의 시에는 다음 구절이 있다.

> 푸른 도화선을 통해 꽃을 터뜨리는
> 그 힘이 내 청춘을 몰아댄다.

낱말을 글자 뜻 그대로만 해석하는 사람은 이 구절이 무의미하다고 할는지 모르겠다. 이런 식으로 반응하기로 하면 수많은 시가 무의미할 것이다. 하지만 문학을 가르치는 교사는 위의 구절이 의미를 지니고 있다고 주장할 것이고, 실제로 이 구절은 "꽃을 피워내는 바로 그 힘이 나의 성장에 작용하고 있다."를 뜻한다고 번역하여 의미를 설명할 수도 있다. 이처럼 번역이 가능한 은유라면 유의미한 표현이라고 인정해도 좋을 것이다. 은유는 유사성(類似性, resemblance)을 근거로 하여 표현으로서의 소통 기능을 발휘하기 때문이다. 그러나 누구도 도저히 유사성을 파악할 수 없는 은유, 다시 말해 어떠한 번역도 불가능한 은유는 어떻게 취급해야 할까? 이런 경우라면 그 은유의 유의미성을 부정하는 게 온당한 태도일 것이다.

9. 일상 언어의 용법으로 번역할 수 없는 경우　　마지막으로 어떤 문장이 일상 언어의 관용어법을 어기고 있는데도 도저히 관용어법에 맞는 문장으로 번역될 수 없다면 그 문장은 무의미하다고 간주할 수밖에 없다. 우리가 발언하는 일상의 문장은 모호할지라도 완전히 유의미해서 그 의미를 이해하지 못하는 사람에게 일상의 관용어법에 따라 그 뜻을 설명해줄 수 있다. 관용어법은 좀 막연하긴 하나 사람들의 의사소통 과정 중에 이루어진 것이므로, 어떤 문장의 의미가 관용어법으로 설명

될 수 있으면 유의미하다고 할 수 있다. 다시 말하면 어떤 문장이 일상 언어로 번역될 수 있다는 사실은 유의미성에 대한 충분 조건은 못 되지만 필요 조건일 수는 있다. 앞에서 살펴본 은유는 (미묘한 시적 뉘앙스는 약간 놓치더라도) 일상 언어로 바꾸어 표현할 수 있으므로 유의미한 표현이다. 그런데 헤겔(G. W. F. Hegel, 1770-1831)이 "유(有, Being)와 무(無, Nothing)는 완전히 똑같다."고 말하는 경우는 어떨까? 일상 언어에서 "유"와 "무"라는 낱말은 이름으로 사용되거나 내포를 언급하는 말로는 사용되지 않는다. 따라서 이 말을 한 사람이 일상 언어의 관용어법에 맞게 달리 설명하지 못하는 한 우리가 그 의미를 모르는 건 당연하다. 더 나아가, 하이데거(M. Heidegger, 1889-1976)처럼 "무(無)란 무엇인가? … 우리는 무를 안다. … 불안은 무를 드러낸다."고 말한다면 사정은 더욱 나쁘다. 일상 언어의 관용어법으로는 "무"라는 말이 이름으로 사용되지 않으며, 그래서 문장의 주어나 목적어로서의 기능을 발휘할 수 없다. 이런 경우라면 화자가 자신의 말을 일상 언어의 관용어법에 따라서 번역해주지 않는 한 무의미하다고 단정해도 괜찮을 것이다.

지금까지 살펴본 아홉 개의 기준, 즉 유의미한 문장을 가려내는 네 가지 기준과 무의미한 문장을 제거하는 다섯 가지 기준은 물론 명제를 표현하는 모든 문장의 의미에 대한 완벽한 기준은 못 된다. 그러나 이 아홉 가지 기준만이라도 잘 활용하면 철학적 사고를 하는 과정에서 부딪히게 되는 다른 사람들의 수많은 진술 가운데서 우리가 진지하게 검토할 만한 가치가 있는 진술과 그렇지 못한 진술을 쉽게 구별할 수 있다. 문장의 의미에 대한 이 기준들은 우리가 철학할 때 정력과 시간의 낭비를 막아줄 뿐만 아니라 철학적 사고가 명료하고 성과 있게 진행되도록 크게 도와줄 것이다.

5. 논리와 언어

우리는 2장에서 철학적 사고는 논리에 맞아야 하고, 논리적 사고는 논증으로 표현되어야 유효하다는 것을 알았다. 그런데 논증은 진술들로 구성되기 때문에 논증을 정확하게 다루기 위해서는 언어의 본성에 대해서 알 필요가 있다. 언어는 지극히 복잡한 도구라서 언어 자체를 잘못 사용함으로써 사고가 왜곡되어 혼란에 빠질 위험이 있으므로 논리적 사고에 직접적으로 중대한 영향을 미치는 몇 가지 사항을 살펴보고자 한다.

사용과 언급의 원리

우리가 물체, 사건, 성질, 관계 등등의 사고 대상에 대한 의견을 교환하고자 할 때에는 대상의 이름을 사용하여 자신의 의견이 무엇에 관한 의견인지 분명히 해야 한다. 이렇게 함으로써 우리는 그 낱말이 나타내는 대상에 관하여 언급하게 된다. 이미 잘 알고 있듯이 낱말과 그것이 대표하는 것 사이에는 뚜렷한 유사성이 전혀 없다. "고양이"라는 낱말은 일곱 개의 자모로 이루어져 있으나 털이나 다리를 가지고 있지 않다. 고양이는 털을 갖고 있고 네 개의 다리를 가지고 있으나 일곱 개의 자모로 이루어지지 않는다. 이런 경우라면 누구도 고양이라는 "이름"과 이 이름으로 불리는 "동물"을 혼동하지 않을 게 분명하지만, 언어에 대하여 언급하기 위해서 언어를 사용하는 경우에는 이름과 그 이름으로 불리는 대상을 혼동하는 일이 쉽게 일어날 수 있다.

우리는 때로 낱말에 관해 말할 필요가 있다. 이런 경우에는 언급의 대상이 되는 낱말을 가리키는 이름을 반드시 사용해야 한다. 앞에서 알아보았던 "낱말을 나타내는 낱말"은 바로 이 목적을 위해서 고안된 이름이었다. 어떤 낱말의 이름은 그 낱말의 앞뒤에 따옴표를 붙여서 짓는다. 그래서 아래의 두 문장은 올바르다.

　"강아지"는 세 음절 낱말이다.
　"고양이"는 일곱 개의 자모로 이루어져 있다.

그런데 다음의 문장은 어떻게 이해해야 할까?

　강아지는 세 음절 낱말이다.
　고양이는 일곱 개의 자모로 이루어져 있다.

　이 문장은 낱말의 사용과 낱말에 대한 언급을 혼동하여 문법을 어기고 있기 때문에 무의미하다. 이 문장은 어떤 낱말에 대해 언급하기 위해서는 언급 대상으로서의 낱말과 구별되는 "그 낱말의 이름"을 사용해야 한다는 일반 원리를 어기고 있다.

　이 사용과 언급의 원리는 우리가 문장에 대한 의견을 교환하고자 할 때에도 그대로 적용되어야 한다. 우리는 언급의 대상이 되는 문장을 지칭하는 이름을 반드시 사용해야 한다. 어떤 문장의 이름도 낱말의 이름을 지을 때와 마찬가지로 그 문장의 앞뒤에 따옴표를 붙여서 짓는다. 그래서 아래 두 문장은 올바르다.

　"개나리꽃은 노랗다."는 주어와 술어로 되어 있다.

"누구나 철학적 사고를 할 수 있다."는 옳은 말이다.

이처럼 낱말이나 문장의 사용과 언급이 분명히 나누어진다는 사실은
언어 사용의 계층이 있음을 알려준다. 우리가 영어 공부를 할 때 우리는
한국어를 사용하여 영어에 대해 언급하게 된다. 이때 언급의 대상이 되
고 있는 영어를 대상 언어(對象 言語, object language)라 하고, 영어에 대해
언급하기 위해서 사용된 한국어를 상위 언어(上位 言語, meta language)라 한
다. 그런데 국문법에 관한 책에서라면 한국어가 대상 언어이기도 하고
상위 언어이기도 할 것이다. 한국어 문법에 대해 언급하기 위해서 한국
어를 사용하기 때문이다. 이런 경우에는 특히 주의해야 한다. 이처럼
동일한 언어를 사용하지만 계층이 다른 진술들을 혼합하여 논증을 구
성하게 되면 완전히 혼란에 빠지게 된다. 아래 논증을 살펴보자.

타조는 큰 알을 낳는다.
타조는 두 음절 낱말이다.
그러므로 적어도 하나의 두 음절 낱말은 큰 알을 낳는다.

위의 논증의 결론이 터무니없는 말이 된 까닭은 (1) 두 번째 전제가
사용과 언급의 원리를 어기고 있고 (2) 첫 번째 전제는 사실에 대해 언급
하는 진술이고 두 번째 전제는 언어에 대해 언급하는 진술이라는 사실에
있다. 달리 말하면 첫 번째 전제와 두 번째 전제는 언어 계층이 다른 진
술이므로 하나의 맥락에서 함께 사용될 수 없는데도 혼합해 사용했기
때문에 터무니없는 결론이 나온 것이다. 다음은 옛날부터 내려오는 유
명한 거짓말쟁이 역설이다.

크레테 사람인 에피메니데스가 모든 크레테 사람은 거짓말쟁이라고
말했다.

이 진술은 옳은가 그른가? 만일 이 진술이 옳다면 에피메니데스는
거짓말쟁이가 되고, 그래서 이 진술은 거짓말 즉 그른 진술이 될 것이
다. 만일 이 진술이 거짓말이라면 거짓말을 거짓말이라고 말한 셈이니
까 옳은 진술이 된다. 따라서 옳다는 답도 그르다는 답도 옳은 답이 못
된다. 실은 이 진술은 옳을 수도 그를 수도 없기 때문이다. 이런 역설이
생기는 이유는 에피메니데스가 자기 이외의 다른 크레테 사람들이 하
는 진술들(대상 언어)과 그에 관해 언급하는 자신의 진술(상위 언어)이 언어
계층이 다르다는 것을 자각하지 못했기 때문이다. 지금까지의 간략한
설명만으로도 사용과 언급의 원리와 대상 언어와 상위 언어의 구별을
지키지 않으면 사고가 완전히 혼란에 빠지게 된다는 것을 분명하게 깨
달았을 것이다.

분석 진술과 종합 진술

우리는 낱말의 정의 특성에 대해 논할 때, "강철은 철의 합금이다."라
는 진술은 정의 특성을 진술하므로 낱말에 관한 진술이고, "강철은 건축
자재로 사용된다."는 진술은 동반 특성을 진술하므로 사실에 관한 진술
임을 알았다. 그런데 이 구별은 실은 모든 진술에 대하여 일반적으로
성립하는 구별의 한 가지 특수한 경우였다. 이제 영역을 더욱 넓혀 모
든 진술이 어떻게 분류될 수 있는지 살펴보기로 하자.

맨 처음에 누구나 인정하는 순수한 논리적 진리(論理的 眞理, logical truth)

인 동일률로부터 출발하자.

A는 A다.

이 논리적 진리 속의 A는 "임의의 것"을 대표한다. 따라서 A에 "총각"이라는 낱말을 대입하면 다음과 같은 진술이 된다.

총각은 총각이다.

그런데 "총각"이란 말은 "미혼의 성인 남자"라는 동등한 어구로 정의될 수 있다. 이 정의항을 이용하면 위의 진술로부터 다음과 같은 진술들이 만들어질 수 있다.

총각은 미혼의 성인 남자다.
총각은 미혼이다.
총각은 남자다.

이러한 진술은 독특한 성격을 지니고 있다. 이 진술들에 나타난 낱말들의 의미를 아는 사람은 누구나 이 진술들을 보자마자 옳다고 인정하지 않을 수 없다. 그리고 이 진술들의 진리성(옳음)은 맨 처음의 순수한 논리적 진리와 정의에 의해서 보장되고 있다.

그런데 다음의 진술을 살펴보자.

어떤 총각은 결혼한 사람이다.

이 진술은 그 속에 나타난 낱말들의 의미에 의해서 그른 진술임이 밝혀진다.

이처럼 어떤 진술 속에 나타나는 논리적 낱말과 비논리적 낱말에 대한 정의에 의해서 진리성이나 허위성이 밝혀지는 진술들을 분석 진술(分析陳述, analytic statement)이라 한다. 분석적 진술들 가운데에는 순전히 논리적 낱말들의 의미에 의해서만 진리성이 밝혀지는 분석적 진리(分析的 眞理, analytic truth)와 허위성이 밝혀지는 분석적 허위(分析的 虛僞, analytic falsehood)가 있다.

이제 다음의 두 진술을 위의 진술들과 대비시키면서 살펴보자.

약간의 총각은 시를 좋아한다.
약간의 총각은 대머리다.

이 두 진술의 진리성이나 허위성은 그 속에 나타난 낱말들의 의미에 의해서만 결정되지 않는다. 우리가 이 진술들이 옳은지 그른지 결정하려면, 그 속에 나타난 낱말들의 의미를 이해한 다음에 실제로 경험을 통해 사실을 확인하지 않으면 안 된다. 이런 진술을 종합 진술(綜合 陳述, synthetic statement)이라 한다. 종합 진술들 중에는 경험에 의해 옳다고 밝혀지는 경험적 진리(經驗的 眞理, empirical truth)와 경험에 의해 그르다고 밝혀지는 경험적 허위(經驗的 虛僞, empirical falsehood)가 있다.

지금까지 설명한 바를 간추려 도표로 정리하면 다음과 같다.

진 술			
분석 진술		종합 진술	
분석적 진리	분석적 허위	경험적 진리	경험적 허위
낱말들의 의미에 의해 옳은 진술 (좁은 의미의 분석 진술)	낱말들의 의미에 의해 그른 진술 (모순 진술)	경험적 증거에 의해 옳은 진술	경험적 증거에 의해 그른 진술

그런데 진술에 대한 이 구별은 논리학과 중대한 관련이 있는 한 가지 사실을 알려준다. 분석 진술 가운데 분석적 진리는 필연적으로 옳은 진술이고, 분석적 허위는 필연적으로 그른 진술이다. 이는 분석 진술이 이 세계의 사실과는 전혀 관련이 없다는 것을 뜻한다. 이 세계의 사실들은 우연히 그렇게 일어날 뿐이다. 따라서 직접 관찰이든 간접 관찰이든 관찰을 통해서 얻는 경험적 증거에 의해서 옳다고 밝혀지는 경험적 진리는 결코 필연적으로 옳을 수 없다. 그러므로 순전히 논리적 진리만을 전제로 삼고서는 이 세계에 관한 사실을 추리할 수 없다. 이런 식으로 구성된 논증은 예외 없이 전제가 결론을 전혀 입증할 수 없기 때문에 그릇된 논증이다.

모순 진술과 반대 진술

우리는 2장 서두에서 논리적 사고가 이루어지기 위해서는 명료성 조건과 정합성 조건을 지켜야 한다는 것을 알았다. 그 가운데 정합성 조건은 여러 개의 진술을 동시에 승인해도 서로의 진리성을 부정하지 않고 조화를 이룰 수 있어야 한다는 것이었다. 지금까지는 주로 서로 조화를 이루는 진술들에 관해서 중요한 사항을 살펴보았다. 그런데 조화를 이루지 못하고 서로의 진리성을 부정하는 진술들의 관계에 관해서도 한 가지 중요한 사항을 알아둘 필요가 있다. 그것은 모순 관계(矛盾 關係, contradiction)와 반대 관계(反對 關係, contrariety)의 구별이다. 두 진술 사이의 모순 관계와 반대 관계는 두 진술이 양립할 수 없다는 점에서 같기 때문에 흔히들 혼동하지만 실은 완전히 다른 관계다. 그래서 이 두 관계를 혼동하면 중대한 논리적 오류에 빠지게 된다. 다음 세 쌍의 진술을 살펴보자.

눈은 희다.   눈은 희지 않다.
모든 개는 포유동물이다.   약간의 개는 포유동물이 아니다.
과학자인 철학자는 없다.   약간의 철학자는 과학자다.

위의 제각기 쌍을 이룬 두 진술은 둘 다 옳을 수 없을 뿐만 아니라 왼쪽 진술이 옳으면 오른쪽 진술이 반드시 그르고, 오른쪽 진술이 그르면 왼쪽 진술이 반드시 옳다. 우리는 각 쌍의 두 진술 가운데 어느 진술이 옳은 진술이고 어느 진술이 그른 진술인지 모를 수 있지만, 하나는 옳고 다른 하나는 그르다고 확신할 수 있다. 이러한 두 진술을 서로 간의 모순 진술(矛盾陳述, contradictory statement)이라 하며, 진술들 사이의 이런 관계를 모순 관계 또는 단순하게 모순(矛盾, contradiction)이라 한다.

그런데 다음 각 쌍의 두 진술은 정합성이 없어서 양립할 수 없다는 점은 모순되는 진술들과 마찬가지지만 두 진술 사이의 관계는 전혀 다르다.

날씨가 춥다.	날씨가 덥다.
X는 Y를 사랑한다.	X는 Y를 미워한다.
X는 전적으로 훌륭하다	X는 전적으로 나쁘다.
모든 사람은 착하다	모든 사람은 악하다.

위의 각 쌍의 두 진술은 둘 다 옳을 수 없지만 둘 다 그를 수 있다. 풀어 말하면, 한쪽 진술이 옳으면 다른 쪽 진술이 반드시 그르지만, 한쪽 진술이 그르다 하더라도 둘 다 그를 가능성이 있으므로 다른 쪽 진술이 반드시 옳다고 장담할 수 없다. 날씨의 기온은 춥다/덥다라는 양극(兩極) 사이에 "싸늘하다" "시원하다" "쾌적하다" "따뜻하다" 등등의 많은 중간 단계가 있고, 사랑/미움의 양극 사이에는 "좋아한다" "담담하다" "싫어한다" 등등의 중간 단계가 있다. 마지막 성선설과 성악설의 경우도 현실을 살펴보면 어떤 사람들은 착하고 어떤 사람들은 악하기 때문에 성선설과 성악설은 둘 다 옳을 수는 없지만 실제로는 둘 다 그른 진술이다. 이러한 두 진술은 서로 간의 반대 진술(反對 陳述, contrary statement)이라 하며, 두 진술 사이의 이런 관계를 반대 관계 또는 단순하게 반대(反對, contrariety)라고 한다.

진술들 사이의 모순 관계와 반대 관계를 이해하지 못하면 사고에 혼란이 많이 일어난다. 특히 반대 관계에 있는 진술들을 모순 관계에 있는 것으로 착각하게 되면 흑백 사고 오류(黑白 思考 誤謬) 또는 양극 사고 오류(兩極 思考 誤謬)라는 심각한 과오를 범하게 된다. 흑백 사고 오류는 둘 다 옳을 수는 없으나 둘 다 그를 수 있는 두 진술을 어느 한쪽 진술이 반드시 옳을 수밖에 없다고 착각할 때 일어난다. 흑백 사고 오류는 모든 대안이나 타협을 거부하게 만들기 때문에 철학적 토론은 물론 사회

생활에도 심한 갈등과 투쟁을 불러일으키기 일쑤다. 자유 민주 사회의 시민이 흑백 사고 오류에 빠지지 않도록 조심해야 한다는 것은 두말할 필요도 없다.

애매성과 애매한 낱말

하나의 소리나 잉크 자국이 여러 가지 의미로 사용될 수 있다는 것은 잘 알려져 있는 사실이다. 대부분의 경우에는 이로 말미암아 곤란에 빠지지 않는다. 왜냐하면 어떤 낱말이 여러 가지 의미 가운데 어느 의미로 사용되었는지 문맥이 결정해주기 때문이다. 예컨대 "표"라는 말은 증거가 될 만한 무엇을 적은 쪽지를 뜻하면서, 어떤 내용을 일정한 순서에 따라 보기 쉽게 기록한 목록표, 대수표 등등을 뜻하기도 한다. 하지만 이러한 의미의 다양성이 사람을 혼란에 빠뜨리는 일은 거의 없다. 그러나 어떤 낱말이 그 낱말의 여러 가지 의미 가운데 어느 의미로 쓰였는지 알 수 없도록 사용되는 경우가 있다. 이런 경우에는 그 낱말을 사용하고 있는 진술에 대해 적어도 두 가지 다른 해석이 가능하기 때문에 우리는 그 낱말이 애매하게 사용되었음을 간파해야 한다. (이와 달리 어떤 낱말의 적용 대상이나 적용 범위가 분명하지 못한 경우에는 모호한 낱말이므로 애매한 낱말과 혼동하지 말아야 한다.)

어떤 논증의 타당성이 달려 있는 핵심 낱말이 그 논증 속에서 두 가지 다른 의미로 사용되었는데도 이를 깨닫지 못하면 논리적 혼란이 일어나게 된다. 다음 논증을 살펴보자.

오직 사람만이 이성적인 동물이다.

이 그림은 사람이다.

그러므로 이 그림은 이성적인 동물이다.

이 논증은 "사람"이란 낱말이 동일한 의미로 사용되었다면 타당할 것이다. 그런데 첫 번째 전제가 옳으려면 "사람"이란 말이 "살아 움직이는 인간"을 뜻해야 하는 반면에, 두 번째 전제가 옳으려면 "사람"이란 말이 "인간의 모습으로 보이는 색체의 형상"을 뜻해야 한다. 따라서 두 전제가 모두 옳기 위해서는 "사람"이란 말의 의미가 바뀌지 않으면 안 되므로 논증이 타당할 수 없다. 이 논증은 애매어 오류(曖昧語의 誤謬, fallacy of equivocation)를 범하고 있다. 논증이 낱말의 애매성으로 말미암아 오류를 범하지 않도록 하려면 문제를 일으킬 만한 낱말을 명확하게 정의해야 한다. 정의는 낱말의 의미와 문장의 의미를 명확하게 만들어 철학적 사고를 명료하게 해주는 것은 물론이고, 논리적 맥락이 일관성 있게 유지되도록 하는 일에도 결정적으로 중요한 역할을 한다.

✔ 더 생각해볼 문제

1. 낱말의 관용어법을 어기면서 사용하는 사람의 목적이 의사소통을 원활하게 하는 데 있는 게 아니라, 우리를 현혹하여 자신의 주장을 받아들이도록 하는 데 있는 수도 있다. 따라서 우리는 그 낱말에 어떤 새로운 의미가 부여되었는지 주의해야 한다. 가령 누군가가 "이 세상에 민주 정치는 전혀 없다."고 말한다면 우리는 깜짝 놀랄 것이다. 하지만 그가 "민주 정치"라는 말을 대의 제도(代議 制度)에 의한 정치가 아니라 온 국민이 모두 국회의원이 되는 제도에 의한 정치를 뜻한다면 우리의 놀람은 부질없는 일일 것이다. 마찬가지로 어떤 사람이 "이 세계에는 물질로 이루어진 사물은 전혀 없고 오직 정신(심령)만 있다."(헤겔) 또는 "우리가 생시라고 여기는 게 실은 모두 꿈이다."(장자)라고 말하면 우선 놀랍게 들리는 게 사실이다. 그러나 이 두 진술은 "정신"과 "꿈"이란 말의 관용어법을 어기고 있다. "정신"과 "꿈"이란 말을 이런 식으로 사용하면 어떤 곤란이 일어나는지 설명해보라.

2. 대부분의 도덕가들은 담화나 설교를 통해 훌륭한 도덕적 심성을 만들기 어렵기 때문에 언어란 지극히 쓸모없는 것이라고 비난한다. 또 어떤 종교가들은 언어로 기록되어 있는 경전은 실제로 종교적 경지에 도달하는 데에는 쓸모없다고 한탄한다. 그러나 언어에 대한 이러한 비난과 한탄은 실은 이치에 닿는 말이 아니다. 공자의 "인"(仁), 석가의 "자비"(慈悲), 예수의 "사랑"(love)은 원래 그분들의 마음의 실제 상태를 대표하는 낱말이었다. 따라서 공자의 "인", 석가의 "자비", 예수의 "사랑"은 공허한 낱말에 불과하다고 불평하는 것은 터무니없는 일이다. 이

는 "뜨겁다"는 낱말이 뜨겁지 않고, "달콤하다"는 낱말이 달지 않다고
불평하는 것과 마찬가지다. 우리가 "인" "자비" "사랑"이란 말을 외우
거나 그 뜻을 이해한다고 해서, 우리의 마음에 인과 자비와 사랑이 샘
솟아 넘치는 게 아니다. "인" "자비" "사랑" 이란 말은 공자, 석가, 예수
가 실제로 갖고 있었던 인의 마음, 자비의 마음, 사랑의 마음을 담아 전
하는 그릇도 아니다. 이와 관련해서 다시 한 번 언어가 사람들 사이에
서 하는 여러 가지 역할을 생각해보자.

3. 고대 그리스 철학자 헤라클레이토스(Herakleitos, 기원전 535?-475?)는
    "누구도 같은 강에 다시 들어갈 수 없다."고 주장했다고 전해진다.
    그 까닭은 강물이 계속 흐르기 때문이라는 것이다. 이 주장은 우리
    를 매우 어리둥절하게 만든다. 우리는 같은 강에 몇 차례고 반복해
    서 들어가 수영할 수 있기 때문이다. 무엇이 이처럼 어리둥절하게
    만들고 있을까? 강은 원래 물이 흐르는 것 아닌가? "같은 강"이란
    말은 "언제나 같은 물로 채워져 있는 곳"을 말하는가? 그런 곳이라
    면 "연못"이나 "호수"라는 말로 불러야 하지 않을까? "같은 강"이란
    말의 정의 특성을 확인한 다음 헤라클레이토스의 주장에 대해 논평
    해보자.

4. 다른 혹성으로부터 많은 점에서 지구의 인간과 비슷한 방문객이
    우주선을 타고 지구에 왔다고 가정해보자. 더 나아가 어떤 사람이 놀
    란 나머지 그 가운데 하나를 총으로 쏘아 죽였다고 해보자. 이 행위
    는 살인 행위일까? 이런 물음에 대한 답은 "인간"이란 말의 정의에
    달려 있다. "인간"이란 말이 분명하게 정의되기 전에는 이 물음은 아
    무런 의의가 없다. 이처럼 어떤 낱말의 정의에 따라 결정적으로 답이

영향을 받는 도덕적 문제, 법적 문제, 사회적 문제를 찾아내어 토론
해보자.

5. 어떤 사람들은 "일어날 일은 일어나게 마련이다."("될 일은 되게 마련이
다.")라는 말을 전제로 삼아 운명론을 주장한다. 이 진술은 글자 뜻 그
대로 보면 확실히 낱말들의 의미에 의해서 옳은 "분석적 진리"다. 이
진술은 미래는 미래일 뿐이라고 주장하고 있기 때문이다. 그런데 어
떤 사람들은 이 진술을 전제로 삼아 미래는 완전히 예정되어 있으므로
인간의 노력은 미래에 전혀 영향을 미칠 수 없다는 결론을 주장한다.
이러한 논증은 전제가 결론을 입증하지 못하는 그릇된 논증이다. 그
이유를 설명해보자.

6. 앞에서는 흑백 사고 오류(양극 사고 오류)에 대해 그 논리적 구조에
대해서만 설명하였다. 그러나 일상생활 속에서는 흑백 사고 오류가
감정, 욕망, 의지 등에 의해 강화되어 의견의 차이는 결코 화해할 수
없다는 격렬한 태도로 굳어지는 수가 흔하다. 이런 지경에 이른 사람
들은 결국 세계를 전면적으로 대립하는 두 세력으로 구분하게 된다.
다시 말하면 이 세계의 모든 것에 대해 절대 선 아니면 절대 악, 정상
아니면 정신 이상, 승인 아니면 거부 등으로 양극화된 태도를 취한
다. 그리고 이런 사람일수록 자신이 속해 있는 쪽이 악하거나 비정상
이라고 승인할 수는 없을 터이므로, 마침내 상대편을 적이라고 단정
하고 투쟁이나 굴복의 대상으로 간주하게 된다. 인류의 역사를 되돌
아보면 광적인 나치 당원들이나 극렬한 공산주의주의자들의 태도는
흑백 사고 오류가 격렬한 태도로 악화된 전형적인 실례를 보여주고
있다.

그러나 우리의 판단의 저울에는 눈금이 많이 있다. 즉 "선" 아니면 "악"이라는 두 눈금만 있는 게 아니라, "대단히 나쁘다" "나쁘다" "나쁘지 않다" "공평하다" "좋다" "대단히 좋다" 등등의 많은 눈금이 있으며, 또 "정상" 아니면 "정신 이상"의 두 눈금만 있는 게 아니라 "완전히 정상이다" "대략 정상이다" "약한 신경증이 있다" "신경증이다" "심한 신경증이다" "정신병에 걸렸다" 등등의 많은 눈금이 있는 법이다. 우리의 판단의 저울에 눈금이 많으면 많을수록 문제의 상황에 대처하는 행동을 선택할 수 있는 가능성이 더 커진다. 이는 우리가 다치적 사고(多値的 思考, multi-valued thinking)를 할 때 인생의 복잡한 상황에 점점 더 현명하게 반응할 수 있게 된다는 걸 의미한다. 우리가 도덕, 종교, 정치 등에 관해서 흑백 사고 오류에 빠지기 쉬운 경우를 찾아내어 토론해보고, 자유 민주 사회의 생활에서 다치적 사고의 중요성을 음미해보자.

7. 다음 이야기가 혼란에 빠진 원인이 무엇인지 설명해보자.
    (힌트 - "단단하다"라는 낱말의 두 가지 의미에 주목하라.)

벽돌이 단단하다고 생각하는 사람은 크게 잘못 생각하고 있다. 현대 과학은 벽돌 같은 물체는 원자들로 구성되어 있다고 밝혔다. 그런데 원자의 구조는 태양계의 구조와 비슷하다. 전자들이 핵 주위를 도는 것은 혹성들이 태양 주위를 도는 것과 비슷하다. 따라서 태양계와 마찬가지로 원자들은 거의 허공에 가깝다. 그렇다면 원자들로 구성되어 있는 벽돌이 어떻게 단단할 수 있단 말인가? 상식이 단단하다고 간주하는 것을 과학은 전혀 단단하지 않다고 주장하고 있다.

▷ 출발을 위한 도움말

- 시작이 반이다 -

지금까지 우리는 철학의 투시도를 그려보았고, 자신의 철학을 스스로 만드는 철학적 사고의 진행 과정 즉 "철학하는 노하우"를 살펴보았다. 이제 우리는 첫걸음을 내디뎌야 한다. 하지만 앞에서 보았듯이 철학의 바다는 한없이 넓다. 그래서 대개는 어디서 출발해야 할지 어느 방향으로 걸음을 떼야 하는지 막막하다고 느낀다. 마지막으로 이 점에 대해 몇 가지 도움말을 하고 싶다.

1. 자유인이 되어라

무슨 일을 시작하든 그 일에 성공하기 위해서는 준비가 필요하다. 철학도 내가 실제로 하는 일이니 준비가 필요한 건 당연하다. 다시 강조하지만 여기서 말하는 철학은 개인마다 자신의 감정 · 정서 · 취향 · 편견 · 선입견 · 자기 확신 · 이해관계 등등에 따라 고집하는 독단적 의견 · 신념 · 신조가 아니라 "명료하고 정당화된 신념들의 체계로서의 철학" 즉 "학문으로서의 철학"(philosophy as science, scientific philosophy)이다. 어느 학문을 시작하든 그 학문과 관련 있는 폭넓은 배경 지식을 갖추는 건 좋은 일이다. 물론 철학의 경우에도 배경 지식은 필요하다. 그러나 그보다 먼저 갖추어야 할 몇 가지 "정신적 자질"(精神的 資質, qualities of mind)이 있다.[24] 그 정신적 자질들은 결국 "자유인"(自由人, free man) 즉 "스스로 자유롭게 철학적 사고를 하는 사람"을 지향하고 있다. 그 정신적 자질들을 모두 갖춘다면 옛날부터 선비나 수도자에게 요구되었던 훌륭한 "근기"(根基)와 철저한 "구도 정신"(求道 情神)을 갖추었다고 할 수 있을 것이다.

첫째는 철학적 물음 즉 철학에서 논의되고 있는 "고도로 일반적인 물음"과 "지극히 근본적인 물음"에 관해서 순수하고 강한 지적 호기심(知的 好奇心, intellectual curiosity)을 가져야 한다. 상식적 수준의 일상생활에 사로잡혀 있는 사람이나, 특정한 종교에 귀의하여 종교적 신앙생활에 안주하는 사람은 철학적 물음들에 관심을 갖지 않는다. 대개 이런 사람들은 자신의 상식적 신념이나 신앙적 신조를 자신의 철학이라고 착각한 채 살아간다. 이미 지적했듯이 이런 신념이나 신조는 "학문으로서의 철학"에 편입될 수 없다.

둘째는 독립 정신(獨立 情神, independence of mind)이 있어야 한다. 풀어 말하면 다른 사람의 견해나 이론을 듣자마자 그대로 믿어버리지 않고, 그에 대한 정당화 근거를 스스로 찾아보겠다는 결심을 유지해야 한다.

---

24 R. J. Hirst, ed., *Philosophy : An Outline for The Intending Student*(Routledge & Kegan Paul, London, 1973) 154쪽.

러셀은 『서양의 지혜』의 "머리말"에서 이렇게 말했다. "사람이 '알지 못하는 것'에 대해 취할 수 있는 태도는 실은 두 가지뿐이다. 한 가지 태도는 다른 사람이 서적을 통해 알았거나 또는 영감을 얻는 이런저런 비법을 통해 알았다고 떠드는 주장들을 그냥 받아들이는 것이다. 다른 한 가지 태도는 자기 스스로 실제로 알아보는 것인데, 이것이 바로 과학과 철학을 하는 사람의 태도다."

셋째는 지적 치열성과 인내심(知的 熾烈性과 忍耐心, intellectual toughness and perseverance)이 있어야 한다. 이미 보았듯이 철학이 다루는 주제는 매우 다양한데다가, 그 주제들에 관한 일치된 사실조차도 적으며, 검토해야 할 주장들이 서로 대립하는 경우가 많으므로, 처음에는 혼란스러움을 느끼는 수가 많다. 어떤 주제에 관해서 이 겉보기 혼란을 걷어내고 명료하고 정당한 철학적 신념에 도달하기까지는 오랜 시간 처음의 열정을 유지하면서 넓은 범위에 걸쳐 "음미하는 사고"와 "탐색하는 사고"를 밀고 나가는 끈기가 필요하다.

넷째는 언어에 관한 분석 능력(分析 能力, analytic power)이 있어야 한다. 철학적 주장이 명확한 논증으로 표현되어야 토론의 대상이 될 수 있다는 건 말할 필요도 없다. 상대방의 철학적 주장에 대한 이해는 결국 그 사람이 논증에 사용하는 문장과 낱말에 관한 이해다. 그러니 상대방의 철학적 주장을 "음미"하거나 "탐색"하는 철학적 사고는 실제로는 상대방의 언어를 상대로 진행될 수밖에 없다. 게다가 "철학적 물음"은 고도로 일반적이고 지극히 근본적인 물음들이므로 그 답으로 제시되는 철학적 주장들을 표현하는 진술에는 일반성과 추상도가 아주 높은 용어가 많이 사용된다. 이 때문에 철학하는 사람은 문장의 의미와 그에 함축된 내용, 용어의 (글자 그대로의) 의미와 더불어 여러 가지 뉘앙스를 예민하게 구별하는 능력뿐만 아니라 추상적 낱말을 능숙하게 다루는 능력을 갖추어야 한다.

위에서 간략하게 소개한 정신적 자질들을 종합적으로 작동시키는 데 도움을 받을 수 있는 지침이 있다. 러셀은 모세(Moses)의 "십계명"을 대신하는 것이 아니라 보완할 수 있기를 바라면서 우리에게 다음과 같은 "자유인의 십계명"을 마련하여 권했다. 좌우명으로 삼고 실천한다면 자유롭게 생각하는 데 큰 도움을 받을 수 있을 것이다.

(1) 어떤 것도 절대적으로 확신하지 마라.

(2) 신념이 아무도 모르는 증거에 의해 세워질 수 있다고 생각하지 마라.
    신념의 증거는 반드시 백일하에 드러나야 한다.

(3) 생각하는 일에 용기를 잃지 마라. 당신은 반드시 성공한다.

(4) 반대 의견에 부딪히면, 그게 남편이나 자식의 것일지라도, 권위에 의해서가 아니라 논증에 의해서 극복하도록 노력하라.
    권위에 의한 승리는 진짜가 아니라 헛것이다.

(5) 다른 사람들이 맹종하는 권위를 존중하지 마라.
    그와 맞서는 권위가 반드시 있게 마련이다.

(6) 자기가 해롭다고 여기는 의견을 억누르기 위해 힘을 사용하지 마라.
    그쪽도 이쪽을 힘으로 억누르려고 덤빌 테니까.

(7) 상궤를 벗어난 의견을 갖는 걸 두려워하지 마라.
    지금 공인되고 있는 모든 의견이 처음에는 상궤를 벗어난 의견이었다.

(8) 몽롱한 의견 일치보다 명료한 의견 불일치를 더 즐거워하라.
    지성의 가치를 제대로 안다면, 명료한 불일치가 몽롱한 일치보다 더욱 심오한 일치라는 걸 알 것이다.

(9) 진리와 진실이 불편할 때조차도 진리와 진실에 더없이 충실하라.

진리와 진실을 감추려 하면 더 불편한 법이다.

(10) 바보들의 낙원에 사는 것을 부러워하지 마라.

그걸 행복이라 여기는 자는 오직 바보들뿐이다.

Liberalism — The Best Answer to Fanaticism

(*The New York Times Magazine*, December 16, 1951)

2. 위대한 선배 철학자는 모두 연습 상대다

철학적 사고의 첫걸음을 준비하면서 외로움을 느낄 필요는 전혀 없다. 우리를 도와줄 사람이 많이 있기 때문이다. 철학사에 등장하는 선배 철학자들이 모두 우리를 도와주는 사람이다. 그렇다면 우리는 선배 철학자들로부터 무슨 도움을 어떻게 받을 수 있는 걸까?

흔히들 과거의 위대한 철학자들을 만나는 일을 "철학사 공부"라고 말한다. 우선 철학사를 공부하는 이유를 명확하게 깨달아야 한다. 대학의 교과과정에 철학사 공부가 들어 있는 것은 교수들이 "골동품 애호 취미"에 열중해 있기 때문이 아니다. 철학사를 공부하는 데에는 적어도 두 가지 중요한 이유가 있다. 첫째는 우리가 플라톤, 아리스토텔레스, 데카르트, 로크, 흄, 칸트의 저작들을 읽으며 공부하는 것은 고전(古典, classic)이기 때문이다. 이들의 저작은 제각기 아주 높은 수준에서 "철학적 사고의 시범"을 보여주고 있고, 그 이후의 철학적 사고에 광범위하게 깊은 영향을 미쳤으며, 아직도 여전히 신선함과 독창성을 갖고 있어서 우리에게 새로운 아이디어와 통찰을 줄 수도 있다. 둘째는 이들의 저작이 보여주는 철학적 물음들을 다루는 "잘 알려진 시도들"의 전형적 모습을 이용할 수 있다. 만일 철학의 초심자가 선배 철학자의 시도들에 관해 전혀 모른 채 철학적 물음에 도전해서 답을 제시한다면, 그 답은 거의 예외 없이 이미 어떤 선배 철학자에 의해 더 나은 모습으로 제안되어 검토되었거나 비판자에 의해 논박된 답일 것이다. 이 점에서 선배 철학자들의 저작을 공부하지 않은 채 철학적 물음들에 도전하는 것은 바둑 게임의 "포석 기법"과 "정석 수순"을 전혀 모른 채 바둑 시합에 도전하는 것과 비슷하다고 하겠다.

하지만 철학사 공부를 할 때 주의해야 할 점들이 있다. 첫째, 어떤 사람들은 철학사 책에 등장하는 어떤 철학자가 내 철학적 신념들의 체계를 이미 만들어놓았으리라고 기대한다. 이런 사람들은 자신이 할 일은 옷가게에서 "기성복"을 골라 사듯이 철학사 책에 진열되어 있는 철학 체계들 중의 어느 하나를 골라 소유하면 된다고 생각한다. 이는 크게 잘못된 태도이다. 만일 이런 일이 정말 이루어진다면 그 사람은 자기가 선택한 철학자의 "정신적 노예"로 전락하게 될 것이다. 둘째, 엄청나게 위대하다고 소문난 철학자라 할지라도 예외 없이 그 시대의 산물이라는 것을 잊지 말아야 한다. 고대나 중세의 철학자들은 말할 것도 없고, 칸트와 헤겔이라 할지라도 현대 논리학이나 현대 물리학을 전혀 몰랐던 사람들이다. 이들에 대한 평판은 그들이 활동했던 시대의 상황과 연관된 "상대적 평가"일 뿐이다. 그들의 저작 속에 그들이 다루었던 철학적 물음들의 "영원한 정답"이 있는 건 아니다. 그 속에 있는 답은 그들이 생각해본 답일 뿐이다. 그런데도 우리 사회에는 아직도 권위에 압도

되어 "공자 왈" "맹자 왈" "노자 왈" 하듯이 맹목적으로 "칸트 가라사
대" "헤겔 가라사대" 하며 자신은 물론 애꿎은 학생들의 아까운 시간을
낭비시키는 사람들이 많다.

그렇다면 우리는 철학사를 어떻게 이용해야 하는가? 우선 위대한 철
학자로 역사적 평가를 받는 "사람 자체"와 그의 "철학적 신념들의 체
계"를 분리해야 한다. 내 대학 시절에 어떤 교수들은 답변하기 어려운
질문을 받으면 "칸트가 (자네가 생각할 수 있는) 그 점을 검토하지 않
고 이 책을 썼을까?" "헤겔이 그 정도의 문제점을 모르고 이런 주장을
했을까?"라고 말해서 학생들을 절망케 하였다. 그분들은 마치 칸트와
헤겔을 지금도 어딘가에 살아 있는 철학의 신처럼 생각하는 것 같았다.
하지만 칸트와 헤겔은 오래전에 살았던 사람이다. 우리는 이제 그들을
만날 수 없다. 우리가 상대할 수 있는 것은 그들의 철학적 신념들의 체
계를 적어놓은 책뿐이다. 이 점이 결정적으로 중요하다. 우리가 그 철
학자들의 인생이 아니라 철학적 신념들의 체계에 관심을 갖는 한 그들
의 철학적 사고를 출발시켰던 심리적 동기나 철학적 사고가 실제로 진행
되었던 심리적 과정은 확인할 필요가 전혀 없다. 우리는 그들의 책 속에
있는 논증을 확인해서 그 전제(증거)가 그 결론을 정말로 입증하는지 못
하는지 검토할 필요가 있을 뿐이다.

다행히도 위대한 철학자들의 저작에는 전제와 결론이 명확하게 확인
되는 논증들이 있다. 신비적 경향을 지닌 철학자라 하더라도 자신의 일
반적이고 근본적인 전제를 발견할 때에는 어떤 신비감이나 직관의 도움
을 받았을 수 있겠지만, 그 이후의 주장은 논리적 일관성을 잃지 않은
논증으로 전개하려고 노력하였다. 만일 그들의 책이 "독단적 단정"이나

"자체 모순"으로 가득 차 있다면 누구나 곧바로 던져버릴 것이다. 우리가 과거의 위대한 철학자의 도움을 받는다는 말은 이 논증들을 이용한다는 뜻이다.

그 논증들을 이용하는 방법은 앞에서 이미 설명한 바와 같이 간단하다. 첫째, 그 논증이 연역 논증인지 귀납 논증인지 확인한다. 철학자들은 확신에 차서 주장하므로 자신의 논증을 연역 논증이라고 제시하는 것이 상례다. 만일 우리가 그게 진짜 연역 논증이 아니라고 밝힌다면 그 논증은 반박된 셈이다. 둘째, 정말로 연역 논증이라면 논증 형식의 타당성을 조사한다. 만일 우리가 그 논증 형식이 부당한 형식임을 증명한다면 그 연역 논증은 반박된 셈이다. 셋째, 논증 형식이 타당한데도 결론을 승인하기 어렵다면 전제들의 진리성을 검사한다. 만일 전제들 중의 하나 또는 전부가 그르다는 것을 확실한 증거에 의해 입증한다면 그 결론을 인정할 이유가 없어졌으므로 그 철학자의 결론은 반박된 셈이다. 넷째, 전제들 중의 어느 것도 결정적으로 반증할 수 없으면 그 철학자의 다른 신념들과의 논리적 정합성을 검토하여 "내적 비판"을 시도한다. 만일 그 철학자의 철학적 신념들 중에서 그 결론과 모순되는 신념을 발견한다면 우리는 그 철학자가 주장한 철학적 신념들의 체계에 중대한 논리적 결함이 있음을 밝혔기 때문에 새로운 대안 체계를 스스로 모색하는 탐구를 시작해야 한다. 이런 방식으로 그 철학자를 토론의 상대로 삼는 일은 그 철학자를 내 철학적 사고의 "연습 상대"로 활용하는 것이다.

우리가 선배 철학자들의 도움을 실제로 받을 수 있는 것은 바로 이러한 토론을 통해서다. 그러므로 선배 철학자들의 도움을 받고 싶으면 절

대로 권위에 압도당하지 말고 반드시 그들의 논증을 상대로 당당하게
토론을 벌여 그들을 철학적 사고의 "연습 상대"로 활용해야 한다. 이것
이 철학사를 공부하는 가장 중요한 이유다. 철학사에 등장하는 이른바
위대한 철학자들의 말을 그냥 외워서 아는 척하며 되풀이하는 것은 자
신을 앵무새로 전락시키는 짓이다.

3. 배경 지식은 넓을수록 좋다

철학사의 주류를 형성했던 선배 철학자들은 자신의 철학적 신념들의
체계, 다시 말해 이론 체계가 "연역 체계"(演繹 體系, deductive system)를 이
루고 있다고 주장하는 것이 상례다. 왜냐하면 연역 체계가 논리적 체계
중에서 가장 강한 이상적 체계로 간주되기 때문이다. 유클리드 기하학에
서 보듯이 연역 체계는 공리(公理, axiom)나 공준(公準, postulate)을 근본적
인 전제로 삼고 출발한다. "학문으로서의 철학"을 했던 선배 철학자들
은 자신의 철학적 신념들의 체계의 근본 전제로서 작동하는 명제들을
논리학과 수학 그리고 자연 과학을 근거로 삼고 정립하였다. 그러니까 이
런 학문적 지식을 철학적 영감을 얻는 근원으로 삼았던 셈이다.

피타고라스 철학이 수학(기하학)을 토대로 삼고 있다는 것은 잘 알려
져 있는 일이다. 러셀은 플라톤의 유명한 "이데아 이론"의 모든 착상도
기하학에서 유래한다고 설명한다. 아리스토텔레스 철학은 논리학과 자
연 과학을 영감의 원천으로 삼고 있다. 아리스토텔레스 철학은 "정언
논리학"(定言 論理學, syllogistic)에 근거를 두고 "주어-술어 판단"을 인식
으로 간주하는 명제 이론과 지식 이론으로 나아가고, 이어서 "실체-속

성 형이상학"으로 옮아간 다음, 여기에 자연에 관한 일상적 관찰을 일
반화한 4원소설 등등이 덧붙여지고 있다. 칸트 철학 전체의 논리적 뼈
대를 명확하게 제시하고 있는 『순수 이성 비판』도 논리학, 기하학과 산
술학, 그리고 물리학의 영향을 분명하게 보여준다. 칸트는 먼저 기하
학·산술학과 물리학을 증거로 삼고 판단의 본성을 선천 판단/후천 판
단, 분석 판단/종합 판단으로 해명했으며, 아리스토텔레스의 "정언 논
리학"을 완성된 학문으로 간주하고 거기에서 판단의 논리적 형식 12개
를 가려낸 다음, 지성이 "꼭 12가지 순수한 사고 기능" 즉 "12개의 범
주"를 갖고 있다는 주장의 증거로 삼고 있다. 예를 하나만 더 든다면,
20세기 철학의 고전인 비트겐슈타인의 『논리철학론』(*Tractatus Logico-Phil-*
osophicus) 역시 프레게가 시작하여 화이트헤드와 러셀이 완성한 "현대
연역 논리학"을 철학적 영감의 원천으로 삼고 있다. 『논리철학론』은
"현대 연역 논리학"의 기초를 체계적으로 확립한 화이트헤드와 러셀의
『수학 원리』(*Principia Mathematica*)가 없었으면 결코 나올 수 없었다. 이런
실례는 얼마든지 더 제시할 수 있지만 이 정도로 줄이겠다.

  이런 예들만으로도 우리가 선배 철학자들의 논증을 상대로 토론을
제대로 할 수 있기 위해서는 논리학과 수학, 그리고 자연 과학 특히 물
리학을 얼마쯤은 알아야 한다는 것을 깨달았을 것이다. 하지만 언제 이
런 학문들을 모두 공부한단 말인가? 얼마나 공부한 다음이라야 철학을
시작할 수 있단 말인가? 하지만 너무 겁먹지 않아도 된다. 논리학은
"기초 논리학"(Elementary Logic)만 알면 선배 철학자들의 거의 모든 논증
을 충분히 분석하고 평가할 수 있다. 수학은 좋은 수학사 한 권, 과학도
좋은 과학사 한 권 읽어보는 것으로 거의 충분하다. 그 이유를 이제 설
명하겠다. 앞에서 선배 철학자들의 이론 체계는 대개 연역 체계로 이루

어졌다고 했는데, 이 특징이 우리의 수고를 덜어주는 일을 하고 있다. 예컨대 유클리드의 『기하학 원론』은 465개의 정리를 증명하고 있는데, 이 많은 정리들을 증명하는 데에 전제로 사용된 공리나 공준은 단지 5 개일 뿐이다. 따라서 유클리드 기하학의 본성과 방법에 관해서 문제가 되는 토론거리는 우리가 465개의 정리를 모두 증명할 수 있느냐가 아 니라, 465개의 정리는 전부 공리나 공준으로 압축될 수 있기 때문에 "5 개의 공리"와 더불어 "연역 논증에 의한 증명"이라는 "증명의 방법"과 "연역 체계의 엄밀성"이 거의 전부다. 마찬가지로 어떤 철학자의 철학 체계에 관해서 문제가 되는 토론거리도 대개는 그 철학자가 전제로 삼 고 있는 공리들과 연역 논증들의 타당성이 거의 전부인 경우가 많다. 그래서 우리는 그 철학자가 전제로 가정하고 있는 공리들과 자신의 주 장들을 증명하기 위한 "철학적 방법"을 정당화하기 위해 제시한 논증들 을 분석하고 평가하는 것으로 토론을 훌륭하게 진행할 수 있다. 우리는 이 일에 필요한 정도까지만 논리학과 수학, 그리고 자연 과학의 지식을 갖추는 것으로 충분하다. 논리학과 수학과 자연 과학에 관해서 이 목적 에 필요한 정도의 배경 지식은 철학적 열정을 지닌 사람이라면 누구나 쉽게 갖출 수 있다.

그 밖에도 문화사, 정치사, 경제사 등등을 비롯한 다른 배경 지식은 많이 갖출수록 좋을 것이다. 하지만 이런 배경 지식은 어떤 철학자의 사람됨과 그 사람의 철학적 신념의 역사적 의미 등등을 이해하는 데에 는 도움을 주지만, 그 사람의 철학적 신념들의 "진리성"이나 정당화"와 는 관련이 없다. 문화사, 정치사, 경제사 등등의 배경 지식을 이용하여 어떤 철학자의 주장을 "합리화"하는 일은 오히려 철학적 사고를 오도하 기 때문에게 반드시 피해야 하는 일이다.

4. 사랑의 격려에 따르라

이제 철학적 사고의 첫걸음을 내딛어야 한다. 하지만 어디서 어느 방향으로 내딛어야 할까? 답은 어디서 어느 방향으로 내딛어도 좋다는 것이다. 철학적 사고가 완성하려는 "철학적 신념들의 체계"는 하나의 거대한 그물이다. 그물은 어느 그물코든 혼자 존재하는 것이 아니라 모든 그물코가 서로 연결되어서 전체를 이룬다. 따라서 철학적 사고는 어떤 철학적 물음에서 시작하든 "철학적 신념들의 체계 전체"를 완성해야만 끝난다. 철학하는 사람에게 지적 끈기가 요구되는 것은 이 때문이다.

그래도 뭔가 도움말을 원하는 사람이 있다면 이런 얘기를 해주고 싶다. 우선 앞에서 "주제"를 기준으로 나누었던 철학의 분야들을 떠올려 보라. 철학의 각 분야에서 다루는 주제들은 모두 인간의 행복에 직결된 가장 넓고 가장 깊은 물음들이었다. 그 물음들의 답이 모두 마련되고 한 그물로 체계를 이루면 우리의 지성·마음·영혼이 그 속에서 편안히 쉴 수 있는 보금자리가 된다는 것을 금방 깨달을 수 있을 것이다. 이는 철학적 사고가 우리의 "지성의 완성"을 위해 노력하지만 마지막 목표는 "행복한 삶"이라는 걸 뜻한다. 그다음엔 자기 자신이나 주변의 가까운 사람이 "지적 혼란"으로 말미암아 고민이나 불행에 빠졌던 상황을 살펴보라. 거기엔 반드시 검토해야 할 철학적 물음이 있다. 바로 그런 철학적 물음이야말로 참으로 생생하고 절실한 출발점이다. 모든 철학적 물음들은 이웃과 인생에 대한 사랑이 만들어내는 것이다.

"그때 내 행동은 정말 도덕적으로 정당했던가?" "신의 존재를 증명할 수 있다는 친구의 말을 믿어도 괜찮을까?" "과학의 법칙들은 자연에서 발견된 것인가, 아니면 인간이 만들어낸 것인가?" "수학의 진리들이 영원히 옳다는 말은 무슨 뜻인가?" "논리적 진리들이 필연적으로 옳다는 말은 무슨 뜻인가?" "우리는 왜 학문을 추구하고, 어떻게 학문을 만들며, 무엇을 학문에서 얻는가?"…

어디서 시작해도 좋다.

당장 출발하는 것이 중요하다.

그다음은 사람에 대한 당신의 사랑이 인도한다.

참으로 시작이 반이다.

학문은 어떻게 만드는가?

1 ___

진리란 무엇인가?

1. 지식과 진리

우리는 누구나 갖가지 관심사에 대해서 대단히 많은 신념을 갖고 있지만, 대부분의 신념은 자각되지 않은 상태로 마음속에 잠겨 있다. 그러다가 어떤 상황 속에서 자극을 받아 생각할 필요가 있으면 그와 관련 있는 신념을 마음에 떠올리고, 그 신념의 인도를 받아 행동하게 된다. 하지만 이 신념들 모두가 지식(知識, knowledge)으로 인정될 수 있는 것은 아니다. 우리는 들고 있는 연필을 허공에 놓으면 책상에 떨어진다든가, 둘 더하기 둘은 넷이라는 걸 아주 확신할 수 있다. 하지만 내일 날씨가 맑다는 예보는 믿을 수 있으나 아주 확신할 수 없으며, 친구가 빌려간 책을 정해진 날짜에 돌려줄 거라는 약속을 믿을 수 있지만 정작 그날 그런 일이 일어나지 않을 수도 있다. 이런 예들은 우리의 신념의 내용이 무엇이 어떠하다는 것 즉 명제임을 알려준다. 요컨대 우리의 신념은 어떤 명제에 대한 믿음이다.

신념이 지식으로 인정될 수 있으려면 무엇이 신념에 더 갖추어져야 할까? 철학자들은 적어도 두 가지가 더 갖추어져야 한다고 의견의 일치를 보고 있다. 첫째는 신념의 내용이 진리(眞理, truth) 즉 "옳은 명제"(true proposition)이어야 한다는 것이다. 우리는 그른 명제를 믿을 수는 있지만 알 수는 없다. 그른 명제가 그르다는 것을 알 수 있는 건 확실하지만, 그른 명제가 정말 옳지 않다면 도저히 알 수는 없는 법이다. 어떤 신념이 지식으로 인정받기 위해 첫째로 요구되는 것은 진리(옳은 명제)에 대한 믿음, 즉 옳은 신념(true belief)이어야 한다.

둘째로 요구되는 것은 우리가 믿는 명제가 우연히 옳다 할지라도 그 명제를 정당화(正當化, justification)하지 못하는 한 그 명제가 옳다는 것을 안다고 말할 수 없다는 것이다. 옳은 신념은 용케 들어맞은 추측이나 그저 단순한 짐작일 수도 있다. 하지만 이런 추측이나 짐작은 옳다 할지라도 진정한 지식이라 할 수 없다. 신념을 정당화하는 일반적 방식은 신념의 내용인 명제를 입증하는 훌륭한 증거를 제시하는 것이다. 이 일이 성공적으로 이루어진다면, 최종적으로 신념의 내용인 명제를 결론으로 하는 정당한 연역 논증(sound deductive argument)이나 정당한 귀납 논증(sound inductive argument)이 이루어지게 된다. 이상의 두 가지 조건을 덧붙이면, 지식은 대체로 ① 진리(옳은 명제)를 ② 훌륭한 증거에 의해서 ③ 믿고 있는 상태라고 정의할 수 있다. 고대 그리스의 철학자 플라톤(Plato, 기원전 427-347)이 『테아이테토스』라는 대화편에서 지식은 정당화된 옳은 신념(justified true belief)이라는 견해에 도달하고 있다는 사실은 놀랍다고 해야 할 것이다.

학문(學問, science)은 주관적 맥락에서는 체계적 지식(體系的 知識, systematic knowledge)으로 정의되고, 객관적 맥락에서는 진리들의 체계(眞理들의 體系, system of truths)로 정의된다. 따라서 학문을 이해하기 위해서는 지식과 체계화를 이해해야 한다. 그러나 지식 없이는 체계를 생각할 수 없으므로 지식에 대한 이해가 선행되어야 한다. 그리고 다시 지식을 이해하기 위해서는 신념 이외의 지식 요소에 대한 물음, 즉 ① "진리는 무엇인가?"와 ② "진리에 대한 믿음은 어떻게 정당화되는가?"에 대한 명료한 답을 알아야 하는데, 둘 가운데 더 근본적인 물음은 "진리란 무엇인가?"라는 물음이다. 따라서 우리는 무엇보다 먼저 이 물음에 대한 답을 찾아야 한다. 진리야말로 학문이라는 건물을 짓는 벽돌들이기 때문이다. 두 번째 물음에 대한 답은 2장에서 찾아보겠고, 학문의 체계에 대해서는 3장에서 살펴보겠다.

　그런데 진리와 지식에 관한 설명이 진행되는 도중에 방해를 받지 않기 위해서는 여기서 진리와 지식에 대한 부정적 주장을 살펴보고 나아가는 게 좋겠다. 회의론자들은 진리와 지식에 대해서는 할 이야기가 아무것도 없다고 주장하기 때문이다. 이들은 사람은 진리를 발견할 수 없고, 따라서 지식을 가질 수도 없다고 주장한다. 고대 그리스의 소피스트인 프로타고라스(Protagoras, 기원전 485~410)가 바로 이런 사람인데, 그는 "사람은 저마다 만물의 척도다."라고 주장하였다. 이 말은 일차적으로는 사람의 지각은 상대적인 것이므로 사물은 각자가 지각하는 그대로 존재한다는 뜻이지만, 한 걸음 더 나아가면, 사물이 존재하는 단 하나의 방식이나, 사물에 대한 공통된 지식 같은 것은 있을 수 없다는 뜻이다. 왜 이런 주장을 하는 사람들이 있을까? 그 주된 이유는 진리나 지식이 정말로 무엇인지 만족스럽게 설명한 사람이 지금까지 전혀 없었고 앞으로도 있을 수 없다고 믿는 데 있다. 그리고 이 일이 이루어지지 못하는 까닭은 진리나 지식이라는 말이 도저히 일관성 있게 사용될 수 없기 때문이라는 것이다.

그러나 진리와 지식에 대한 도전은 이 사람들의 주장을 바로 그 자신의 주장에 적용함으로써 물리칠 수 있으므로 걱정할 필요가 없다. 우선 만일 프로타고라스의 진술이 그르다면 우리가 염려해야 할 것이 전혀 없을 것이다. 그러나 프로타고라스의 진술이 옳더라도 우리는 걱정할 것이 없다. 프로타고라스의 진술이 옳다면 바로 그때 적어도 하나의 진리와 지식이 있게 될 것이고, 이 사실은 프로타고라스의 원래 주장을 결정적으로 반박해버리기 때문이다. 분명히 진리는 있다! 그렇다면 진리에 대한 설명도 가능하지 않을까? 이에 대한 답은 실제로 설명을 제시하는 것뿐이다.

2. "진리"의 다른 의미들

우리는 "진리란 무엇인가?"라는 물음에 대해 답을 제시해볼 수 있는 준비가 되어 있을까? 답을 제시하기에는 아직 이른 것 같다. 이 물음이 딱히 무엇을 묻고 있는지 분명하지 않기 때문이다. 이 물음은 학문과 지식의 맥락처럼 구체적 맥락에서 생각하지 않는 한 현실과 무관한 것 같은 느낌을 주기도 하고 신비로운 분위기를 풍기기도 한다. 여기에는 두 가지 이유가 있다. 첫째는 "진리"라는 말이 옛날부터 여러 가지 대상에 대해 사용되고 있어서 외연이 모호한 낱말이란 점이고, 둘째는 "X란 무엇인가?"라는 식의 물음이 두 가지로 해석될 수 있는 애매한 물음이라는 점이다. 물론 우리의 관심은 학문과 지식의 기초가 되는 진리이며, 그래서 이 맥락에서는 진리란 "옳은 명제"라고 말했다. 그러나 "진리"라는 말은 일상생활에서 오랫동안 종교, 도덕, 예술과 관련해서도 사용되고 있는 말이어서 주제와 맥락에 주의를 기울여 분간해야 하는 몇 가지 의미를 지니고 있다. 사실 "진리는 무엇인가?"라는 물음을 대할 때 처음 느끼는 난감한 느낌은 이 물음의 모호성과 애매성으로 말미암아 뒤얽히는 여러 가지 맥락의 갈피를 잡지 못하기 때문에 일어난다. 따라서 잠시 이 물음 자체의 모호한 점과 애매한 점을 제거하는 일을 할 필요가 있다. 명료한 답을 원한다면 물음을 명료하게 설정해야 한다는 말을 다시 한 번 상기하기 바란다.

첫 번째 다른 맥락은 종교의 교리를 진리라고 말하는 경우다. 일상생활에서 "진리"라는 말을 가장 빈번하게 사용하는 사람들은 아마 종교인일 것이다. 대개 종교인들은 자신이 신봉하는 종교의 교리가 "진리"나 "법"이라고 말하는 경향이 있다. 불가에서 석가의 가르침을 "불법"이라 하고, 빌라도가 예수에게 "진리가 무엇이오?"라고 묻고 있는 걸 보면(요한. 18:38) 동양이나 서양이나 진리에 대한 관심의 뿌리가 깊다고 하겠다. 그러나 "내가 신봉하는 종교의 교리는 옳다."든가 "내가 신봉하는 종교의 교리는 진리다."라는 주장 속의 "옳다" "진리다"라는 말은 학문에서 이 말이 사용될 때와는 뜻이 다르다. 만일 두 경우에 뜻이 똑같다면 학문적 진리와 종교의 교리는 본성상의 차이가 없게 되고, 결국 종교는 학문의 경쟁자가 될 것이다. 하지만 종교의 고유한 임무는 이런데 있지 않다. 그러므로 종교의 교리에 대해 "옳다" "진리다"라는 말이 사용될 때는 "이 교리는 인간성을 종교적 수준에까지 순화하고 고양하는 힘이 있다."는 뜻이거나 "좋다" "훌륭하다"는 최상의 긍정적 평가를 표현하는 말로 사용되고 있다고 보아야 한다.

두 번째 다른 맥락은 어떤 도덕적 규범이 옳다든가 진리라고 말하는 경우다. 이런 진술은 대개 이 도덕적 규범은 인간에게 아주 적절하므로 모든 사람이 따라야 하고 또 언제까지나 유지되어야 한다는 뜻이다. 따라서 이 맥락에서 사용되는 "옳다" "진리다"라는 말도 "좋다" "훌륭하다" "적절하다" 등의 평가의 말로 사용되고 있다고 보아야 한다.

세 번째 다른 맥락은 예술 작품에 대해 "진리"라는 말이 사용되는 경우다. 우리는 문학 · 미술 · 음악 · 연극 · 영화 등의 예술 작품이 인생의 진리를 표현하고 있다는 말을 흔히 듣는다. 이런 맥락의 진리가 학문에서 말하는 진리와 다르다는 건 두말할 필요도 없다. 한 예로 셰익스피어의 희곡들이 "인생의 영원한 진리를 표현하고 있다."는 말은 셰익스피어의 희곡들이 우리에게 인간에 대한 훌륭한 태도를 만들어주고, 스스로를 이해하도록 해주며, 깊은 도덕적 의무감을 일으키는데, 이러한 태도 · 이해 · 도덕감은 누구에게나 가치가 있다는 뜻이다. 지금까지 살펴본 세 가지 맥락에서의 "옳다" "진리다"라는 말은 잘못 사용되고 있는 게 아니다. 이런 용법도 일상적인 관용어법으로 인정해야 한다. 다만 중요한 것은 진리라는 말의 이런 용법을 학문과 지식의 맥락에서의 용법과 혼동하지 않는 것이다.

그러나 학문과 지식의 맥락에 한정해서 "진리란 무엇인가?"라고 묻는다 하더라도 아직 명료한 답을 찾아내기에는 충분하지 못하다. 이 물음을 좀 더 명료하게 파악하기 위해 노력해야 한다. 우리는 Ⅰ부 3장 2절에서 낱말의 의미에 관해 살펴볼 때 "X란 무엇인가?"라는 물음이 적어도 두 가지로 해석될 수 있음을 보았다. 하나는 X 자리에 나타나는 낱말이 언급하는 대상에 대해 묻는 물음으로 해석하는 것이고, 또 하나는 X

자리에 나타나는 낱말의 의미에 대해 묻는 물음으로 해석하는 것이다. 그래서 "진리란 무엇인가?"라는 물음의 경우에도 ① "진리"라는 말이 적용될 수 있는 실례 즉 외연(外延, extension)을 확인하고 싶다는 뜻으로 이해할 수도 있고, ② "진리"라는 말의 외연에 속하는 것들이 반드시 지니고 있어야 하는 정의 특성(定義 特性, defining characteristics) 즉 내포(內包, intension)를 알고 싶다는 뜻으로 이해할 수도 있다.

그런데 이 물음을 어느 쪽으로 해석하느냐에 따라 우리가 해야 할 일이 완전히 달라진다. 첫 번째 해석에 따르면 우리는 논리학, 수학, 물리학, 화학, 생물학, 사회학, 경제학, 정치학 … 등등의 학문이 밝혀낸 모든 진리를 하나하나 확인하는 일을 해야 하고, 두 번째 해석에 따르면 우리는 이 모든 진리를 옳게 해주는 특성 즉 진리성(眞理性, truth)을 밝히는 일을 해야 한다. 우리가 철학하는 사람으로서 택해야 할 해석은 어느 쪽일까? 그건 당연히 두 번째 해석이다. 왜냐하면 첫 번째 해석에 따라 진행되는 일은 실은 우리가 늘 하고 있는 개별 학문을 하는 일이지 철학적 사고를 하는 일이 아닌 반면에, 두 번째 해석에 따라 진행되는 일은 진리들 전체에 관한 고도로 일반적이면서 지극히 근본적인 답을 찾는 철학적 사고이기 때문이다.

3. 진리 이론의 조건

이제는 우리가 "진리란 무엇인가?"라는 물음이 지녔던 모호성과 애매성을 제거하고 "진리성이란 무엇인가?"라고 물음을 명료하게 이해할 수 있게 되었다. 그런데 우리가 학문과 지식의 맥락에서 "옳다"는 말을 적용하는 대상, 다시 말해 진리성을 지닐 수 있다고 인정하는 대상은 적어도 다섯 가지 즉 명제·신념·판단·문장·진술이 있다. 그래서 위의 물음은 철학적 사고의 대상을 어느 것으로 삼느냐에 따라 "옳은 명제를 옳도록 해주는 건 무엇인가?" "옳은 신념을 옳도록 해주는 건 무엇인가?" "옳은 판단을 옳도록 해주는 건 무엇인가?" "옳은 문장을 옳도록 해주는 건 무엇인가?" "옳은 진술을 옳도록 해주는 건 무엇인가?"로 나타나지만, 관심의 초점이 명제·신념·판단·문장·진술의 옳음 즉 진리성에 있음은 다 마찬가지다.

그런데 이렇게 "옳다"라는 말을 사용한다 해도 "옳다"는 말이 지닌 애매성이 또 한 번 문제를 일으킬 수 있다. 우리는 "옳다"는 말을 명제, 더 나아가 명제가 내용을 이루는 신념·판단·문장·진술에 사용할 뿐만 아니라 사람·행동·사물·사건에도 사용하기 때문이다. 그러나 이 문제는 간단히 처리할 수 있다. 이런 경우의 "옳다"는 말은 언제나 문제의 사람·행동·사물이 "표준과 일치한다"(conform to a standard)는 뜻이다. "진정한 군인"(true soldier) "참다운 사랑"(true love) "진짜 금강석"(true diamond) 등등이 그런 실례다. "옳다"는 말의 이 의미는 곧 알게 되듯이 이 말이 명제·신념·판단·문장·진술에 사용될 때의 의미와는 확연히 다르기 때문에, 이 말이 사용된 대상만 분별한다면 의미의 혼동을 일으키지 않을 것이다. 따라서 지금부터는 명제·신념·판단·문장·진술의 진리성에 관해서만 살펴보고자 한다.

이렇게 되면, 우리는 학문과 지식의 기초 요소로서의 진리에 대해 토론을 해나갈 수 있는 아주 구체적인 실마리를 잡을 수 있다. 우리는 일상생활에서 "진리란 무엇인가?", 달리 표현하면 "옳은 명제, 옳은 신념,

옳은 판단, 옳은 문장, 옳은 진술이란 무엇인가?"라는 물음에 대한 몇 가지 답을 흔히 들을 수 있기 때문이다. 위의 물음을 논의의 초점이 선명하고 분명하게 드러나도록 "'명제 p는 옳다.'는 진술의 의미는 무엇인가?"로 바꾸어놓고 일상적인 답들을 정리해보면 다음과 같다.[25]

"명제 p는 옳다."는 진술은
1. "내가 명제 p를 믿는다."는 뜻이다.
2. "대부분의 사람이 명제 p를 믿는다."는 뜻이다.
3. "명제 p에 대한 증거가 있다."는 뜻이다.
4. "명제 p의 진리성에 대한 확고한 증거가 있다."는 뜻이다.

위의 네 가지 정의는 누가 말했느냐에 관계없이 철학적 사고 즉 "음미하는 사고"와 "탐색하는 사고"를 시작할 수 있는 좋은 출발점이 된다. 철학적 토론은 철학적 물음에 대해 제시된 답이 없으면 시작될 수 없다. 우리는 철학적 물음에 대해 신중하면서도 과감하게 답을 제출해놓고 스스로 검토하거나 다른 사람과 토론을 해보아야 철학적 진보를 이룰 수 있다. 철학적 물음에 대해서 언제까지나 자신의 답을 마련할 줄 모르는 사람은 완전히 지적 무기력증에 빠져 있다고 해도 지나친 말이 아니다. 철학적 사고는 지적 모험이다. 위의 네 가지 답을 검토해보면 철학적 사고가 지적 모험이라는 사실과 실패한 모험을 통해서도 교훈을 얻어 우리가 점점 더 현명해진다는 사실을 깨닫게 될 것이다. 사실 위의 네 정의는 모두 만족스럽지 못하지만, 진리에 대한 만족스러운 설명이 갖추어

---

25 진리 이론의 조건에 관한 더 자세한 논의는 『철학과의 만남』(Beginning Philosophy, [Englewood Cliffs, New Jersey, Prentice-Hall, 1977] 이병욱 옮김, 서광사, 1984) 239-267쪽을 참고하기 바란다.

야 할 조건을 명확하게 드러내는 데에는 가치가 있다.

처음 두 가지 정의는 어쩌면 "인간은 저마다 만물의 척도다."라고 주장했던 프로타고라스나 막무가내로 "자신이 믿는 종교의 교리가 진리다."라고 고집하는 일부 종교인들이 내세울 만한 답이다. 이 두 가지 정의는 어떤 명제가 자기에게는 옳지만 다른 사람들에게는 옳지 않을 수 있다고 말하는 사람들이 갖고 있는 생각일 것이다. 대부분의 경우 이런 사람들의 주장은 어떤 것에 대해 모든 사람이 똑같은 신념을 가질 수는 없고, 각자 다른 신념을 가질 수 있다는 상식적 통념을 뜻하는 것 같다. 이런 경우라면 우리가 진지하게 검토해야 할 쟁점은 없다. 그러나 때로는 이런 사람들이 첫 번째 표현과 두 번째 표현은 진리성에 대한 주관적 정의(subjective definition of truth)라고 주장하는 경우가 있다. 지금 우리가 관심을 갖는 것은 이처럼 위의 네 가지 표현을 진리성에 대한 정의라고 주장하는 경우다.

첫 번째 정의는 넷 가운데서 가장 주관적인 정의이다. 이 정의에 따르면 누군가가 어떤 명제를 믿기만 하면 그 명제가 진리가 되어버린다. 그러나 이 주관성은 이 정의로 하여금 몇 가지 심각한 곤란에 부딪히게 만든다. 첫째로 이 정의는 옳은 신념과 그른 신념의 차이를 없애버린다. 왜냐하면 믿음은 어떤 명제에 대한 믿음이든 간에 모두 동질적인 심리 상태인데, 믿음이 명제를 옳도록 만드는 것이라면 아예 오로지 옳은 신념만 있을 뿐 그른 신념은 있을 수조차 없기 때문이다.

둘째로 이 정의는 누구나 그르다고 인정하는 자체 모순 명제가 옳을 수 있다는 주장을 부정할 수 없다. 예컨대 어떤 사람이 ① 탈레스(Thales, 기원전 624?~546)는 기록상 최초의 철학자이고, ② 탈레스는 대단히 현명했으나, ③ 최초의 철학자는 별로 현명하지 못했다고 믿고 있다고 해보자. 이 경우 위의 정의에 따르면 한 사람이 현명하면서 동시에 현명하지 않다는 명제가 옳을 수밖에 없을 것이다.

셋째로 이 정의를 따르면 어떤 주제에 대해서도 진지하게 연구할 필요가 없게 된다. 우리는 어떤 주제에 대해서든지 진리를 발견하려면 대개는 많은 노력을 기울여야 한다고 생각한다. 그러나 이 정의에 따르면 전혀 노력을 할 필요가 없다. 어떤 주제에 대해서나 떠오르는 대로 믿기만 하면 진리를 발견한 것이 될 것이기 때문이다.

이 정도면 이 첫 번째 정의가 옳은 명제를 옳도록 해주는 특성 즉 진리성을 전면적으로 해명할 수 없다는 게 충분히 밝혀졌다고 하겠다. 그러나 이 과정 중에서 우리는 몇 가지 교훈을 얻은 셈인데, 그것은 진리에 대한 설명은 ① 옳은 신념과 그른 신념이 둘 다 있을 수 있음을 밝혀야 하고, ② 자체 모순 명제가 옳을 가능성을 배제해야 하며, ③ 진리가 때로 얻기 어려운 이유를 설명할 수 있어야 한다는 것이다.

그러면 두 번째 정의 즉 "대부분의 사람이 어떤 명제를 믿으면 그 명제가 옳다."는 정의는 어떨까? 이 정의는 첫 번째 정의에는 없는 몇 가지 장점을 갖고 있다. 우선 옳은 신념과 그른 신념이 둘 다 있을 수 있음을 밝힐 수 있다. 나의 신념은 대부분의 사람이 동의해야 옳은 신념이 되고, 그렇지 않으면 그른 신념이 되기 때문이다. 또 이 정의는 진리에 도달하기가 왜 때로 어려운지도 설명할 수 있다. 내가 진리에 도달하기 위해서는 어떤 명제를 믿는 것만으로는 부족하고, 대부분의 사람의 동의

를 얻어야 하는데, 바로 이 일이 때로 어려울 수 있기 때문이다. 그럼에
도 이 정의는 부적절하다. 그 이유는 이 정의 역시 자체 모순 명제가 옳
게 될 가능성을 배제하지 못하기 때문이다. 예컨대 대부분의 사람이 탈
레스에 관한 세 명제를 믿을 경우라면, 한 사람이 현명하면서 동시에
현명하지 않다는 자체 모순 명제가 옳게 될 것이다. 따라서 이 정의 역
시 부적절하다.

그런데 위의 두 정의는 한 가지 결점을 공통으로 지니고 있다. 그것
은 이 두 정의 가운데 어느 것을 취하더라도 탈레스가 현명했다는 명제
의 진리성이 탈레스가 무엇에 대해 어떻게 생각하고 행동했는지에 전
혀 관련이 없다는 점이다. 이 두 정의에 따르면, 심지어 실제로는 탈레
스가 현명한 생각이나 행동을 한 번도 하지 않았다 하더라도 우리가 그
렇게 믿기만 하면 탈레스는 현명하다는 명제가 옳을 수밖에 없다. 만일
옳은 명제가 이런 식으로 얻어진다면, 사람들이 마음을 바꾸기만 하면
과거의 역사 전체를 바꿀 수 있게 될 것이다. 이는 어처구니없는 일이
다. 따라서 처음 두 가지 정의 즉 진리성에 대한 주관주의적 설명은 진리
와 이 세계의 사실, 즉 일어난 일·일어나고 있는 일·일어날 일 사이
의 관계를 올바르게 정립할 수 없다. 이로써 우리는 진리성에 관한 훌
륭한 설명은 반드시 진리와 이 세계의 사실 사이의 관계를 올바르게 설명
할 수 있어야 한다는 걸 깨달을 수 있다.

그렇다면 나머지 두 정의는 어떨까? 이 두 정의는 옳은 명제를 옳도
록 해주는 특성 즉 진리성을 증거(證據, evidence)에 의거해서 해명하려는
시도다. 이런 정의를 내세우는 사람들이 지닌 근본 동기를 짐작하기는
그리 어렵지 않다. 이들은 일반적으로 사람들이 무엇이 옳은지 그른지

결정하는 기초는 결국 증거라고 본다. 누구나 자신의 신념에 대한 증거를 갖고 있으면 그 신념이 옳다고 주장하는 게 상례다. 그렇다면 어떤 사람이 "명제 p는 옳다."고 말할 때, 이 말은 "나는 명제 p에 대한 증거를 갖고 있다."는 것 이외의 다른 뜻은 없다고 보아도 괜찮지 않을까? 그리고 이 두 정의는 앞의 두 정의가 부딪혔던 난점들도 거의 다 설명할 수 있다. 우선 이 두 정의는 증거가 이 세계에서 일어나는 일들이므로 진리와 이 세계의 사실 사이의 관계를 정립할 수 있다. 또 왜 진리에 도달하는 일이 때로 어려운가를 밝힐 수 있다. 또한 옳은 명제와 그른 명제의 차이도 증거의 있음과 없음에 의해 확실하게 드러낼 수 있다.

하지만 세 번째 정의는 자체 모순 명제가 옳을 수 있는 가능성을 완전히 배제하지 못한다. 세 번째 정의가 이 가능성을 배제하지 못한다는 건 쉽게 알 수 있다. 간단히 말하면 어떤 명제 p와 그 부정 명제 ~p 양쪽 모두가 증거를 거느릴 수 있기 때문이다. 실제로 우리가 진리를 알아보기 어려운 이유는 서로 모순 관계에 있는 두 명제 p와 ~p가 양쪽 다 상당한 증거를 거느린다는 사실 때문이다. 이런 경우 우리가 세 번째 정의를 받아들인다면 p와 ~p가 둘 다 옳다고 인정해야 할 것이므로, 이 정의는 진리에 관한 모든 문제를 설명한다고 할 수 없다. 이에 비하면 네 번째 정의는 이 점에서도 나은 편이다. 왜냐하면 결국에는 모순 관계에 있는 두 명제 p와 ~p가 둘 다 확고한 증거를 가질 수는 없게 될 것이기 때문이다. 따라서 네 번째 정의는 자체 모순 명제가 옳을 수 있는 가능성을 분명히 배제하고 있다고 하겠다.

그런데도 우리는 네 번째 정의를 거부할 수밖에 없다. 그 까닭은 이 정의가 다음의 두 가지 반대 논증을 극복하지 못하기 때문이다. 첫 번째 반론은 이렇다. 한 예로 지구 밖의 우주 어딘가에 지성을 가진 생물이 있다는 명제와 그 부정 명제 즉 그런 생물은 없다는 명제를 생각해보자. 현재로서는 두 명제 어느 쪽에도 확고한 증거는 없다고 보아야 할 것이다. 그러면 이 두 명제는 네 번째 정의에 의해서 둘 다 옳지 못하다. 하지만 이 결론은 확실히 그른 진술이다. 왜냐하면 서로 모순 관계에 있는 두 명제 p와 ~p는 우리가 실제로 어느 쪽이 옳은지 모르더라도 둘 가운데 하나는 반드시 옳아야 하기 때문이다(I부 3장 5절 참조). 이 점은 더욱 일반적으로 ① p도 옳고 ~p도 옳다는 진술은 옳을 수 없으므로 ② p가 옳거나 ~p가 옳아야 한다($\sim (p \cdot \sim p) \equiv (\sim p \vee p)$[드 모건의 정리])고 말할 수 있다. 네 번째 정의는 모순 관계에 있는 두 명제 가운데 어느 하나만 옳을 수 있는 가능성을 보증하지 못하므로 적절하지 못하다(I부 2장. 더 생각해볼 문제, "논리적 사고의 원리" 참조).

네 번째 정의에 대한 두 번째 반대 논증은 다음과 같다. 지구가 태양의 주위를 돈다는 명제에 대한 증거가 전혀 없었던 때가 있었다고 해보자. 네 번째 정의에 의하면 이 명제는 옳지 못할 것이다. 그런데 지금 우리는 이 명제에 대한 확고한 증거를 갖고 있다. 따라서 네 번째 정의에 따라 이 명제는 옳다. 여기에서 무엇이 문제일까? 그건 지구와 태양의 운동, 즉 이 세계의 사실에는 아무런 변화가 없었는데도 그 사실에 대한 명제는 그른 명제에서 옳은 명제로 변했다는 점이다. 요컨대 네 번째 정의는 진리와 이 세계의 사실 사이에 올바른 관계를 정립하지 못하고 있는 것이다. 그러므로 우리는 네 번째 정의를 거부할 수밖에 없다.

지금까지 살펴본 네 가지 정의는 대개 일상인들이 별다른 음미나 탐색 없이 주장하는 것이어서 부적절한 것이긴 하지만, 때로 진리에 대한 설명 즉 진리 이론(theory of truth)으로 제시되는 생각이다. 이 정의들이 모두 만족스럽지 못한 것인데도 상당히 자세히 검토해본 것은 철학적 사고가 어떻게 진행되는지 살펴보고, 그 진행 과정을 통해 우리가 점점 더 현명해진다는 걸 깨닫게 하면서, 진리에 대한 만족스러운 설명 즉 훌륭한 진리 이론이 갖추어야 할 조건이 무엇인가를 확인하는 데 의의가 있다. 이제 간추려보면 훌륭한 진리 이론은 다음과 같은 조건을 만족시켜야 한다는 사실이 밝혀졌다.

1. p와 ~p가 둘 다 옳을 가능성을 배제해야 한다.
   (옳은 신념과 그른 신념의 차이를 분명히 해야 한다.)
2. p와 ~p 둘 가운데 하나만 옳다는 걸 분명히 해야 한다.
   (어떤 신념과 그 부정 신념 둘 가운데 하나만 옳다는 걸 분명히 해야 한다.)
3. 옳은 명제와 이 세계의 사실 사이에 올바른 관계를 확립해야 한다. (옳은 신념은 이 세계의 사실과 어떤 관계에 있는지 밝혀야 한다.)

위의 세 가지 조건은 앞으로 철학적 견지에서 더 중요한 진리 이론을 검토할 때 판단의 기준으로 쓰이게 될 것이다.

4. 진리성에 대한 설명

철학자들은 누군가가 "명제 p는 옳다."고 진술할 때나 옳은 신념을 품고 있을 때, 대체 어떤 종류의 상황이 성립되어 있는지에 대하여 몇 가지 다른 설명을 제시해왔다. "진리성"(옳음)이라는 말의 의미에 대해 설명하는 널리 알려져 있는 이론은 실용설(實用說, pragmatic theory), 정합설(整合說, coherence theory), 대응설(對應說, correspondence theory), 수행설(遂行說, performance theory)이 있다. 이 이론들이 위의 세 조건을 다 만족시키면서 진리성을 설명할 수 있는지 검토하는 것이 우리의 일이다. 철학사에서 보면, 처음 세 가지 이론은 서로 경쟁하는 이론으로 등장했었다. 그러나 결국 실용설과 정합설은 명백하게 결함을 드러내게 되고, 대응설의 기본 주장을 받아들여 보완하고 있는 수행설에 이르러 상당히 만족스러운 설명이 이루어지는 것을 보게 될 것이다.

실용설

실용설은 "실용주의"(實用主義, pragmatism) 입장에 서 있는 철학자들이 내세운 이론이다. "실용주의"라는 말을 철학에서 처음 사용한 사람은 퍼스(C. S. Peirce, 1839~1914)지만, 제임스(W. James, 1842~1910), 실러(F. C. S. Schiller, 1864~1937), 듀이(J. Dewey, 1859~1952)도 실용주의와 관련이 있다. 그러나 듀이는 자신의 학설의 특징을 살리기 위해서 "기구주의"(器具主義, instrumentalism)라는 이름을 사용하였다.

실용주의는 전체적으로 보면 그 중심을 지식에 관한 이론에 두고 있다. 그런데 저명한 실용주의자들은 진리에 관해서 조금씩 다른 생각을 주장하고 있다. 이는 실용주의의 심각한 결점은 아니다. 원래 실용주의는 일련의 단정적 견해라기보다는 사물의 실용 가치를 강조하는 하나의 접근 방식이기 때문이다. 따라서 우리가 할 수 있는 일은 가장 널리 알려져 있는 실용설을 택해서 살펴보는 것이다. 지금부터 살펴볼 이론은 제임스가 『실용주의』라는 책에서 주장하고 있는 실용설이다.

제임스는 일반적으로 지식이 행동을 위해서 만들어진다고 본다. 지식이란 우리가 살아가면서 부딪히는 장애와 혼란에 대처하기 위해 만들어진다는 것이다. 제임스는 문제 상황의 해결이라는 맥락을 떠나서 지식을 논할 수 없다고 본다. 제임스가 진리에 관하여 실용설을 주장하면서 "진리"라는 말은 냉동 창고 속에 있는 명제에 사례하는 공허한 찬사라고 말했던 이유가 여기에 있다. 이는 우리의 행동과 관련 없는 진리란 냉동 창고 속의 조리되지 않는 생선이나 마찬가지라는 뜻이다. 제임스는 신념이 행동으로 옮겨질 때 옳게 된다고 본다. 신념의 진리성은 경험 세계 속에서 그 신념이 좋은 결과를 이루리라는 약속을 떠나서 생각할 수 없다는 것이다.

그래서 제임스는 진리성이 우리가 행동에 옮기려고 준비한 신념의 속성이라고 주장하였다. 옳은 신념이란 "성공적이고" "편리하고" "만족스럽고" "유용한" 신념이다. 옳은 신념은 그에 의거하여 행동하면 일을 해낸다. 옳은 신념은 끝내는 만족스러운 결과를 만들어낸다. 그른 신념은 그에 따를 경우에 결국 실패로 끝난다. 만일 어떤 신념이 행동으로 옮겨질 수 없거나 이 신념이 옳든 그르든 어떠한 방식으로도 아무런 차이를 일으키지 못한다면, 이런 신념은 옳지도 그르지도 않다. 이런 신념은 오직 무의미하고 공허할 뿐이다. 『실용주의』라는 책 속의 유명한 다음 구절은 제임스의 이러한 생각을 잘 보여준다.

　어떤 생각이나 신념이 설사 옳다 하더라도, 이 옳다는 사실이 사람들의 실제 생활 속에 구체적으로 어떤 차이를 일으키는가? 어떻게 그 진리성이 여실히 드러나는가? 어떤 생각이나 신념이 옳을 경우에 겪는 경험과 혹시 그 생각이나 신념이 그를 경우에 겪는 경험은 어떤 차이가 있는가? 요컨대 경험이라는 화폐 단위로 헤아려볼 때 그 진리의 현금 가치는 얼마인가?

그러므로 제임스는 옳은 신념은 유용한 신념이라고 보았다. 하지만 제임스는 여기서 더 나아가 "진리성과 유용성은 그게 그것이다."라고 까지 주장한다. 제임스는 "옳기 때문에 유용하다."는 진술과 "유용하기 때문에 옳다."라는 진술은 정확히 똑같은 뜻이라고 주장하였다.

이제 제임스의 진리 이론이 왜 "실용설"로 불리는지 이유를 분명히 깨달았을 것이다. 그런데 제임스의 실용설은 진리성에 대한 설명이 갖추어야 하는 세 가지 조건을 제대로 갖출 수 있을까? 우선 첫 번째 조건은 만족되는 것 같다. 어떤 명제 p와 그 부정 명제 ~p가 동시에 옳을 수 있는 가능성은 배제되는 것 같다. 서로 모순 관계에 있는 두 신념이 둘 다 오랜 기간 사람의 경험에 유용할 수는 없을 것이기 때문이다. 그리고 세 번째 조건도 만족되는 것 같다. 이 이론은 옳은 신념과 이 세계에서 일어나는 사실들 사이에 그럴듯한 관계를 맺어주고 있는 것으로 보인다. 어떤 신념이 유용한지 않은지는 결국 이 세계에 일어나는 일에 크게 의존하기 때문이다.

그런데 제임스의 진리 이론은 두 번째 조건도 만족시킬까? 다시 말해서 정말로 어떤 명제 p가 옳거나 아니면 그 부정 명제 ~p가 옳다는 것을 보증하는가? 어떤 명제 p와 그 부정 명제 ~p가 둘 다 아무 데에도 유용성이 없다면 어떻게 될까? 제임스의 이론에 의하면 이런 경우에는 p도 ~p도 둘 다 옳을 수 없을 것이다. 이는 이치에 닿지 않는 일이다. 무어(G. E. Moore, 1873-1958)는 제임스의 실용설이 이런 불합리한 경우 즉 반대 사례에 부딪힌다는 걸 깨닫고 제임스의 실용설에 반대하였다. 무어는 우리에게 꼭 한 번만 떠오르고, 떠오른 바로 그때에는 쓰일 곳이 없어서 유용하지 못한데도 옳은 생각이 많이 있다고 지적하였다. 예컨대 우리가 어제 천문학 책을 읽었는데, 그 책의 모든 문장이 옳은 명제를 표현하는 문장이었다고 해보자. 그렇다면 그 책을 읽을 때 우리의 마음에는 줄이어 옳은 명제가 떠올랐을 것이다. 그러나 그 옳은 명제들이 우리에게 떠오른 바로 그 순간에 그 생각이 어디에 유용하게 쓰였는가? 무어의 지적대로 유용하지 못하면서도 옳은 신념이 많이 있다는 건 분명하다.

한편 제임스의 실용설은 옳지 않은데도 유용한 신념이 많이 있을 수 있는 가능성을 허용하기 때문에 러셀은 실용설에 반대하였다. 러셀은 실용주의자들이 이 가능성을 간과했기 때문에 종교적 신념에 대하여 잘못 평가했다고 지적하였다. 러셀의 지적을 간추리면 실용주의자들은 자신의 원칙에 의거해서 신이 있다는 신념이 옳다(유용하다)고 결론을 내릴 수는 있지만, 신이 있다는 사실을 보여줄 수는 없다는 것이다. 러셀의 이 지적은 신념과 이 세계의 사실 사이에 성립하는 관계가 두 가지 있다는 생각이 전제되어 있다. 러셀은 실용주의자들이 그 가운데 한 가지 방식, 즉 주어진 사실과 유용한 신념이 관계를 맺는 방식을 강조하다가, 또 하나의 관계 즉 믿음의 내용인 명제가 이 세계에 그대로 사실로서 성립해 있는가라는 관계를 놓쳤다고 지적하고 있는 것이다. 러셀은 이 두 번째 관계가 진리에는 기본적 관계라고 생각하여 나중에 보듯이 대응설을 주장하였다.

그렇다면 러셀은 진리성과 유용성은 관련이 전혀 없다고 보았을까? 그렇지는 않다. 그는 "진리성"을 "유용성"으로 정의할 수는 없지만 —

다시 말해 동의어라고는 할 수 없지만 — 진리성과 유용성이 그처럼 자주 함께 나타난다면 유용성이 진리성의 기준(基準, criterion)일 수는 있을 것이라고 인정하였다. 러셀은 기준에 대하여 한 부류에 속하는 대상들이 속성 A와 속성 B를 동시에 지니고 있으면 그 두 속성은 서로 간의 기준일 수 있다고 정의하고, 속성 A가 속성 B보다 더 쉽게 발견될 수 있다면 속성 A는 속성 B의 쓸모 있는 기준이라고 규정하였다. 이에 비추어보면, 러셀은 유용성을 진리성의 쓸모 있는 기준으로 보고 있음을 알 수 있다. 그러나 우리는 지금 논의의 초점이 "진리성"의 의미 즉 정의에 있다는 사실과 "유용한데도 옳지 못한 신념" "옳은데도 유용하지 못한 신념"이 있으므로 주의해야 한다는 사실을 잊어서는 안 될 것이다.

정합설

미국에서 실용주의자들의 진리 이론이 전개되고 있는 동안에 영국에서는 이와 전혀 다른 정합설이 전개되고 있었다. 정합설의 제창자는 영국의 관념주의 철학자 브래들리(F. H. Bradley, 1846-1924)인데, 미국의 관념주의 철학자 블랜샤드(B. Blanshard, 1892-1987)도 이 이론을 강하게 주장하였다.

우선 정합설을 주장하는 사람들이 생각하고 있는 정합성을 분명히 이해할 필요가 있다. 우리는 이미 논리적 사고의 조건을 살펴볼 때 정합성에 대해 살펴보았다. 그때 "어떤 두 진술이 서로 정합한다."는 말은 우리가 두 진술을 승인해도 서로의 진리성을 부정하는 일이 일어나지 않는다는 뜻이라고 했다. 이 정의는 논리적 사고에 대해 설명하는 목적에는 아주 적절하다. 그러나 진리를 정합성에 의거하여 설명하려는 사람들은 여기에 한 가지 조건을 더 추가한다. 그것은 진술 속에 자체 모순이 없어야 한다는 것이다. 이 조건을 추가하는 이유는 쉽게 알 수 있다. 자체 모순 명제는 항상 그르고, 그른 명제는 진리일 수 없기 때문이다. 예컨대 "그는 둥근 사각형을 그렸다."는 진술이 어떻게 옳을 수 있겠는가? 그러나 위의 진술은 동시에 승인할 수 없는 두 진술 즉 "그는 원을 그렸다."와 "그는 사각형을 그렸다."는 두 진술을 동시에 승인하기 때문에 그르다고 해석한다면 정합성에 대한 정의는 첫 번째 표현으로 충분하다고 할 수도 있다.

어쨌든 정합설을 주장하는 사람들은 어떤 명제 · 신념 · 판단 · 문장 · 진술이 ① 그 속에 자체 모순이 없고 ② 다른 옳은 명제들과 정합하면 진리라고 주장한다. 이 두 조건은 우리가 진리를 발견해온 경험을 되돌아보면 굉장히 익숙한 것임을 알 수 있다. 우리는 아주 빈번히 명제의 진리성을 이미 옳다고 알고 있는 다른 명제들과 정합하는지 조사해봄으로써 시험하고 있다. 어느 역사 서적에 어떤 한국 사람이 정말로 1940년에 출생했는데, 1948년 한국 최초의 선거에 투표를 했다고 쓰여 있다면, 이 두 진술은 정합성이 없다. 그리고 첫 번째 진술이 옳으므로 두 번째 진술이 그르다는 판단은 누구나 옳다고 인정할 수 있다. 그렇다면 정합성은 진리성에 대한 쓸모 있는 기준인 셈이다.

그런데 정합성이 모든 옳은 명제의 속성이고 또 진리성의 쓸모 있는 기준임이 틀림없다면, 한 걸음 더 나아가 정합성이 진리성의 의미라고까지 주장할 수 있을까? 어떤 명제든지 다른 명제들과 정합하기 때문에 옳고, 또 옳은 명제는 반드시 다른 명제들과 정합하는 걸까? 요컨대 진리성과 정합성은 그게 그건가? 정합설 지지자들은 그렇다고 대답한다.

그들은 한 신념이 그 속에 자체 모순이 없고 모든 옳은 신념들의 체계와 정합하므로 옳다고 주장하기 때문이다. 블랜샤드는『사고의 본성』의 27장에서 정합설의 요지를 다음과 같이 밝히고 있다.

> 사고는 이해를 목표로 한다. 그리고 … 어떤 것을 이해하는 일은 그것을 어떤 지식 체계 안에서 불가피하게 일어난 것으로 파악하는 것을 뜻한다. 혹시 그 지식 체계가 단편적인 체계라면 그 지식 체계를 그보다 더 포괄적인 지식 체계 안에서 이해할 필요가 있을 것이다. 사고가 추구하는 유일한 목표는 … 그 바깥에는 아무것도 남아 있지 않고, 그 안에서는 아무것도 우연적일 수 없는 체계다. … 이러한 포괄적 체계 안에서 필연적으로 완벽하게 이해될 수 있는 명제가 그르다는 말은 무의미하다. 체계적 정합성은 우리가 진리성을 확인하기 위하여 사용하는 기준일 뿐만 아니라 진리성이란 말의 궁극적 의미다.

그런데 정합설을 주장하는 사람들이 이처럼 완전한 이해에 도달하고자 하는 대상 그것은 무엇인가? 그 대상은 실재(實在, reality)다. 실재란 우리가 사물들의 본성에 대한 궁극적 설명을 강요받을 때 최종적으로 언급하게 되는 그것이다. 이런 경우에 정합설을 주장하는 사람들은 "실재는 정신적인 것이다."라고 대답한다. 이 말은 이 세계의 본성이 겉보기와는 달리 근본적으로는 정신이나 사고의 본성과 같다는 뜻이다. 이들 관념주의자들은 우리의 정신이나 사고와 전혀 관계없이 저대로 존재하는 물질의 세계가 있다는 생각은 잘못이라고 본다. 이들은 우리가 세계라고 부르는 것은 정신이나 사고가 파악한 내용 이외의 다른 것일 수 없다고 보는 것이다. 그래서 우리의 지식은 끊임없이 절대적 지식의 경지를 향해 나아가는 "서로 정합하는 신념들의 체계"라고 주장한다.

독일 철학자 헤겔의 형이상학적 신조가 이 이론의 원천이다. 블랜샤드 는 역시 『사고의 본성』에서 정합설과 관념주의 세계관이 어떻게 얽혀 있는지 보여준다.

  … 실재란 완전히 질서 정연하고 완전히 이해될 수 있는 하나의 체계인 데, 우리의 사고는 그 발전 과정을 통해 그 자신을 이 체계에 점점 더 합치 시켜가고 있다. 우리는 개인이나 사회의 지식이 성장하는 일을 … 이 질서 정연한 전체를 확인하는 일이라고 생각할 수 있다. 그리고 이러한 견해를 받아들인다면 진리성에 대한 우리의 생각은 결정되어버린다. 진리성이란 실재에 대한 사고의 근사성이다. … 진리성의 척도란 사고가 … 지적 체계 를 향해 여행한 거리 바로 그것이다. … 어떤 특수한 명제의 진리성의 정도 는 무엇보다 먼저 그 명제와 경험 전체와의 정합에 의해서 판단되어야 하 고, 궁극적으로는 모든 것을 포괄하는 사고가 휴식을 취할 수 있는 저 '궁극 적 전체'와 그 명제의 정합에 의해 판단되어야 한다.[26]

  정합설은 실용설과 비교해보면 몇 가지 특징이 확연히 드러난다. 우 선 두 진리 이론이 모두 진리성을 인간의 지적 탐구 행위의 목표에 관한 견해에 입각해서 설명하지만, 실용설은 행위에 유용한 도구의 발달을 강 조하는 데 비해서, 정합설은 이해의 획득이라는 이론적 목표를 강조하고 있다. 또 한편 실용설은 어떤 신념의 진리성이 다른 신념들의 진리성과 관련이 없는 개별적 성질로 보는 데 반해서, 정합설은 어떤 신념의 진리 성을 다른 신념들 전체와의 정합성으로 보기 때문에 진리는 나눌 수 없는

---

26 B. Blanshard, *The Nature of Thought*, The Macmillan Company, 1940, vol. 2. p. 194.

하나의 전체라고 보고 있다. 끝으로 정합설은 유용성이 아니라 정합성
이 진리성이라고 볼 뿐만 아니라 "진리성"의 의미는 바로 "정합성"이라
고 주장한다. 정합설을 주장하는 관념주의자들은 이런 특징이 바로 정
합설의 장점이라고 주장할 것이다.

그러나 우리는 정합설이 진리 이론으로서 갖추어야 하는 세 가지 조건
을 만족시킬 수 있는지 살펴보아야 한다. 정합설이 처음 두 가지 조건
을 만족시킨다는 것은 금방 알 수 있다. 먼저 어떤 명제 p와 그 부정 명
제 ~p는 서로 모순 관계에 있으므로 도저히 양립할 수 없다. 따라서 p
와 ~p가 둘 다 옳을 가능성은 완전히 배제되므로 첫 번째 조건을 만족
시킨다. 그다음 어떤 명제 p가 일군의 다른 명제와 정합한다면, 그 부정
명제 ~p는 이 일군의 명제와 정합할 수 없으며, 그 역도 마찬가지로 성
립한다. 따라서 정합설은 어떤 명제 p가 옳거나 그 부정 명제 ~p가 옳
아야 한다는 두 번째 조건도 만족시킨다. 그런데 정합설은 세 번째 조
건도 만족시킬 수 있을까?

정합설에 대한 가장 근본적 비판은 이 이론이 세 번째 조건을 만족시
키지 못한다는 점을 지적하는 반론이다. 정합설에 따르면, 어떤 명제 p
는 q, r, s 등등의 옳은 명제들 전체 체계와 정합하기 때문에 옳게 된다.
그리고 정합설을 주장하는 관념주의자들은 p, q, r, s 등등을 사고나 판
단으로 본다. 그렇다면 무엇에 의하여 사고나 판단의 전체 체계는 옳게 되
는가? 이에 대한 답은 위의 인용문에서 보았듯이 이 사고나 판단의 전
체 체계가 실재에 근사하다는 것이거나 실재를 향해 접근해가는 과정에 있
다는 것이다. 그러나 이 답은 실은 "대응 관계"라는 다른 개념을 기초로
하지 않고서는 정합설이 성립할 수 없음을 보여주고 있다.

한편 정합설을 주장하는 사람들이 이 "대응 관계"를 완전히 부정하고자 한다면, 세계가 본질적으로 사고의 진행 과정과 비슷한 과정이라고 보는 관념주의 세계관을 가정하지 않을 수 없다. 그렇지 않으면 정합설은 이 세계와 관련 없는 허공에 뜬 이야기가 되기 때문이다. 정합설을 비판하는 사람들은 물론 이 관념주의 세계관을 거부한다. 하지만 설사 관념주의 세계관을 거부하지 않는다 하더라도 정합설은 러셀이 지적한 다른 비판에 부딪힌다. 러셀은 신념들의 정합적 체계가 오직 하나만 가능한 것이 아니라고 본다. 예컨대 소설가가 상상력을 충분히 발휘해서 우리가 알고 있는 것과 완전히 잘 들어맞으면서도 진짜 역사와는 전혀 다른 세계의 역사를 썼다면 어떻게 될까? 정합설에 의하면 소설가의 상상 세계사와 진짜 세계사 둘 다 옳은 역사일 것이다. 그러나 이는 터무니없는 말이다. 이와 같이 정합설은 신념들의 정합적 체계가 오직 하나만 있을 수 있음을 보장할 수 없기 때문에 신념과 이 세계의 사실 사이의 올바른 관계를 확립할 수 없다.

이 밖에도 러셀은 두 명제의 정합성 여부를 확인한다는 것은 두 명제가 모두 옳을 수 있는지 알아보는 일인데, 이 일을 위해서는 모순율(矛盾律, law of non-contradiction, I부 2장 "더 생각해볼 문제" 참조)이라는 논리적 진리를 미리 알고 있어야 한다고 지적하였다. 이 말은 논리적 진리들이 정합성의 증거가 되는 것이지, 정합성에 의해 논리적 진리의 본성이 설명될 수 없다는 뜻이다. 그러니까 러셀의 이 비판의 초점은 정합설에 의해 설명될 수 없는 논리적 진리들이 있으므로 정합설은 진리에 대한 설명으로서 부적절하다는 것이다.

그러나 진술의 진리성이 그들 사이의 정합성에 의해서 성립하는 진술들이 있음을 기억해두는 게 중요하다. 이러한 진술들은 경험적 사실과 부합하기 때문에 옳은 게 아니라 산술학의 기초를 이루는 공리계 즉 기초 개념, 공준, 규칙을 표현하는 일군의 진술에서 연역되는 정리(定理, theorem)이기 때문에 옳다. 즉 "7+5=12"라는 진술의 진리성은 산술학 체계와의 정합성이다. 이 점을 콰인(W. v. O. Quine, 1908-2000)은 "수학과 논리학의 법칙들은 오직 우리의 개념 체계와 정합하기 때문에 옳다."고 밝히고 있다.

대응설

대응설을 가장 먼저 명확하게 표현해보려고 노력했던 철학자는 아리스토텔레스다. 그는 대응설의 요점을 "그렇지 않은 것을 그렇다고 하는 말은 그르고, 그러한 것을 그렇다고 하거나 그렇지 않은 것을 그렇지 않다고 하는 말은 옳다."고 간명하게 표현하였다.[27] 이 말은 좀 막연하다. 그래서 로크(J. Locke, 1632-1704) 이후의 경험주의 철학자들은 "진리성이란 우리의 관념과 실재의 대응성"이라고 표현했다. 하지만 이 진술도 "관념"이나 "실재"라는 말이 둘 다 여러 가지 뜻으로 사용되므로 애매하기는 마찬가지다. "관념"은 (1) 신념이나 의견, (2) 어떤 사물이 어떠하다는 개념이나 생각, (3) 감각 지각이나 기억 심상을 의미할 수 있다. "실재"는 여러 가지 의미 가운데서도 특히 (1) 가장 중요하거나 궁극적인 것, (2) 계속되거나 지속되는 것, (3) 눈에 보이고 손으로 붙잡을 수 있는 것, (4) 인간의 지각에 대하여 독립적으로 존재하는 것을 의미할 수 있다. 따라서 관념과 실재의 대응이 무엇과 무엇의 대응인지

---

27 Aristotle, *Metaphysics*, Book 4, 1011b 26.

명확하지 않을 수 있다. 이 점을 극복하기 위해 20세기의 러셀은 『철학의 문제들』이라는 책에서 "신념은 그에 대응하는 사실이 있으면 옳고, 대응하는 사실이 없으면 그르다."고 주장하였다. 이 공식에 따르면 "데스데모나는 카시오를 사랑한다."는 오셀로의 신념은 그런 사실이 있으면 옳고, 그런 사실이 없으면 그르다. 마찬가지로 "지금 밖에 비가 오고 있다."는 진술은 실제로 비가 오고 있으면 옳고, 그렇지 않으면 그르다. 러셀이 "논리 원자주의 철학"이라는 논문에서 말한 다음 구절은 이 점을 잘 알려준다.

내가 여러분의 주의를 환기하려는 첫 번째 뻔한 이야기는 … 이 세계에 사실들이 있고, 사실들은 우리가 생각하든 않든 저대로 있다는 것이다. 또한 신념들이 있는데, 신념들은 사실과 관련이 있고, 사실과의 관계에 의해 옳거나 그르게 된다는 이야기다. … 내가 사용하는 "사실"이란 말은 명제를 옳거나 그르게 만드는 것들을 뜻한다. … 내가 "비가 오고 있다."고 말하면, 이 진술이 표현하는 명제는 어떤 기상 상황일 경우에는 옳고, 다른 기상 상황일 경우에는 그르다. … 내가 "소크라테스는 죽었다."고 말하면, 이 진술은 오래전에 아테네에서 일어난 어떤 생리적 현상 덕분에 옳게 될 것이다. "중력은 거리의 제곱에 반비례한다."고 말하면, 이 진술은 천문학적 사실에 의해 옳게 된다. "2 더하기 2는 4다."라고 말하면, 이 진술을 옳게 만드는 것은 수학적 사실이다. 이에 반해서 내가 "소크라테스는 살아 있다." "중력은 거리에 정비례한다." "2 더하기 2는 5다."라고 말하면, 앞에서 내 진술들을 옳게 만들었던 바로 그 사실들이 이 새로운 진술들이 그르다는 것을 밝혀준다.

내가 쓰는 "사실"이란 말은 소크라테스나 비나 태양처럼 개별적으로 존재하는 사물을 뜻하지 않는다는 것을 분명히 깨닫기 바란다.…

대응설을 주장하는 철학자들은 여기에다 한 가지 이야기를 덧붙인다. 대응설은 ① 어떤 진술이 옳을 때가 어떠한 경우인가를 설명하고 있지, ② 어떤 진술이 사실과 대응하는 것을 어떻게 발견하는가 즉 어떻게 확인하는가를 설명하고 있는 게 아니라는 것을 잊지 말라는 것이다. 어떤 진술이 실제로 옳은지 그른지 알아내기 위해서 우리가 실제로 밟는 절차는 검증 과정(檢證 過程, verification)이다. 내과 의사는 방사선 사진의 도움을 받아 "이 환자는 결핵에 걸렸다."는 자신의 진단 즉 신념을 검증할 수 있다. 그러나 이 의사의 신념은 실제로는 검증되기 전에도 옳았다. 따라서 대응설을 주장하는 철학자들은 실용설과 정합설이 검증에 유용한 기준을 설정했을 뿐이지, 진리성의 정의 즉 "옳다"는 말의 의미에 대해서는 밝히지 못했다고 비판한다.

그러면 대응설은 진리에 관한 설명이 갖추어야 하는 세 가지 조건을 모두 만족시킬까? 대응설의 주장을 다시 한 번 요점만 간추린다면 "'명제 p가 옳다.'는 말은 '명제 p에 대응하는 사실이 있다.'는 뜻이다."라고 표현할 수 있다. 이 공식을 러셀이 예로 든 사실들에만 적용한다면, 대응설이 첫 번째 조건과 두 번째 조건을 아주 쉽게 만족시키는 걸 알 수 있다. 실제로 비가 오고 있을 때라면 "지금 밖에 비가 오고 있다."는 진술 p와 그 부정 진술 ~p가 둘 다 옳을 수 없으며, 또 이 경우에는 p만 옳고 ~p는 옳을 수 없기 때문이다. 그리고 세 번째 조건에 대해서라면, 원래 대응설이 명제·신념·판단·문장·진술과 이 세계의 사실 사이에 적절한 관계 즉 대응 관계가 있어야 진리성이 성립한다는 기본적 관념에서 출발했으므로 아예 물어볼 필요도 없을 것이다.

그런데 철학자들은 대응설에 매력을 느끼면서도 "사실"과 "대응"이라는 개념이 여러 가지 난점에 부딪히는 것을 발견하였다. 우선 스트로 슨(P. F. Strawson, 1919-2006)은 대응설이 이 세계에 적어도 몇 개의 사실 이 있어야 한다는 가정을 전제로 하지 않으면 안 되는데, 이 가정을 엄 격하게 모든 옳은 진술에 적용하면 우리가 너무나 많은 사실이 있다고 인정할 수밖에 없다고 지적하였다. 이제 우리가 대응설을 인정하기로 하고, 다음 진술들이 옳다고 가정해보자.

① 모든 사람은 죽는다.
② 지금 밖에 비가 오거나 눈이 오고 있다.
③ 이 교실에는 코끼리가 없다.

이 세 진술 각각에 대응하는 사실은 과연 무엇인가? 진술 ①이 옳기 위해서는 모든-사람이-죽는다는-사실 즉 일반적 사실(一般的 事實)이 있 어야 한다. 진술 ②에 대해서는 더 기묘한 선언적 사실(選言的 事實)이 있 어야 할 것이다. 진술 ③에 대해서는 부정적 사실(否定的 事實)이 있어야 할 텐데, 그렇다면 이 교실에는 소나무가-없다는-사실, 자동차가-없 다는-사실 등등 무수히 많은 부정적 사실이 있게 될 것이다! 이는 이치 에 닿지 않는 일이다. 물론 러셀은 이런 문제점을 알고 있었으나, 이 난 점을 만족스럽게 해소시킬 수 없었다.

한편 대응 관계도 곰곰이 생각해보면 무엇과 무엇이 대응하는지 분 명하지 않다. 예컨대 한 문장이 이 세계의 사실과 대응한다고 할 때 문 장 속의 무엇과 사실 속의 무엇이 대응하는 걸까? 사실의 구조가 문장의 구조와 같다고 할 수도 없다. 그렇다면 문장이 표현하는 명제와 사실이 대응한다고 보면 어떨까? 하지만 이 경우에도 분명하지 못한 점이 있다. 그것은 어떤 사실인가? 그건 그 명제와 대응하는 사실일 것이다. 그러나 그건 딱히 어떤 사실인가? 사실이 명제와 대응하기 위해서는 어떤 특징이 필요한가? 물론 러셀은 앞에서 예로 나온 "비가 오고 있다." 등등의 신념의 대응 관계를 설명할 수는 있었다. 하지만 대응 관계에 대한 일반적 설명을 제시하지는 못하였다. 이래서 철학자들은 대응설에도 편안하게 머물 수 없게 된다.

수행설

지금까지 살펴본 세 가지 진리 이론 중에서는 그래도 대응설이 나은 편이다. 대응설이 사실을 자꾸 끌어들이고, 대응이라는 불가사의한 관계를 주장하긴 해도, 실용설과 정합설처럼 명백한 결점을 보이지는 않기 때문이다. 하지만 보편적 이론으로서 만족스럽지 못하기는 세 이론이 모두 마찬가지다. 이런 상황에서 다시 철학자들은 러셀의 대응설의 단점을 제거하고 장점은 살리는 노력을 시작하였다. 이 일에 실마리를 만들어낸 철학자 에이어(A. J. Ayer, 1910-1989)는 『언어와 진리와 논리』라는 책에서 다음과 같이 주장하였다.

여기서 진리성에 대한 분석에 되돌아가 생각해보면, "p는 옳다."라는 형태로 되어 있는 모든 문장에서 "…은 옳다."는 말은 논리적으로는 없어도 된다는 걸 깨닫게 된다. 예컨대 어떤 사람이 "앤 여왕은 죽었다."는 명제가 옳다고 말할 때, 이 사람이 주장하는 것은 앤 여왕이 죽었다는 것이 전부다. … 따라서 어떤 명제가 옳다고 말하는 것은 그 명제를 주장하는 일 바로 그것이고, 어떤 명제가 그르다고 말하는 것은 그 모순 명제를 주장하는 일 바로 그것이다. 이 사실은 "옳다"와 "그르다"라는 낱말이 어떤 (서술적) 의미

도 지니지 못하며, 다만 문장 속에서 주장과 부인의 표지로서의 기능만 하고 있다는 것을 알려준다.[28]

에이어의 이 말 속에는 세 가지 중요한 내용이 들어 있다.

① "옳다"와 "그르다"는 말은 명제·신념·판단·문장·진술의 속성을 서술하는 말이 아니다.
② 어떤 명제 p가 옳다는 말이 주장하는 것은 p라는 명제뿐이다.
③ 그러나 어떤 명제가 옳다는 진술, 예컨대 "눈이 희다는 말은 옳다."고 말하는 것은 이 세계의 어떤 사실(눈이-희다는-것)에 대해 언급하는 것이다.

누구나 세 번째 내용에 대응설의 장점이 수용되어 있음을 알 수 있을 것이다.

스트로슨은 에이어의 이러한 생각을 수행설로 발전시켰다. 스트로슨은 "…은 옳다"는 말이 없어도 괜찮은데도, 사람들이 이 말을 덧붙이는 이유를 설명하는 데 관심을 두었다. 그는 이 구절이 점선 부분에 나타나는 명제에 아무것도 덧붙이지는 않지만 무언가 기여하는 점이 있다고 보았다. 그게 무얼까? 스트로슨은 우리가 "옳다" "진리다"라는 말을 사용하여 수행하는 일은 누군가가 주장하는 명제를 확인하거나 강조하거나 인정하거나 동의하는 일이라고 설명하였다.

---

28   A. J. Ayer, *Language, Truth and Logic*, Penguin Books, 1975, p. 117-118.

스토로슨의 설명은 분명히 에이어의 생각을 이어받고 있으면서도, 최근에 밝혀진 언어의 기능에 대한 중요한 통찰에 근거를 두고 있다. 그것은 오스틴(J. L. Austin, 1911-1960)의 "수행적 발언"(遂行的 發言, perfor-mative utterances)에 대한 통찰이다. 오스틴은 서술문이 종래에 깨닫지 못했던 중요한 기능을 한다는 사실을 밝혔다. 종래에는 서술문은 어떤 경우가 성립해 있음을 주장하는 것으로만 보았다. 그런데 오스틴은 서술문이 행동을 수행하는 기능이 있음을 알아낸 것이다. 오스틴은 「수행적 발언」(遂行的 發言, performative utterances)이란 논문에서 서술문의 한 종류에 대하여 이렇게 주장하였다.

나는 이 글에서 언어의 여러 가지 용법 가운데 한 가지를 살펴보려고 한다. 내가 살펴보려고 하는 용법은 진술처럼 보이고, 문법적으로 진술로 분류되고, 또 무의미하지 않음에도 불구하고, 옳지도 그르지도 않은 한 종류의 발언이다. … 그것은 1인칭 · 현재 · 직설법 · 능동태의 평범한 동사를 사용하므로 전혀 애매함이 없는 발언인데도, 우리는 대하자마자 금방 그 발언이 옳거나 그를 수 없음을 깨닫게 될 것이다. 게다가 어떤 사람이 이 종류에 속하는 발언을 하면, 우리는 그가 그저 어떤 말을 하고 있다고 해서는 안 되고, 어떤 행동을 하고 있다고 생각해야 할 것이다. … 예컨대 결혼식에서 항상 신랑과 신부가 그러듯이 "예, 그렇게 하겠습니다!"(이 사람을 합법적 배우자로 받아들이겠습니다)라고 말할 때, 신랑과 신부는 결혼에 관한 보고를 하는 것이 아니라 실제로 결혼을 하고 있다.

그러면 오스틴이 발견한 서술문의 수행적 기능이 어떻게 스트로슨의 수행설의 근거가 되는 걸까? 이제 다시 한 번 "명제 p는 옳다."는 진술을 생각해보자. 서술문의 기능에 대한 종래의 견해에 따르면, 이 진술은 명제 p의 옳음(진리성)이 성립해 있음을 주장한다고 보아야 한다. 달리 말하면 이 진술 속의 "옳다"는 말은 명제 p의 어떤 속성에 대하여 서술하고 있다고 보아야 한다. 스트로슨은 바로 이 생각이 종래의 진리 이론들을 빗나가게 했다고 본다. 그래서 스트로슨은 오스틴의 통찰에 따라 "명제 p는 옳다."는 문장 속의 "옳다"는 말을 서술 기능을 하는 낱말이 아니라 "약속한다" "명명한다" 등등의 낱말처럼 수행 기능을 하는 낱말로 보게 되었다. 스트로슨은 이에 따라 "명제 p는 옳다."는 진술은 "나는 명제 p를 인정한다."는 뜻이라고 설명하였다.

그러나 스트로슨의 이 초기 견해는 정작 오스틴의 비판을 받았다. 오스틴은 스트로슨이 "옳다"는 말의 수행 기능만 일방적으로 강조했을 뿐, 명제 p가 이 세계의 사실을 기술한다(서술한다)는 일종의 대응 관계를 간과했다고 지적하였다. 스트로슨은 토론 끝에 오스틴의 이 비판을 받아들였다. 이렇게 해서 수행설은 어떤 사람이 "명제 p는 옳다."고 말하는 것은 명제 p가 이 세계의 사실 P에 관해서 기술한다고 인정하는 행위를 하고 있는 것이라고 설명할 수 있게 되었다. 이 설명을 맨 처음의 방식으로 바꾸면 "명제 p가 옳다."는 진술은 "나는 명제 p가 이 세계의 사실 P에 관하여 서술한다고 인정한다는 뜻이다."라고 표현할 수 있다. 그러니까 수행설에 따르면 누군가가 "블랙홀이 빛과 물질을 흡수한다는 것은 옳다."고 말하면, 그는 "블랙홀이 빛과 물질을 흡수한다."는 문장이 블랙홀이-빛과-물질을-흡수한다는-사실을 기술한다고 인정하고 있는 것이다. 그리고 그가 자신의 말에 책임을 느껴 스스로 이 사실을 확인하려고 노력한다면 그는 진지한 진리 탐구자가 될 것이다.

이제 우리는 마침내 진리와 이 세계의 사실 사이의 올바른 관계를 파

악한 진리 이론에 도달한 셈이다. 대응설의 기본 생각과 언어의 수행
기능에 대한 통찰을 기초로 한 수행설이 바로 그것이다. 수행설은 진리
에 대한 설명이 갖추어야 할 세 가지 조건을 대체로 만족시킨다. 앞으로
이 이론에 대한 심각한 비판이나 이보다 더 훌륭한 설명이 나올지 모른
다. 그러나 그때까지는 "진리란 무엇인가?"라는 물음에 대한 답으로 인
정해도 괜찮을 것이다.

5. 진리는 영원하다

　지금까지 우리는 철학자들이 진리성에 대한 일반적 정의에 도달하기
위해서 전개해온 토론을 살펴보았다. 이 토론은 실용설이 주장된 이후
에 본격적으로 시작되어 반세기 이상 수많은 철학자의 성실한 노력 덕
분에 마침내 수행설에 도달하고 있다. 우리는 이 토론을 통해서 지식의
핵이 되는 "진리" 즉 "옳은 명제"가 많이 있을 수 있다는 것을 확인하였
으므로, 이제 지식에 대해 생각해볼 수 있는 예비적 준비는 갖추어진
셈이다. 그러나 이 일을 위해서는 한 가지 작업이 더 필요하다. 그건 진
리에 관한 여러 가지 잘못된 생각을 제거하여 토론의 주변 환경을 말끔
히 정돈하는 일이다. 다음 장에서 진행될 지식에 관한 철학적 사고가
진리에 관한 오해로 말미암아 불쑥불쑥 튀어나오는 의문에 의해 방해
받지 않기 위해서는 이 일이 필요하다. 우리가 일상생활에서 접하게 되
는 진리에 관한 오해는 두 종류가 있다. 하나는 진리와 신념을 혼동하는
오해이고, 또 하나는 진리가 상대적이라는 오해이다.

진리와 신념

먼저 진리와 신념을 혼동하는 오해를 검토해보자. 진리와 신념을 혼동하는 사람들은 스스로 자각하든 못하든 진리에 관해서 주관주의적 정의를 마음에 지니고 있다. 그들은 진리란 자기가 옳다고 믿는 명제라고 생각한다. 이런 생각을 갖고 있는 사람들은 아래의 두 진술이 완전히 다른 의미를 지니고 있음을 모르고 있다.

① 명제 p는 옳다.
② 나는 명제 p가 옳다고 믿는다(생각한다).

첫 번째 진술은 명제 p가 진리임을 주장하고 있고, 두 번째 진술은 자기가 명제 p는 옳다고 믿고 있음을 주장하고 있으므로, 이 두 진술은 주장하는 내용이 완전히 다르다. 그래서 이 두 진술을 혼동하게 되면 객관적 진리와 주관적 신념을 혼동하게 된다. 사람은 어떤 명제가 옳지 않은데도 옳다고 믿을 수 있고, 명제는 아무도 믿지 않을지라도 옳을 수 있다. "지구는 평평하다."는 명제는 실은 옳지 않은데도 옛날에는 동양과 서양의 누구나 옳다고 믿었다. 명제의 진리성(옳음)이나 허위성(그름)은 그에 대한 사람의 믿음 여부에 의해 영향을 받지 않는다. 신념이 옳기 위해서는 신념이 이 세계 속의 사실에 따라야 한다. 이 세계의 사실이 우리의 신념에 맞추기 위해 제 스스로 조절하지는 않는 법이다.

이것은 너무나 명백한 사실인데도 사람들은 가끔 이 점을 혼동한다. 이런 혼동에 빠진 사람들은 "믿는다"라는 동사를 사용해야 할 곳에 "옳다" "그르다"라는 형용사를 사용한다. 이 때문에 혼란은 더 심해지게 마련이다. 예컨대 어떤 사람이 "이 명제는 옳다고 증명될 때까지는 그르다." "이 명제는 그르다고 증명될 때까지는 옳다."고 말한다면, 얼핏 듣기에는 명제의 진리성에 관한 진술처럼 들리지만, 실은 명제에 대한 자신의 믿음에 관한 진술이다. 이 말은 원래 "나는 이 명제가 옳다고 증명될 때까지는 그르다고 믿겠다." "나는 이 명제가 그르다고 증명될 때까지는 옳다고 믿겠다."는 뜻이다. 그렇다면 어떤 명제가 옳다고 증명될 때까지는 그르다고 믿는 일이나, 그르다고 증명될 때까지는 옳다고 믿는 일이나 둘 다 불합리하기는 마찬가지다. 이미 앞에서 살펴본 바와 같이 사람의 믿음이 명제를 옳거나 그르게 만드는 것은 아니기 때문이다.

우리의 일상생활에서 벌어지는 토론이나 논쟁을 들어보면 이와 비슷한 혼동이 빈번히 일어나고 있음을 확인할 수 있다. 흔히 우리는 어떤 사람이 자기가 내세운 명제가 비판을 받게 되면 "적어도 나에 관한 한 이 명제는 옳다."는 말로 방어벽을 세우는 경우를 많이 본다. 이 말은 무슨 뜻일까? 정말 자기가 내세운 명제가 옳다는 말인가, 아니면 자기는 그 명제가 옳다고 믿는다는 말인가? 거의 언제나 후자의 경우일 것이다. 그렇다면 원래의 진술은 겉으로는 명제의 진리성에 관한 진술처럼 보이지만, 실제로는 자신의 신념에 관한 진술이다. 그리고 믿음이 아무리 강하더라도 어떤 사람이 믿는 명제는 그를 수 있으므로, 원래의 명제가 옳은지 그른지 확인하는 문제는 그대로 남아 있는 것이다.

이런 식의 잘못된 표현들 가운데서 가장 크게 혼란을 일으키는 말은 "나에게는 이 명제가 옳지만, 당신에게는 옳지 않을 수 있다."는 말이다. 도대체 "나에게는 이 명제가 옳다."는 말은 무슨 뜻인가? 분명히 "나는 이 명제가 옳다고 믿는다."는 뜻일 것이다. 그렇다면 사람의 믿음이 진리를 만들지 못하므로 이 명제는 실제로는 그를 수 있다. 그런데도 왜 원래의 진술은 "옳다"는 말을 사용할까? 그건 자기의 신념이 객관적으로 옳은 신념 즉 진리(옳은 명제)에 대한 믿음인 것처럼 들리게 하기 위한 수사적 목적 때문이다.

아마 누구나 토론을 하다가 한쪽에서는 "나에게는 이 명제가 옳다."고 고집하고, 다른 쪽에서는 "나에게는 이 명제가 옳지 않다."고 고집함으로써 토론이 끝나버린 경우를 경험했을 것이다. 이 경우 역시 첫 번째 사람은 그 명제를 믿고, 두 번째 사람은 그 명제를 믿지 않는다는 의미 이외의 다른 뜻은 없다. 이렇게 끝나는 토론은 두 사람이 처음의 입장을 완강하게 고집할 뿐이어서 "이 명제는 옳은가 그른가?"라는 원래의 문제는 그대로 남아 있게 된다. 예컨대 신에 관한 토론이 "나에게는 신이 있지만, 당신에게는 신이 없다."는 말로 끝날 수 있는 걸까? 그게 무엇이든 ("있다"는 말의 일상적 의미로는) 있거나 없거나 둘 가운데 하나일 뿐이므로, 두 사람 가운데 한쪽은 잘못 생각하고 있다고 보아야 한다. 동일한 명제가 옳으면서 동시에 옳지 않을 수는 없다. 이 교실에 코끼리가 있거나 없다. 마찬가지로 신은 있거나 없다. 그렇다면 위의 말은 "나는 신이 있다고 믿지만, 당신은 신이 있다고 믿지 않는다."는 뜻이다. 따라서 "신이 있다."는 명제가 옳은가 옳지 않은가라는 원래의 문제는 조금의 진전도 없이 그대로 남아 있는 것이다. 이와 같이 진리와 신념을 혼동하는 표현이 토론에 분별없이 사용되면 그 토론은 오직 시간과 노력의 낭비에 지나지 않게 된다.

진리는 상대적인가?

이제 진리에 관한 두 번째 종류의 오해를 검토해보자. 어떤 사람들은 "진리는 상대적이다."라는 주장을 앞세우면서 진리를 부정한다. 그런데 곰곰이 생각해보면 이 말은 앞뒤가 잘 안 맞는다. 진리 즉 옳은 명제면 그만이지, 진리가 상대적이라는 말은 대체 무슨 뜻인가?

이 진술은 일상생활에서 적어도 세 가지 의미로 사용된다. 첫 번째 의미는 진리란 어떤 사람이 믿느냐 믿지 않느냐에 따라 결정된다는 뜻이다. 이는 이미 앞에서 살펴본 바와 같이 진리와 신념을 혼동하는 경우이므로 다시 언급할 필요가 없겠다. 두 번째 의미는 이 세계에 관한 어떤 명제 p와 그 부정 명제 ~p의 진리성은 상대적이라고 주장하는 경우다. 이 말은 명제 p와 그 부정 명제 ~p는 모순 관계임을 지적하고 있을 뿐이다. 물론 p가 옳으면 ~p가 그르고, ~p가 옳으면 p가 그르다. 그러나 이 세계에 관한 명제 p와 ~p 둘 중의 어느 명제가 정말 옳은지는 논리학이 결정하는 문제가 아니라 이 세계의 사실에 대한 탐구에 의해 결정되는 문제다. 세 번째 의미는 하나의 명제가 사람·장소·시간에 따라 옳기도 하고 그르기도 하다고 주장할 수 있다는 뜻이다. 우리가 주의를 기울여 비판하고 넘어가야 할 오해는 바로 이 주장이다. 이 세 번째 의미도 오해나 과오로 말미암아 생긴 것이긴 하지만, 그 오해나 과오가 앞의 두 경우처럼 뻔히 드러나 있지 않기 때문이다.

우선 "진리는 상대적이다." 즉 "진리는 사람·장소·시간에 따라 변한다."고 주장하는 사람들이 일반적으로 범하는 과오를 하나 지적해야 하겠다. 그것은 그들이 소위 "상대적 진리"의 실례로 정의·규범·규

칙·명령·법률·제도·평가 등을 예로 든다는 사실이다. 이 모든 것
이 사람·장소·시간에 따라 변하기 때문에 진리는 상대적이라는 것이
다. 그러나 이런 주장을 하는 사람들은 정의·규범·규칙·명령·법
률·제도·평가는 옳거나 그른 것이 아니라는 사실을 까맣게 모르고 있
다. 특정한 장소와 시기에 살고 있는 사람들이 어떤 정의·규범·규
칙·명령·법률·제도·평가를 인정할 적에 흔히 이것들에 대해 "옳다"
"진리다"라는 말을 쓰지만, 이는 그저 찬성이나 칭찬의 말 이외에 아무
것도 아니다. 이런 것들에 대해서 옳은지 그른지 묻는 것은 그 물음 자체가
무의미하다. 예컨대 정의는 어떤 낱말의 사용에 대한 약정이므로 옳지도
그르지도 않다. 정의에 대해서는 정의하는 목적을 충족시키는지 충족
시키지 못하는지를 물어야 올바르다. 마찬가지로 규범·규칙·명
령·제도·법률에 대해서는 사람들이 그때 그곳에서 그걸 설정하는 목
적에 적절한지 적절하지 못한지를 물어야 하며, 평가에 대해서는 그 사
람이 그때 그곳에서 그 대상에 내린 평가는 정확한지 부정확한지를 물
어야 한다. 이런 것들은 사람·장소·시간에 따라 변하며, 또 변하는
게 당연하다. 그러나 정의·규범·규칙·명령·법률·제도·평가 자
체는 아예 명제가 아니므로 "옳은 명제" 즉 "진리"가 될 수 있는 가능성
조차 없다. 따라서 이런 것들이 변하므로 진리가 상대적이라는 주장은
분명히 명제에 대한 이해 부족에서 나온 과오에 지나지 않는다.

　그러면 정말 하나의 명제 즉 동일한 명제가 사람·장소·시간에 따라
옳기도 하고 그르기도 할 수 있는지 차례로 검토해보자.[29] 사람에 따라

<hr>

29　동일한 명제의 진리성에 대한 상대성 주장에 관한 더 자세한 설명은 『철학적 분
석 입문』(An Introduction to Philosophical Analysis, [J. Hospers, 3nd., ed., Routledge & Kegan
Paul, 1970] 이재훈·곽강제 옮김, 담론사, 1997) 35-42쪽을 참고하기 바란다.

동시에 옳기도 하고 그르기도 한 명제의 실례는 어떤 것이 있을까? 실은 이런 명제는 없다. 그러나 논의를 위해서 다음과 같은 상황을 상상해보자. 철수는 이가 아프고 영희는 이가 아프지 않은데, 두 사람이 동시에 "나는 이가 아프다."고 말했다고 해보자. 그러면 동일한 명제가 동시에 철수에게는 옳고, 영희에게는 그를까? 전혀 그렇지 않다. 이 경우 할 수 있는 주장은 "철수는 이가 아프다."는 명제는 옳고, "영희는 이가 아프다."는 명제는 그르다는 것뿐이다. "나"라는 말은 언제나 발언자를 가리킨다는 걸 잊지 말아야 한다. "나"라는 말은 철수가 쓰면 철수를 가리키고, 영희가 쓰면 영희를 가리킨다. "나는 이가 아프다."는 문장은 철수가 말하는가, 영희가 말하는가에 따라 주어가 완전히 다른 명제를 표현한다. 따라서 이 예는 동일한 명제가 이 사람에게는 옳고 다른 사람에게는 그르다고 주장할 수 있는 증거가 되지 못한다.

　동일한 명제가 장소에 따라 옳기도 하고 그르기도 하다는 말도 우리를 오도하기는 마찬가지다. 이번에는 지금 서울에는 비가 오고 있고, 전주에는 비가 오지 않는다고 가정하고, "지금 이곳에 비가 오고 있다."는 문장을 서울에 있는 사람과 전주에 있는 사람이 동시에 발언했다고 해보자. 이 경우 동일한 명제가 서울에 대해서는 옳고 전주에 대해서는 그를까? 그렇지 않다. 조금만 주의를 기울인다면, 이번에는 "이곳"이라는 말이 문제를 일으키고 있음을 깨달을 것이다. 이 경우에도 "이곳"이라는 말에 실제의 지명을 대치하여 완전한 문장을 만들면, "지금 서울에 비가 오고 있다."는 명제는 옳고, "지금 전주에 비가 오고 있다."는 명제는 그르다. "이곳"이란 말은 어떤 진술이 발언되는 바로 그곳을 가리키기 때문이다. 위의 두 명제는 완전히 다른 명제이므로 동일한 명제가 장소에 따라 동시에 옳기도 하고 그르기도 하다는 주장의 증거가 될 수 없다.

이와 똑같은 방식의 반론이 동일한 명제가 시간에 따라 옳기도 하고 그르기도 하다는 주장에도 성립한다. 다시 지난 1월 1일에는 전주에 하루 종일 비가 왔고, 오늘은 비가 오지 않는다고 가정하고, "지금 전주에 비가 오고 있다."는 진술을 했다고 하자. 이 진술은 지난 1월 1일에는 옳고 오늘은 그를까? 그렇지 않다. 이번에도 "지금"이라는 말 대신에 날짜를 대치하면 두 개의 문장이 만들어지고, 그 두 문장은 분명히 다른 날의 기상 상태를 기술하는 두 개의 다른 명제임을 알 수 있을 것이다. 따라서 동일한 명제가 시차를 두고 동시에 옳기도 하고 그르기도 하다는 주장은 성립할 수 없다.

이처럼 대명사 · 지시 형용사 · 지시 부사 등이 사용된 진술의 의미를 실제의 사람 · 장소 · 시간을 드러내어 명확하게 표현하면, 명제의 진리성이 사람 · 장소 · 시간에 대하여 상대적으로 성립하는 것이 아님을 확실하게 알 수 있다. 이 점은 사람과 장소와 시간에 관한 진리의 경우에도 마찬가지다. 우리는 진리를 언어로 표현할 때 사람 · 장소 · 시간이 명확하게 표현되도록 주의를 기울여야 한다. 그리고 이렇게 표현된 진리는 사람 · 장소 · 시간의 변화에 전혀 영향을 받지 않는다. 어떤 명제가 진리라는 말은 그 명제가 서술하고 있는 사실이 계속 그대로 존재해야 한다든가 어디에서나 일어나야 한다는 뜻이 아니다. 사람이 일으키는 사건이나 자연에서 일어나는 사실은 모두 공간과 시간 속에서 꼭 한 번 일어나고 사라진다. 그러나 진리는 영원하다. "1948년 8월 15일에 대한민국의 정부 수립이 선포되었다."는 진술이 언제 어디서 그른 진술로 바뀔 수 있겠는가?

✔️ 더 생각해볼 문제

1. 회의론자들은 진리가 전혀 없다고 주장하거나, 진리가 있어도 사람이 알 수 없다고 주장한다. 이는 그저 인간의 지적 능력에 대한 실망의 감정을 표현하는 것뿐이지 않을까? 만일 그들이 이 신념을 합리적 신념이라고 내세운다면 대체 그 증거는 무엇인가? 이 주장에 대한 반대 논증을 구성해보자.

2. 하나의 명제가 어느 정도는 옳고 어느 정도는 그를 수 있을까? 어떤 명제가 옳다는 말도 일리가 있고, 그르다는 말도 일리가 있다는 말이 성립할 수 있을까? 이런 말을 하는 사람이 언급하는 대상이 정말 명제일까?

3. 실용설은 옳은 신념이 일을 해낸다는 쪽만 강조한다. 하지만 그른 신념도 신념이긴 마찬가지다. 그렇다면 그른 신념도 일을 해낼 것이다. 먼저 "일을 해낸다."는 말이 무슨 뜻인지 생각해보고 나서, 자신의 의견을 말해보자.

4. 정합설은 어떤 명제가 자체 모순 명제가 아니면서, 이미 옳은 명제들과 정합하면 진리라고 주장한다. 그렇다면 이 주장은 명제의 진리성을 미리 전제하고 있는 것 아닐까? 또 인류가 최초로 진리성을 확인한 명제는 그 명제 외에 다른 명제가 없기 때문에 어떤 명제와도 정합할 수 없다. 그렇다면 이 최초의 명제의 진리성은 어떻게 설명될 수 있을까? 자신의 생각을 말해보자.

5. 다음 말들에 대하여 비판적으로 논평해보자. 만일 이런 말들이 무의미한 문장이 아니라면, 그 의미를 다른 말로 표현해보자.

    ① 그 명제는 그에게는 옳지만 나에게는 옳지 않다.

    ② 그 명제는 그에 대해서는 옳지만 나에 대해서는 옳지 않다.

    ③ 어떤 명제든 어느 정도 증거를 가질 때까지는 옳지도 그르지도 않다.

    ④ 어떤 명제든 누군가가 옳다고 생각할 때까지는 옳지도 그르지도 않다.

6. 철수는 "p가 옳다."고 말하고, 영희는 "p가 옳지 않다."고 말하면, 이들의 진술은 분명히 모순 관계에 있다. 이제 철수가 "나는 p가 옳다고 믿는다."고 주장하고 영희는 "나는 p가 옳지 않다고 믿는다."고 주장하는 경우에도 두 진술은 모순 관계인가? 이 예는 진리가 상대적이라는 주장의 증거일 수 있을까?

7. 어떤 사람들은 "'지구는 평평하다.'는 명제가 중세의 문화나 역사적 상황에서는 진리였지만 지금은 진리가 아니므로, 진리는 상대적이다."라고 주장한다. 먼저 이 주장 속의 "중세의 문화나 역사적 상황에서는 진리였다."는 말의 뜻을 명료하게 파악하고 나서, 이 주장을 비판해보자.

2 ▬▬

우리는 어떻게 아는가?

1. 앎의 종류

앞 장에서 우리는 진리들이 분명히 있다는 것과 진리들이 어떠한 것인지 설명하였으므로, 이제 학문으로 체계화되기 전의 지식이 어떠한 상태인지 살펴보기로 하자. 하지만 이번에도 "지식이란 무엇인가?"라는 물음에 대해 곧바로 대답하려고 하면 사고가 혼란에 빠지기 쉽다. 그 까닭은 학문으로 체계화되는 지식은 우리가 "안다"는 말을 적용하는 여러 가지 상태 가운데 하나일 뿐이기 때문이다. 우리는 "안다"는 말을 적어도 세 가지 의미로 사용한다. "나는 그것을 익히 안다." "나는 그것을 할 줄 안다." "나는 그것이 어떠하다는 것을 안다."는 세 가지 표현이 그걸 보여준다. 이는 우리의 앎이 적어도 세 종류가 있음을 뜻한다. 학문의 요소가 되는 지식은 이 가운데서 세 번째 종류의 앎이다. 그런데 지식이 다른 종류의 앎과 명확하게 구별된다 하더라도, 흔히 이 종류에 속하는 것으로 간주되는 상식(常識, common sense)이나 지혜(智慧, wisdom)와 또 한 번 구별되어야 한다. 따라서 우리는 지식에 관해서도 우리의 물음을 선명하고 분명하게 파악하는 일을 먼저 하지 않을 수 없다.

익히 앎 (익숙지, 益熟知, knowledge by acquaintance)

사람들이 "나는 안다."고 말하는 경우를 주의 깊게 살펴보면, "안다"는 말이 "익숙하다" "친숙하다"는 뜻으로 빈번히 사용되고 있음을 볼 수 있다. 사람은 누구나 자기 자식이나 가족이나 친지, 자기가 애지중지하는 것들, 자기가 사는 고장을 "잘 안다"고 말하는데, 이런 경우 "안다"는 말은 "익숙하다" "친숙하다"는 뜻이다. 이런 뜻으로 "안다"는 말을 적용할 수 있는 대상은 굉장히 많다. 그런데 사람들은 어떤 것을 익히 알고 있으면서도, 그것에 관해서는 모르는 수가 있다. 예를 들어 어떤 사람이 평소 즐겨 감상하는 음악을 익히 안다고 여기고 지내다가, 어느 날 누군가로부터 그 음악의 작곡가, 악곡 형식, 연주자 등에 대하여 질문을 받으면 대답을 못하는 수가 있다. 이 경우 이 사람은 그 음악을 익히 알고 있지만, 그 음악에 관해서는 모르고 있다고 하겠다. 그러나 우리는 원자나 소립자와 "익숙하다" "친숙하다"고는 도저히 말할 수 없으며, 오로지 원자나 소립자에 관해서 알 뿐이다.

이 차이는 어떤 어린이의 어머니와 소아과 의사를 대비해보면 더욱 분명히 드러난다. 어머니와 소아과 의사는 둘 다 어린이를 안다고 할 수 있다. 하지만 두 사람의 앎은 다르다. 어머니는 사랑으로 자기 아이를 매일 직접 보살피면서 알게 되므로 이 앎은 사랑과 동일하지는 않을지라도 사랑과 분리될 수 없다. 이와 달리 어린이에 대한 소아과 의사의 앎은 어린이를 밖에서 냉정하게 관찰하고 과학적 방법으로 연구하여 얻은 것이다. 베르그송(H. Bergson, 1859~1941)은 어머니가 어린이를 아는 것과 같은 방식으로 얻어지는 앎을 중시하고, 이런 앎은 직관(直觀, intuition)에 의해 얻어진다고 설명하였다. 이런 앎은 특히 예술의 영역에서 자주 논의된다. 예술에서는 최고의 공감을 불러일으키는 작품을 우리가 가장 잘 안다고 할 수 있다. 시인 릴케(R. M. Rilke, 1875~1926)의 "우리가 예술 작품에 진정으로 도달하는 것은 사랑을 통해서다."라는 말은 이 점을 잘 표현하고 있다.

할 줄 앎 (기능지, 技能知, knowing how)

한편 우리는 "나는 …을 할 줄 안다."는 말도 아주 빈번히 사용한다. 우리는 할 줄 아는 것이 굉장히 많다. 우리는 노래를 할 줄 알고, 기타를 칠 줄 알며, 자전거를 탈 줄 알고, 축구 경기를 할 줄 알며, 텔레비전 화면을 조정할 줄 안다. 우리는 이 밖에도 수많은 것을 할 줄 안다. 이러한 "할 줄 앎"은 행동에 직접 관련되어 있다. 무엇을 할 줄 안다는 것은 어떤 능력(能力, ability)을 갖추고 있는 상태다. 이처럼 어떤 능력을 갖추고 있는 상태도 일종의 앎으로 인정해야 한다. 그러나 대부분의 사람이 다음에 살펴보게 될 명제 형태의 앎만을 너무 중시하는 경향이 있다. 우리는 이 경향에 대한 라일(G. Ryle, 1900~1976)의 다음과 같은 경고를 귀담아들어야 할 것이다.

이론가들은 … 이론의 본성, 근원, 신임 여부에 대한 탐구에 너무 열중해 있기 때문에, 대부분의 이론가는 사람이 일을 수행할 줄 안다는 것이 무엇인가라는 문제를 무시한다. 누구나 일상생활에서는 이와 반대로 … 어떤 사람이 얼마나 많이 알고 있느냐보다는 그 사람의 능력에 더 많은 관심을 가지며, 그가 배운 진리의 양보다는 진리의 운용 능력에 더 깊은 관심을 가진다. 참으로 어떤 사람의 지적 탁월성과 열등성에 관심을 가질 때조차도, 우리는 혼자 힘으로 진리를 발견하는 능력과, 진리들이 발견되었을 때 그것들을 조직하고 더욱 개발하는 능력에 흥미를 느끼지, 이미 획득하여 보유하고 있는 진리의 재고량에는 별로 관심을 갖지 않는다.

그렇다면 내가 어떤 능력을 지니고 있는지 어떻게 시험할 수 있을까? 그 방법은 내가 어떤 상황 속에서 문제의 그 활동을 수행할 수 있는지 확인하는 것이다. 이 말은 중요한 교훈을 알려 준다. 우리는 능력을 먼저 확인하고 어떤 일을 하는 것이 아니라, 어떤 일을 할 줄 안다는 것이 확인될 때 바로 그 능력을 인정받는다. 따라서 일상생활에서 작건 크건 성과를 얻고 싶다면 여러 가지 일을 할 줄 아는 능력을 키우는 것이 중요하다.

…라는 것을 앎 (명제지, 命題知, knowing that)

우리가 "안다"는 말을 가장 빈번히 사용하는 것은 어떤 명제를 안다고 주장하는 경우다. 이 경우 우리는 "나는 … 라는 것을 안다."는 표현을 쓰는데, 점선 부분에는 무엇이 어떠하다는 명제가 등장하게 된다. "나는 해가 동쪽에서 뜬다는 것을 안다." "나는 세포가 분열한다는 것을 안다." "나는 7+5는 12라는 것을 안다." 등등의 경우가 그런 예다. 학문을 이루는 지식은 여기에 속한다. 이 앎은 "익히 앎"이나 "할 줄 앎"과는 달리 언제나 서술 문장으로 표현될 수 있다. 이런 "명제 형태의 앎"은 누구나 굉장히 많이 알고 있으므로 스스로 예들을 생각해보기 바란다.

그러나 명제 형태의 앎에 대해서 두 가지 사실을 언급해둘 필요가 있다. 첫째는 명제 형태의 앎이 앞에서 설명한 "익히 앎"과 "할 줄 앎"에 관련이 있다는 것이다. 우리가 어떤 사람을 익히 알 수 있으려면, 그 사람에 관한 옳은 명제를 얼마쯤은 알아야 한다. 그 사람에 관해서 아무것도 모른다면 도대체 어떻게 그 사람과 친숙해질 수 있겠는가? 한편 "할 줄 앎"의 경우에도 명제 형태의 앎이 어느 정도 미리 있어야 한다. 우리가 물속에서 손과 발을 어떻게 움직여야 하는지에 관해서 조금이나마 알기 전에 어떻게 헤엄칠 줄 알게 될 것인지 깨닫기는 쉽지 않다. 어떤 것에 관한 명제 형태의 앎은 그것을 활용할 줄 알게 하는 데 기초가 된다. 우리 인생에 "익히 앎"과 "할 줄 앎"이 지극히 중요한데도 학교 교육이 명제 형태의 앎에 중점을 두는 이유가 여기에 있다.

둘째는 "명제 형태의 앎"에는 학문을 이루는 지식 외에도 상식과 지혜가 속한다고 보는 사람이 많으므로 이 세 가지를 구별해야 한다는 것이다. 먼저 상식(常識, common sense)은 일상의 환경 속에서 매일 겪는 경험으로부터 그저 얻어지는 앎이다. 상식을 얻기 위해서는 감각 기관과 기억 그리고 아주 단순한 추리가 필요할 뿐이다. 흔히 상식은 모든 사람이 "공유하는 것"이라고 말하지만, 이는 모든 사람이 똑같은 수효와 내용의 상식을 갖고 있다는 뜻이 아니다. 이 말은 사람이 일정한 자연적 조건과 생물적 조건과 사회적 조건을 갖추고 있는 한 이 조건들에 의해 똑같은 방식으로 영향을 받게 된다는 뜻이다. 상식은 바로 이 영향을 그저 받아들여 이루어진 신념이다. 따라서 상식은 서술 문장으로 표현될 수는 있으나 표현이 아주 느슨하고 지극히 단편적이다. 때로 상식은 영원히 변하지 않는다고 여겨지는데, 상식의 안정성은 자연적 조건과 생물적 조건과 사회적 조건이 쉽사리 변하지 않는다는 사실과 느슨한 언어로 표현된다는 사실로 말미암아 얻어지는 특징이다. 그러나 상식은 모든 지적 탐구의 출발점이 된다. 우리는 경험의 영역을 확장하고 정교하고 객관적인 방법들을 사용해 상식을 넘어설 수는 있지만 상식 없이 탐구를 시작할 수 없다. 그래도 상식은 객관적 방법에 의해 얻어지지 않고, 체계화되지 않았다는 점에서 학문을 이루는 지식과 구별된다.

지혜(智慧, wisdom)는 예로부터 매우 미묘한 것으로 여겨져왔기 때문에 간명하게 설명하긴 쉽지 않다. 그러나 대체적으로 보아 "지혜"라는 말이 눈에 띄게 다른 두 가지 의미로 사용되고 있음은 분명하다. "지혜"라는 말은 ① 알고 있는 것을 특정한 상황에서 사람에게 이롭게 사용하는 능력을 가리키기도 하고, ② 사람의 사고나 행동을 좋은 쪽으로 이끌어주는 생각을 가리키기도 한다. 우리가 어떤 사람이 현명한 판단·결정·행동을 했기 때문에 그에게 지혜가 있다고 인정하는 경우에는 지혜를 능력으로 보고 있다. 그러나 능력으로서의 지혜는 서술 문장으로 표현될 수 없으며, 설혹 표현된다 하더라도 일련의 서술 문장이 능력인 것은 아니다. 흔히들 학문적 지식과 비교하는 지혜는 두 번째 것이다. 이 두 번째 의미의 지혜는 서술 문장으로 표현될 수 있어서 곧잘 학문을 이루는 지식과 혼동된다. 그러나 이 지혜도 객관적 방법에 의해 얻어지지 않고, 체계화되지 못하며, 더욱이 특정한 상황에서 특정한 사람에게만 지혜로 인정된다는 점에서 학문적 지식과는 확연하게 구별된다. 예컨대 속담이나 금언은 특정한 상황에서 특정한 사람에게 지혜로 작동할 수 있지만 다른 상황에 처한 다른 사람에게는 지혜로서 작동하지 않을 수 있기 때문에 학문적 지식 체계에 포함되지 못한다.

지금까지의 설명은 학문적 지식에 대해서 적극적으로 밝히지 않았다. 다만 학문을 이루는 지식은 "익히 앎"이나 "할 줄 앎"과는 달리 명확하게 명제 형태를 갖추어서 서술 문장으로 표현될 수 있다는 것과 "명제 형태의 앎"인 상식이나 지혜와 달리 객관적 방법으로 얻어지고 체계화되어 언제 어디서나 안다고 주장할 수 있는 것이라는 점만 간접적으로 드러났다. 이제 학문을 이루는 지식이란 어떠한 것인지 적극적으로 알아보기로 하자.

2. 지식의 조건

그렇다면 학문적 지식은 어떠한 것인가? 앞의 1장에서 우리는 지식을 ① 진리(옳은 명제)를 ② 훌륭한 증거에 의거해서 ③ 믿고 있는 상태라고 정의할 수 있다고 말하고 지나쳤다. 지금 우리의 과제 즉 학문적 지식이 어떠한 것인지 밝히는 일은 바로 이 정의를 "음미하고 탐색하는 일"이다. 이 일이 끝났을 때 우리는 학문적 지식에 대하여 넓고 깊은 이해의 안목을 갖추게 될 것이다. 이제 위의 정의를 이루고 있는 세 가지 내용을 차례로 더 자세히 살펴보자.

진리 조건

우리는 어떤 사람이 안다고 주장하는 명제가 실제로 그르다는 증거를 가지고 있으면 그 사람이 그 명제를 안다는 것을 곧바로 부정한다. 예컨대 어떤 사람이 "나는 지구가 평평하다는 것을 안다."고 주장하면, 누구나 그 사람에게 "지구가 평평하다."는 명제가 그르기 때문에 그는 알고 있지 않다고 지적할 것이다. 누구도 옳지 않은 명제를 알 수 없다. 그러므로 혹시 누가 농담으로라도 "나는 명제 p를 알지만, 명제 p는 옳지 않다."고 말한다면, 이 말은 모순이다. 명제 p를 안다는 말의 의미 속에 이미 명제 p가 옳다는 뜻이 포함되어 있기 때문이다. 마찬가지로 "그는 명제 p를 알고 있지만, 실은 명제 p는 옳지 않다."는 진술도 모순이다. 이 두 진술은 나나 그가 명제 p를 안다고 생각했지만, 명제 p가 옳지 않기 때문에 실은 알지 못했다는 뜻일 것이다. 누군가가 명제 p가 그르다는 것을 인정하면서도 명제 p를 안다고 주장한다면, 우리는 그 사람이 "안다"는 말을 제대로 배우지 못했다고 판정할 수밖에 없다. 명제 p를 안다는 것은 명제 p가 옳다는 것을 아는 것이다.

이 점에서 "안다"는 말은 "생각하다" "믿다" "바라다"와 다르다. 어떤 사람이 명제 p가 옳다고 생각할 수 있으나 그를 수 있고, 명제 p가 옳다고 믿고 있는데도 그를 수 있으며, 명제 p가 옳기를 바라지만 실은 그를 수 있다. 생각하고, 믿고, 바라는 상태는 개인의 심리 상태다. 그래서 누군가로부터 어떤 것을 믿고 있다는 말을 들으면, 우리는 그 사람의 믿고 있는 심리 상태를 알 수 있지만, 그가 믿고 있는 명제가 정말 옳은지에 대해서는 아무런 결론도 내릴 수 없다. 안다는 말은 단순히 믿고 있는 심리 상태만을 뜻하지 않는다. 안다는 상태는 안다고 주장되는 명제가 옳아야 한다는 객관적 조건을 갖추어야 한다.

그러나 진리 조건은 필요 조건이긴 하지만 충분 조건은 못 된다. 예컨대 핵물리학에는 대부분의 사람이 모르는 옳은 명제 즉 진리가 많이 있다. 핵물리학의 진리들이 옳다는 말은 누구나 핵물리학의 진리들을 알고 있다는 뜻이 아니다. 이 말은 누구도 직접 관찰할 수 없는 깊은 바닷속의 식물과 동물에 관한 진리들에 대해서도 성립한다. 그렇다면 진리를 알기 위해서는 어떤 조건이 더 필요할까?

신념 조건

이 조건은 우리가 어떤 명제 p를 알기 위해서는 명제 p가 옳다고 적극적으로 믿어야 한다는 것이다. 명제 p에 대한 이 태도는 한 사람의 심리 상태이므로 이 조건은 주관적 조건이라 할 수 있다. 혹시 누군가가 "나는 명제 p를 알지만, 명제 p가 옳다고 믿지는 않는다."고 말한다면, 이 말을 들은 사람은 누구나 아주 이상스런 느낌을 받을 것이고, 결국에는 그가 "안다"는 말을 올바르게 사용하지 못하고 있다고 지적하게 될 것이다. 우리가 믿고 있는데도 실은 옳지 않은 명제는 많이 있을 수 있지만, 알고 있으면서도 믿지 않는 명제는 있을 수 없는 법이다. 왜냐하면 믿는 것은 아는 상태의 일부이기 때문이다. "나는 명제 p를 안다."는 말은 "나는 명제 p를 믿는다."는 뜻을 포함한다. 믿는다는 것은 안다는 것의 정의 특성이다.

하지만 명제 p를 믿는다는 것은 명제 p의 진리성의 정의 특성이 아니다. 명제 p는 아무도 믿지 않아도 옳을 수 있기 때문이다. 옛날에는 누구도 지구가 둥글다고 믿지 않았다. 그래도 지구가 둥글다는 명제는 옳았다. "그는 명제 p를 믿지만, 명제 p는 옳지 않다."는 말은 모순이 아니다. 그런데 이와 비슷한 표현들 가운데에는 조심해야 할 표현이 있다. "그는 그 명제를 믿지만 그건 옳지 않다." 또는 "그 명제가 옳은데도 그는 그걸 안 믿는다."는 진술에는 모순이 없지만, "그 명제는 옳지만, 나는 그 명제를 안 믿는다."는 말은 무언가 기묘한 느낌을 일으킨다. 물론 누군가가 이 말을 농담이나 거짓말로 했다면 진지하게 염려할 것은 없다. 그러나 어떤 사람이 이 말을 진심으로 한다면 어떻게 될까? 이런 경우라면 기묘할 뿐만 아니라 모순을 일으키게 될 것이다. 아래 표현들을 살펴보자.

1. 그 명제는 옳다. 그러나 나는 믿지 않는다.
2. 나는 그 명제가 옳다고 주장하지만 믿지 않는다.
3. 나는 진심으로 그 명제가 옳다고 주장하지만 믿지 않는다.
4. 나는 그 명제를 믿고 주장하지만 믿지 않는다.

첫 번째 진술에는 아무런 문제가 없다. 내가 믿지 않을지라도 옳은 명제가 헤아릴 수 없이 많이 있기 때문이다. 두 번째 진술도 문제를 일으키지 않는다. 아마 이런 말은 거짓말 아니면 농담일 것이기 때문이다. 그러나 세 번째 진술에는 문제가 있는데, 그건 "진심으로"라는 말이 화자가 자신이 말하는 바를 정말로 믿는다는 뜻이기 때문이다. 이 문제점을 명백하게 드러내어 보여주는 것이 네 번째 진술이다. 네 번째 진술에는 모순이 환히 드러나 있다. 어떤 명제를 믿으면서 믿지 않는다는 말은 모순이다.

신념 조건에 대해서는 믿음의 정도 문제 때문에 의문이 제기되는 수가 있다. 믿음에는 분명히 정도 문제가 있다. 아주 강한 믿음에서부터 강한 믿음, 믿음, 미심쩍음, 의심, 믿지 않음에 이르기까지 많은 단계가 있다. 그래서 우리는 "나는 이 명제를 믿지만, 아주 강하게 믿진 않는다."고 말할 수 있다. 그렇다면 어떤 명제 p를 알기 위해서는 얼마나 강하게 믿어야 하는가? 아니, 믿을 필요가 정말로 있는가? 명제 p가 옳다면 그걸 믿지 않고서도 알 수 있지 않을까? 그러나 이런 물음은 신념에 대한 정서와 관련되는 수사적 표현 문제가 섞여 있다. 대부분의 사람이 시험에 만점을 맞은 후에 "나는 내가 만점을 맞았다는 걸 알지만, 도저히 그게 믿어지지 않는다."고 말한 경험이 있을 것이다. 이런 경우에는 시험에 만점을 맞았다는 사실에 일치하도록 감정이나 정서가 아직 조절되지 못했다는 뜻이다. 따라서 믿음에 등급이 있다는 것이 신념 조건에 손상을 입히지는 않는다. 누구도 "나는 바둑이가 네 개의 다리를 가지고 있다는 걸 알지만 그걸 믿지 않는다." "나는 2 더하기 2는 4라는 걸 알지만 그걸 믿지 않는다."는 말을 이해할 수 없다는 것은 분명하기 때문이다.

지금까지 우리는 지식의 두 가지 조건 즉 객관적 조건(명제 p가 옳아야한다)과 주관적 조건(우리가 명제 p를 믿어야 한다)을 살펴보았다. 어떤 신념이 이 두 조건을 갖춘 상태라면 옳은 신념(true belief)이다. 하지만 옳은 신념은 아직도 지식이 아니다. 이미 1장의 서두에서 말했듯이 어떤 사람의 옳은 신념이 용케 들어맞은 추측이나 그저 단순한 가정일 수도 있기 때문이다. 우리는 어떤 사람이 그렇게 믿을 증거나 이유를 갖고 있지 않으면 그가 안다고 인정하지 않는다. 그래서 또 하나의 조건이 필요하다.

증거 조건

우리가 명제 p를 알기 위해서는 명제 p가 옳고 또 믿어야 하지만, 또한 명제 p가 옳다는 데 대한 훌륭한 증거(good evidence) 즉 명제 p가 옳다고 믿을 훌륭한 증거를 가져야 한다. 이제 우리가 동전을 던지면 앞면이 나올 것이라고 추측한다고 해보자. 아직은 우리의 추측이 옳을 것이라고 믿을 증거가 없으므로 우리는 알지는 못한다. 그러나 동전을 던지고 나서 앞면이 나온 것을 관찰한다면 그때는 알게 된다. 우리는 자신과 다른 사람의 감각 기관에 의해 얻어진 증거를 갖게 되기 때문이다.

마찬가지로 어떤 사람이 오늘 해질 무렵의 노을을 보고 내일 날씨가 맑겠다고 예측한다면, 그는 아직은 자신의 예측이 사실에 의해 증명될 거라는 것을 알지 못한다. 물론 그는 그렇게 믿을 약간의 증거를 갖고 있기는 하지만 정말 확신할 수는 없기 때문이다. 그는 다음 날 맑은 날씨를 보게 되면 충분한 증거를 갖게 될 테지만 오늘 저녁에는 그렇지 못하다. 그러므로 오늘 저녁 이 사람의 예측은 지식이 아니라 학습된 추측일 뿐이다.

그러므로 지식이 성립하기 위해서는 증거 조건이 필요하다. 그런데 이 조건에는 문제가 하나 따른다. 그건 대체 얼마만큼의 증거가 있어야 하는가라는 문제다. "약간의 증거"라는 답은 충분하지 못하다. 내일의 날씨를 예측했던 사람도 약간의 증거는 갖고 있었으나 안다고 인정할 수 없었다. 그렇다면 "이용할 수 있는 모든 증거"라고 답하면 어떨까? 그러나 이 답 역시 충분하지 못할 것이다. 현재 우리가 이용할 수 있는 모든 증거를 다 동원해도 다른 혹성에 인간과 비슷한 생물이 있는지 알기에는 충분하지 못하다.

그러면 "완벽한 증거, 즉 있을 수 있는 모든 증거"라고 답하면 이것으로 문제가 해결될까? 그러나 이번에는 이 기준에 따르면 우리가 안다고 주장할 수 있는 명제가 지나치게 축소된다는 문제가 생긴다. 일상생활에서 우리가 안다고 주저 없이 주장하는 대부분의 명제가 이 기준을 만족시키지 못할 것이다. 한 예로 우리는 "나는 이 연필을 허공에 놓으면 떨어진다는 걸 안다."는 말도 못하게 될 것이다. 따라서 이 기준은 지나치게 강한 기준이다. 이 대목에서 어떤 사람은 "우리를 알게 하는 데 적절한 만큼의 증거"라는 답을 제안하는지 모르겠다. 하지만 이 답은 결국 "알 수 있는 만큼의 증거를 가지면 알 수 있다."는 하나마나한 말이 되어버릴 것이므로 전혀 쓸모가 없다.

사정이 이러하므로 우리의 답은 인간의 지식 전체에 손상이 가지 않도록 중도를 취할 수밖에 없다. 그래서 우리는 지식이 ① 누구도 임의로 거부할 수 없고, ② 모든 이성적인 사람이 어떤 명제의 옳음을 입증한다고 인정하는 증거를 거느리고 있으면 그 증거가 훌륭하다고 인정하고 있다. 지금까지 증거 조건을 말할 때 계속 훌륭한 증거라는 표현을 썼던 이유가 여기에 있다. 물론 "훌륭한 증거"라는 말에 대해서도 다시한 번 물음이 제기될 수 있다. 그러나 철학자들은 이 물음에 대한 일반적인 답은 없다고 대답한다. 이 말은 우리가 알고 싶어서 탐구하는 특정한 주제와 전혀 관계없이 "훌륭한 증거"를 말할 수 없다는 뜻이다. 다시 말하면 훌륭한 증거는 어떤 주제에 대해 알고 싶어서 실제로 탐구하는 현장에서만 구체적으로 결정될 수 있다는 것이다.

어떤 사람이 방금 말한 조건에 동의하지 않고, 계속 "완벽한 증거"나 "모든 증거"를 요구하게 되면, 그는 끝없는 의심에 휘말리게 되어, 이 세상에는 확실한 것이 아무것도 없다는 느낌을 떨쳐버리지 못하게 된다. 이런 사람은 어떠한 명제에 대해서도 "확실하게 안다"는 말을 사용하지 못한다고 주장하기 일쑤다. 그러나 모든 지식이 다 확실하지 못하다는 말을 끝내 고집한다면, 이는 "나는 '확실하다'는 말을 지식에 대해서는 전혀 사용하지 않기로 작정했다."는 주장에 지나지 않게 되므로 주장 자체가 공허해진다. 왜냐하면 이 사람의 이른바 의심은 실제로는 공허한 의심이기 때문이다. 이는 "뭐든 먹고 싶다!"고 말한 사람이 먹으라고 내놓는 모든 음식을 거부할 때에는 그 사람의 "뭐든 먹고 싶다."는 말이 공허해지는 경우나 마찬가지다. 따라서 우리는 진리의 경우에 그랬던 것처럼 지식의 경우에도 회의론자의 방해를 받을지 모른다는 걱정 없이 지식에 관한 우리의 일을 해나갈 수 있다.

이제까지의 설명은 대체로 플라톤이 대화편 『테아이테토스』(Theaetetus)에서 도달한 분석 결과를 따랐다고 할 수 있다. 플라톤의 이 대화편에는 소크라테스와 두 사람의 기하학자가 등장해서 지식에 관해 토론하고 있는데, 결론은 지식이 "정당화된 옳은 신념"이라는 것이었다. 이 정의 속의 "정의 특성"은 앞에서 해설한 세 가지 조건과 일치한다. 이 결론을 특정한 명제에 적용해보면 앞에서 해설한 세 가지 조건의 요구 사항을 좀 더 실감 있게 이해할 수 있을 것 같다. 플라톤 시절의 기하학은 유명한 피타고라스 정리는 물론 정다면체가 꼭 5개만 가능하다는 사실까지도 증명하는 수준이었다. 이런 점을 감안하면 누구나 중학교 시절에 배우는 피타고라스 정리를 예로 사용하는 것이 적절할 것 같다. 그렇다면 위의 분석은 "나는 피타고라스 정리를 안다."고 주장할 수 있는 때가 언제인가를 설명한다고 할 수 있다. 우리 누구나 피타고라스 정리를 안다고 생각할 것이다. 그러나 정말로 알까? 피타고라스 정리는 "옳은 명제"니까 첫 번째 진리 조건은 갖추었고, 실제로 "믿으니까" 두 번째 신념 조건도 갖추었지만, 세 번째 증거 조건까지 실제로 갖추었는가? 플라톤의 주장은 세 번째 증거 조건까지 갖추어야 피타고라스 정리를 정말로 안다고 주장할 수 있다는 것이다. 피타고라스 정리에 대한 훌륭한 증거를 제시하여 그 진리성을 정당화하는 일은 무엇일까? 그저 외우고 있는 것으로는 안 된다. 피타고라스 정리를 정당화하는 것은 피타고라스 정리를 증명하는 일이다. 루미스(E. S. Loomis)는 『피타고라스 정리』(The Pythagorean Proposition)라는 책에 370가지 증명 방법을 수집해서 소개하고 있지만, 우리 대부분은 중학교 시절에 다음 두 방법 중의 하나로 증명했을 것이다.

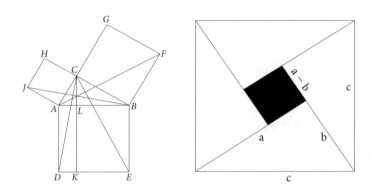

　문제는 우리가 지금 증명할 수 있느냐다. 어떤 사람이 중학교 때부터 피타고라스 정리를 교과서에 적혀 있는 대로 그냥 외워서 믿고 있다면 우리는 그가 정말 알고 있다고 인정하지 않을 것이다. 어떤 사람이 중학교 때에는 증명할 줄 알았는데 지금은 증명 방법을 잊어버려 증명할 수 없다면 지금 피타고라스 정리를 안다고 인정할 수 있을까? 이 사람의 상태는 처음부터 피타고라스 정리를 증명하지 않고 그냥 외워서 믿고 있는 사람의 상태와 다르다고 할 수 있을까? 이 사람은 중학교 때에는 피타고라스 정리를 알았지만 지금은 외우고 있을 뿐 알지는 못한다고 해야 하지 않을까? 우리가 피타고라스 정리를 참으로 알고 있다고 당당하게 주장하려면 실제로 증명해보임으로써 세 번째 증거 조건을 갖추어야 한다. 그러고 보면, 지금까지의 분석이 "명제를 알고 있는 상태" 즉 "명제적 지식의 상태"에 요구한 세 가지 조건은 항상 스스로 증거를 확보하고 있어야 한다는 매우 강한 요구임을 알 수 있으며, 그와 동시에 그 세 가지 요구 사항은 각급 학교에서 진행되는 "지식 교육"의 기본 지침이어야 한다는 것을 깨달을 수 있다.

지금까지의 설명을 종합하면, 지식은 일반적으로 ① 진리 조건(명제 p가 옳아야 한다.) ② 신념 조건(우리가 명제 p를 믿어야 한다.) ③ 증거 조건(우리가 명제 p를 옳다고 믿을 훌륭한 증거를 가져야 한다.)을 갖추어야 한다는 것을 알 수 있다. 그리고 이 세 조건을 만족스럽게 갖추었다면 확실한 지식으로, 인정해도 좋다는 것도 알게 되었다. 그러나 지식에 관해서 얻은 이러한 일반적 이해는 굉장히 가치 있는 것이긴 하나, 지식에 관한 우리의 관심을 흡족하게 만족시켜주진 못한다. 왜냐하면 우리 대부분은 더 구체적으로 "과학적 지식"이나 "수학적 지식" 등이 어떻게 이루어지는지에 더 큰 관심이 있기 때문이다. 이제 여기에 초점을 모아보자.

3. 경험적 지식

우리가 흔히 묻는 "어떻게 알았는가?"라는 물음은 대개 지식의 세 가지 조건 가운데 증거 조건에 관한 물음인 경우가 많다. 지식의 성격은 진리 조건과 신념 조건보다 증거 조건에 더 크게 의존한다. 지식의 성격은 증거의 종류와 증거를 이용하는 방법에 의해서 결정되기 때문이다.

이미 우리는 감각 기관으로 얻은 증거 즉 감각 경험(感覺 經驗, sense experience)에 입각하여 아는 경우를 살펴보았다. 이와 같이 감각 경험이라는 증거에 호소함으로써 의심의 여지없이 입증되는 명제는 굉장히 많다. 달에 암석이 있다는 걸 어떻게 아는가? 우주 비행사가 달에서 암석을 보았고, 또 몇 조각 가져왔으니까. 번개가 친 다음에 천둥이 대개 뒤따른다는 걸 어떻게 아는가? 지금까지 번개가 친 다음에 천둥소리를 들어 왔으니까. 지구 내부에 뜨거운 용암이 있다는 것을 어떻게 아는가? 지 금까지 화산이 폭발하면 뜨거운 용암이 흘러나오는 것을 많이 보았으 니까. 이런 식으로 정당화되는 지식을 "경험적 지식"(經驗的 知識, empirical knowledge)이라고 한다. 하지만 이 말은 경험적 지식의 특징을 대충 말한 것에 지나지 않는다. 우리가 어떤 명제를 경험적으로 안다고 할 때 어떤 일이 진행되는지 좀 더 자세히 알아보자.

직접 지식

이제 당신이 창밖을 내다보면서 비가 오고 있다고 말했는데, 누군가 가 "확실합니까?"하고 물었다고 하자. 유리창에 물방울이 맺혀 있는 경 우에는 비가 그쳤는지 알기 어려운 때가 가끔 있으니까. 당신은 다시 밖을 내다보고 "그럼요! 확실하구 말고요!"라고 대답할 것이다. 이 경 우 다시 비가 오고 있는지 어떻게 아느냐는 질문을 받는다면, 그 답은 "지금 비가 내리고 있는 걸 볼 수 있으니까요!"라는 말일 것이다. 일상 생활에서는 이 이상의 것은 요구하지 않는다. 가랑비가 아주 약하게 내 리거나 빗방울이 드문드문 떨어지는 경우라면 우리는 더 정확하게 알 아보고자 할 수도 있을 것이다. 그러나 빗발이 상당히 세게 쏟아지는 경우에는 전혀 의심이 일어나지 않는다. 누구도 비가 오고 있다는 사실 을 두고 주저하거나 심사숙고의 과정을 거칠 필요가 없다. 비가 오고 있는 걸 보자마자 우리는 비가 오고 있다는 걸 확신한다. 이런 지식은 직접 지식(直接 知識, direct knowledge)이다.

간접 지식

한편 어느 날 아침 일찍 우리가 마당에 나오니, 햇빛이 비치고 있는
데 꽃밭의 꽃들과 잎들에 이슬이 맺혀 있고 땅이 축축이 젖어 있다고
해보자. 아마 우리는 간밤에 비가 내렸다고 결론을 내릴 것이다. 그리
고 한 걸음 더 나아가 우리는 간밤에 비가 온 걸 안다고 주장할 것이다.
그러나 우리는 비가 오는 걸 보지는 못한 처지다. 따라서 우리는 눈앞
에 있는 사실들을 증거로 해서 추리할 수밖에 없다. 이런 지식은 간접 지
식(間接 知識, indirect knowledge)이다.

우리가 직접적으로 아는 것들은 두 가지 종류로 나눌 수 있다. 첫 번
째 종류는 우리 바깥의 세계 속에 있는 물리적 대상과 물리적 사건이다.
이 종류에 속하는 것으로는 책, 필기구, 책상, 칠판, 의자, 바람에 흔들
리는 나뭇가지, 하늘에 떠가는 구름 등등 많은 예를 생각해볼 수 있을
것이다. 우리는 이런 것들을 외부 감각 기관(外部 感覺 器官, external senses)에
의해 직접 안다. 두 번째 종류는 우리 자신의 내부에서 일어나는 여러
가지 사건과 상태인데, 우리는 이것들을 내성(內省, introspection)에 의해
서 직접 알 수 있다. 우리 내부에서 일어나는 옆구리의 통증, 콧속의 간
지러움, 가슴에 차오르는 기쁨 등의 느낌과 감정, 그리고 정신적 상태
나 육체적 상태로 분류되는 것들은 외부 감각 기관으로는 경험할 수 없
다. 이것들은 직접 경험해야 알 수 있는 것으로 간주된다. 누구도 코가
간지러울 때 코가 간지럽다는 걸 알기 위해 추리하지 않는다. 누구나
가렵다는 느낌에 의해 곧바로 그 사실을 직접 알기 때문이다. 이처럼
직접 경험에 의해 직각적으로 아는 명제들은 관찰 명제(觀察 命題, observa-
tional proposition)라고 부르는 게 편리하다.

직접 지식과 간접 지식을 가르는 기준이 되는 성질이 무엇이며, 그 경계선을 어디에 그어야 하는지 명확하게 말하기는 매우 어렵다. 달리 말하면 "관찰"(觀察, observation)이란 말의 적용 범위가 분명하지 않다. 우리가 사용하고 있는 만년필이나 볼펜을 볼 때에 관찰하고 있다는 건 확실하다. 그러나 그것들이 거울에 비친 영상을 볼 때에도 관찰한다고 할 수 있을까? 그 거울이 사물의 모양을 일그러뜨리지 않는다는 보장이 있을까? 천문학자가 망원경을 통해 목성의 달들을 살피는 경우에 엄밀한 의미에서 관찰이라 할 수 있을까? 기구에 실려 대기권 상층에 올려 보낸 촬영 장치가 찍은 목성의 달 사진을 보는 경우에 우리는 목성의 달을 관찰하고 있다고 할 수 있을까? 이러한 여러 경우의 차이를 상세하게 검토하는 일에 오래 사로잡힐 필요는 없다. 우리가 보고 있는 것이 관찰되는 대상과 밀접하게 인과적으로 연결되어 있는 경우에는 "관찰한다"고 해도 괜찮기 때문이다. 따라서 망원경이나 현미경을 통해서 사물을 보는 건 관찰하는 것이다. 하지만 사진을 보는 것은 사진을 관찰하는 일이지, 그 대상 자체를 관찰하는 일이 아니라고 보아야 한다. 요즘엔 사진을 수정하는 일이 아주 쉬워졌으니까.

어쨌든 이처럼 직접 지식과 간접 지식을 나누게 되면 직접 경험이 개인의 조건과 상황의 조건에 따라 상대적이라는 주장이 나오게 된다. 어떤 상황에서 어떤 사람이 직접 아는 것과 다른 사람이 직접 아는 것은 정확하게 똑같지 않다고 할 수 있다. 그러나 두 사람의 경험이 겹치는 부분에 대해서는 똑같은 것을 직접 알 수 있다고 인정해도 괜찮을 것이다. 예컨대 비가 오는 교정을 우리가 함께 바라보고 있는 경우라면 같은 것 또는 거의 같은 것을 경험하고 있다고 할 수 있을 것이다. 그러나 어떤 두 사람이 수백 년 시차를 두고 살았다면, 한 사람이 직접적으로

안 것을 다른 사람은 간접적으로 알 수밖에 없을 것이다. 우리가 직접
적으로 아는 것은 놀라울 정도로 다양하고 복잡하지만 직접 경험이라는
바로 그 특성 때문에 그 가운데 많은 것이 금방 잊히게 되는데, 이는 다
행스런 일이다. 우리는 오로지 단편적 지식에만 의존해서 살아갈 수는
없기 때문이다.

우리의 지식들 가운데서 중요하고도 흥미로운 것들 대부분은 간접 지
식이며, 더 나아가 인류에게 가장 중요하고도 흥미로운 것들 역시 간접
지식이다. 예를 들어 우리는 과거에 관해서 굉장히 많이 알고 있는데,
이 과거에 관한 지식 대부분은 한때 누군가가 직접 알았던 것이지만 우
리는 여러 가지 기록을 통해서 알고 있으므로 우리에게는 간접 지식이
다. 우리는 직접 가본 적이 없는 지구상의 여러 곳에 대해서도 간접적
으로 알고 있으며, 더욱이 엄청나게 멀리 있는 별들과 은하계들, 그리
고 지극히 미세한 원자와 소립자에 관해서조차 많은 사실을 간접적으
로 알고 있다.

4. 과학적 방법

이제 학문에 관한 중요한 철학적 문제 하나가 이 두 가지 유형의 명
제 즉 과거에 관한 명제와 멀리 있는 대상에 관한 명제와 관련해서 제
기될 수 있다. 우리는 이런 명제가 옳다는 것을 어떻게 아는가? 특수한 사
실을 아는 경우에 대해서는 답이 쉽다. 예컨대 지리산에 관해서는 지리
산을 다녀온 사람이나 지리산의 사진을 통해서 알았다는 것이 답일 것
이다. 이순신 장군에 대해서는 역사책에서 읽고 알았다는 것이 답일 것

이다. 그러나 우리가 정말 필요로 하는 것은 "그러한 구체적 지식을 얻게 되는 방법(方法, method)이나 원리(原理, principle)가 무엇인가?"라는 일반적 물음의 답이다.

사실 위의 두 답의 일반적 양식은 명백하다. 우리는 간접 지식을 정당화하라는 요구를 받으면 자기나 다른 사람이 관찰을 통해서 직접 안 것을 증거로 제시한다. 지리산에 대한 자신의 경험, 지리산에 다녀온 사람의 증언, 지리산의 사진, 이순신 장군에 관한 사실을 기록하고 있는 문장 등등이 그것이다. 그렇다면 우리가 어떤 직접 지식을 가짐으로써 어떤 것을 간접적으로 안다고 할 수 있는 권리를 주는 것은 무엇인가? 간단히 표현하면 순전히 간접적으로 아는 일은 어떻게 이루어지는가? 이 물음은 우리가 물리학에서 배운 원자에 관한 지식을 마음에 떠올려 보면 얼마나 중요한 물음인지 알 수 있다. 원자에 관한 물리학 지식은 목성의 달에 관한 천문학 지식과는 사정이 크게 다르다. 천문학자는 목성의 달에 관한 지식을 정당화하라고 요구받으면, 망원경을 통해 우리에게 목성의 달을 보여줄 수 있다. 그러나 물리학자는 여하한 기구를 이용하더라도 전자, 양자 등의 소립자를 우리에게 직접 보여줄 수 없다. 소립자는 인간이 결코 직접 볼 수 없는 대상이기 때문이다. 소립자에 대한 관찰은 기술적으로 불가능할 뿐 아니라 원리적으로도 불가능하다. 물리학자들은 윌슨의 안개상자나 원자핵 파괴 장치나 직선 가속 장치를 이용해서 소립자들을 간접적으로 다룰 수 있을 뿐이다. 그렇다면 물리학자의 지식은 우리가 직접 아는 것들 즉 안개상자에서 찍은 사진상의 흔적, 원자핵 파괴 장치 조정판에 있는 계기들의 도수 표지와 어떻게 관련을 맺게 되는가?

더욱이 간접 지식들 중에는 우리가 특별히 과학적 법칙(科學的 法則, sci-entific law)이라 부르는 것들이 있다. 이 지식들은 일반적 지식(一般的 知識, general knowledge)이다. 예컨대 뉴턴(I. Newton, 1642~1727)의 운동법칙들 가운데 제1법칙은 "외력의 작용이 없다면 물체는 정지해 있거나 일직선으로 등속도 운동을 계속한다."는 것인데, 과학적 법칙의 훌륭한 실례다. 이 법칙은 보편 명제 형식을 취하고 있다. 이 법칙은 과거·현재·미래 전체에 걸쳐 모든 입자에 대하여 적용된다. 여러분이 여러 가지 과학에서 배우는 지식들은 모두 이 두 가지 특징을 지니고 있다. 그렇다면 지금 우리의 문제는 이처럼 "간접적으로 알려지면서 일반성을 지닌 경험적 지식을 만들어내는 방법이나 원리는 무엇인가?"라는 것이다.

그런데 우리가 내부 관찰과 외부 감각 기관에 의한 관찰을 통해서 직접 아는 것과 간접적으로 아는 것은 추리(推理, inference) 즉 논리적 사고라는 다리에 의해 연결되어 있다. 그렇다면 어떻게 논리적 사고라는 다리를 놓을 수 있을까? 우리가 직접 관찰하는 것을 믿는 일이 정당하다 치더라도, 그런 관찰이 어떻게 진리성을 직접 확인할 수 없는 경험적 명제를 믿는 일을 정당화할 수 있는가? 이 물음에 답하기 위해서는 과학적 법칙들을 만들어내는 추리의 실제 과정을 검토해야 한다. 이런 추리에는 두 종류가 있다. 이 두 가지 추리 절차는 인간이 직접 경험 영역을 넘어서 무언가를 간접적으로 알아냈다고 주장할 때는 언제나 의지할 수밖에는 추리 방법이다. 이제 그 두 가지 추리 방법을 살펴보고자 한다.

일반화의 방법(一般化의 方法, method of generalization)

이 방법은 관찰한 것을 일반화하는 방법이다. 여러분이 늘 집의 거실에 걸려 있던 기압계에 어느 날 관심을 갖게 되었다고 해보자. 여러분이 매일 관찰을 계속한다면 기압계의 액체 기둥이 오르내리는 것을 보게 될 것이다. 그다음에는 액체 기둥의 높이가 상당히 낮아지면 구름이 많이 끼고, 결국에는 비가 온다는 사실을 여러 차례 경험하게 될 것이다. 여러분은 처음 얼마 동안은 이것이 우연의 일치인지, 기압계와 날씨 사이에 어떤 관련이 있는지 궁금해 할 것이다. 그러나 똑같은 사실을 계속 관찰하게 되면, 여러분은 "지금까지 그랬다."는 생각으로부터 "과거·현재·미래 언제나 그렇다."고 생각하게 된다. 다시 말하면 여러분이 관찰한 일정한 수효의 사례에 대한 명제에서 전혀 관찰한 적이 없는 무수히 많은 사례에 관한 명제로 나아간다. 여러분이 실제로 관찰한 사실을 넘어서 아주 광범위하게 주장하는 이 명제 즉 "기압계의 액체 기둥이 현저하게 내려가는 모든 경우에는 언제나 구름이 끼고 비가 온다."는 명제에 도달하는 추리 과정을 보편적 일반화(普遍的 一般化, universal generalization)라고 한다. 여러분이 좀 더 주의를 기울여 관찰한다면, 기압계와 날씨 사이의 관계가 계절·밤낮의 길이·관찰자의 건강 상태 등과는 전혀 관련이 없다는 것을 알게 될 것이다.

그렇다면 일반화의 과정은 사례들의 집단에 관해서 이미 알려진 사례와 아직 알려지지 않은 사례를 모두 포함하는 더 큰 집단에 관한 결론에 도달하는 과정이다. 이 더 큰 집단을 통계학적 관점에서 "모집단"(母集團, population)이라 부른다. 그렇다면 처음에 직접 관찰했던 작은 집단은 이 모집단의 "표본"(標本, sample)이다. 우리가 일반화를 시도할 때 주의해야 할 점은 자기가 증거로 삼는 표본이 "대표적 표본"(代表的 標本, representative sample) 즉 집단 전체의 실상을 보여주는 표본일 수 있다는 보증을 받는 일이다. 이에 관련된 사항은 매우 복잡하므로 여기서는 자세히 설명할 수는 없다. 다만 일반화의 신뢰성은 표본이 모집단을 더 잘 대표하면 할수록, 그리고 기압계와 날씨 사이의 관계가 반복해서 관찰되는 횟수가 많으면 많을수록 더 높아진다고 말해두고 넘어가겠다.

그런데 일반화에는 또 한 종류가 있다. 다시 예를 들어 설명해보자. 어떤 피부과 의사가 피부병을 치료하기 위한 새로운 백신을 시험하고 있다고 하자. 의사는 상당수의 환자에게 백신을 시험하고 있다. 의사는 상당수의 환자에게 백신을 주사하고 결과를 조사한다. 만일 피부병 환자들 가운데서 백신 주사를 맞은 환자의 증세가 좋아지는 비율이 백신 주사를 맞지 않은 환자의 증세가 좋아지는 비율에 비해 더 높지 않다면, 이 의사는 자기가 시험하고 있는 백신의 치료 효과를 믿을 훌륭한 증거를 갖지 못할 것이다. 그런데 한 달이 지난 뒤 백신 주사를 맞지 않은 환자들은 10%가 좋아졌는데, 백신 주사를 맞은 환자들은 80%가 좋아졌다고 가정해보자. 그리고 이 비율이 여러 달 동안 여러 차례의 시험을 통해 계속 유지된다고 가정해보자. 이 경우 의사는 이 백신은 80%의 환자에게 도움을 준다는 일반 명제에 도달할 것이다. 이 일반 명제는 통계적 일반화(統計的 一般化, statistical generalization)의 결론이다. 이 일반화는 그 의사로 하여금 특정한 환자에게 어떤 효과가 일어날 것인지 예측할 수 있도록 해주지는 못한다. 하지만 이 의사가 통계적 규칙성을 발견한 것은 분명하다. 그리고 이 의사는 매달 계속해서 시험해봄으로써 이 통계적 일반 명제를 아주 강하게 믿게 될 것이다.

우리는 기압계 관찰의 경우와 백신 시험의 경우 둘 다 관찰자가 효과적이고 질서 정연한 방식으로 사고함으로써 결론을 끌어내었다는 것을 알 수 있다. 두 경우의 사고는 일정한 규칙에 따라 진행되고 있는데, 그 규칙을 간명하게 표현하면 다음과 같다.

> 두 개의 사실이 일정한 방식으로 반복해서 결합하는 사례가 관찰된다면, 그 결합이 계속 반복되리라는 기대는 그 결합 사례가 반복될 때마다 확신의 강도가 높아진다.

이 규칙을 반복 규칙(反復 規則, rule of repetition)이라 한다. 그러나 어떤 일반화가 이 규칙을 만족시킨다고 해서 완전한 신뢰를 얻는 것은 아니다. 이 규칙 자체가 보여주듯이 일반화의 신뢰성이 무한히 증가할 수 있다면, 일반화가 얻을 수 있는 신뢰성의 정도는 최종적으로 확정되거나 절대적으로 결정될 수 있다고 할 수 없다. 일반화란 관찰이 아무리 많이 반복되더라도 언제나 새로운 경험에 의해서 영향을 받을 수밖에 없다. 따라서 일반화는 반박 가능성(反駁 可能性, refutability)이나 반증 가능성(反證 可能性, falsification)에서 완전히 벗어날 수 없다.

여기에는 두 가지 이유가 있다. 첫 번째 이유는 일반화가 "표본"을 증거로 하여 이루어진다는 사실이다. 우리는 물론 "대표적 표본"을 증거로 삼기 위해 언제나 세심한 주의를 기울이겠지만, 운이 나빠서 대표일 수 없는 표본을 증거로 삼고 일반화를 시도할 가능성이 언제나 있으며, 또 우리가 "대표적 표본"이라고 인정한 표본이 참으로 모집단을 대표하지 못하는 가능성도 언제나 있기 때문이다. 두 번째 이유는 일반화의 결론이 이미 알려져 있는 것뿐만 아니라 일반화를 시도할 당시에는 알려져 있지 않은 것에도 적용된다는 사실이다. 일반화를 시도할 때 우리의 사고는 증거를 넘어서 위험스런 모험을 하게 된다. 이 모험은 피할 수 없는 일이다. 어떤 일반화의 경우든 그 결론이 최초의 증거보다 더 넓은 영역에 걸쳐 적용된다는 것이 일반화에 대한 정의이기 때문이다.

일반화가 안전을 완전히 보장받을 수 없다는 것이 사실일지라도, 어떤 일반화가 다른 일반화보다 좀 더 안전하다는 것, 즉 미래에 발견되는 결과에 더 잘 견딜 수 있게 이루어질 수 있다는 것은 명백하다. 그리고 일반화는 어느 경우나 반복 규칙에 따라 이루어지는 추리에 의해 도달된다. 이런 의미에서 반복 규칙은 모든 일반화 작업에 필수 불가결한 조건이다.

가설의 방법(假說의 方法, method of hypothesis)

우리는 과학적 법칙을 발견하는 데 또 하나의 방법을 사용한다. 우선 이 두 번째 방법이 사용되는 복잡하지 않은 예를 하나 살펴보자. 어떤 학생이 어느 월요일 아침에 일찍 등교하여 교실에 들어가 보니 운동장 쪽의 유리창이 한 장 깨져 유리 조각이 교실 바닥에 흩어져 있는 걸 보았다고 하자. 그 학생은 그 순간 "왜 유리창이 깨졌지?"라고 의문을 갖게 될 것이다. 그다음에 교실을 둘러보다가 창문의 반대편 벽 가까운 곳에서 야구공을 하나 발견했다고 하자. 그 학생은 유리창의 깨진 모습·유리 조각의 흩어져 있는 상태·야구공 등등을 살펴보고, 이를 증거로 삼고 운동장 쪽에서 야구공이 날아와 유리창이 깨졌다고 생각할 것이다. 그 학생은 유리창이 깨지는 것을 직접 보지 못했다. 그 학생은 유리 조각이 흩어져 있게 한 것은 무엇일까 하고 의심을 일으키는 데서 시작하여, 현재의 상태를 가장 만족스럽게 설명한다고 여겨지는 생각을 받아들였다. 이처럼 설명되어야 할 어떤 사실에 대해 "시험적 설명"을 제안하고 나서, 좀 더 관찰함으로써 그 설명을 시험해보는 사고 절차를 가설의 방법(假說의 方法, method of hypothesis)이라 한다.

그런데 설명하는 사건(야구공이 날아와 유리창에 부딪히는 사건)과 설명되는 사건(유리창이 깨졌다는 사건)을 관련시키는 옳은 일반 명제가 없으면 설명(說明, explanation)이 이루어지지 못한다. 우리는 과거의 경험으로부터 일반화를 통하여 야구공이 상당히 세게 유리창에 부딪히면 유리가 깨진다는 것을 이미 알고 있다. 우리는 이 일반 명제를 확립하기 위해서 굉장히 많은 실험을 해볼 필요는 없다. 누구나 야구공으로 말미암아 창문 유리가 깨지는 것을 몇 차례 경험하면 이 일반 명제를 아주 강하게 확신할 수 있기 때문이다. 이 일반적 사실 때문에 야구공이 창문 유리에 부딪혔다는 가설이 유리 조각이 교실 바닥에 흩어져 있는 사태를 설명한다. 설명에는 여러 가지 종류가 있지만 경험적 설명(經驗的 說明, empirical explanation)의 핵심은 이 점에 있다. 경험 과학(經驗 科學, empirical science)에 종사하는 과학자는 어떤 이론을 확증할 때 이와 같은 논리적 사고를 한다. 과학자는 어떤 이론이 관찰된 사실을 가장 만족스럽게 설명한다고 밝히는 일을 하고 있다.

우리가 관찰된 사실을 설명하기 위해서 가설을 궁리해낸 다음에 노력해야 할 일은 맨 처음의 증거 이외의 다른 증거가 그 가설을 입증하기 위해 얻어질 수 있는지 알아보는 것이다. 이 일을 위해서 우리는 그 가설을 전제로 삼고 몇 가지 예측(豫測, prediction)을 해보게 된다. 다시 말해 그 가설이 옳다고 가정하고, 그 가설을 이미 발견되어 있는 몇 가지 자연 법칙과 관련시킬 경우에 우리가 관찰할 수 있으리라고 예상되는 사실이 어떤 것인지 알아보는 것이다. 만일 정말로 야구공이 날아와 창문 유리를 깼다면, 그리고 만일 야구공이 창문 유리를 깨는 걸 누군가가 보았다면, 우리가 그 목격자에게 야구공이 창문 유리를 깼냐고 물어보면 "그렇다."는 대답을 듣게 될 것이다. 이러한 예측은 꼭 하나만 가능한 게 아니다. 다음과 같은 예측도 가능할 것이다. 만일 정말로 야구공이 날아와 창문 유리를 깨뜨렸다면, 그리고 만일 일요일에 학교 교정에서 야구를 한 학생들이 이 사고를 학교 당국에 보고할 정도로 정직하다면, 우리는 학교 당국에 그런 보고가 있었냐고 물어보면 "그렇다."는 대답을 듣게 될 것이다. 우리가 이런 예측이 옳다는 걸 확인하게 되면 이런 확증 실례(確證 實例, confirmatory instance)로 말미암아 그 가설은 훨씬 더 강화될 것이다. 반증 실례(反證 實例, disconfirmatory instance)가 없고 확증 실례만 늘어가면 가설의 확증은 점점 더 강화되는 게 상례다.

그런데 어떤 사실을 설명하는 가설이 꼭 하나만 가능한 건 아니다. 여러 개의 가설이 경쟁하는 경우에는 선택이 결정적으로 중요한 문제가 된다. 예컨대 창문 유리가 깨져 있는 사태를 두고, 나중에 등교한 어떤 학생이 실은 토요일 오후 교실에서 장난을 하던 두 학생이 잘못해서 창문 유리를 깨뜨렸는데, 혼날 것이 두려워 반대편에 야구공을 일부러 놓고 갔다는 가설을 제기했다고 해보자. 이 경우에도 우리는 설명하는 사건과 설명되는 사건을 관련시키는 옳은 일반 명제의 도움을 받아 예측을 하고 확인하는 일을 하게 된다. 이렇게 가설들이 서로 경쟁하는 경우에도 한쪽 가설을 확증하는 실례가 압도적으로 많다면 우리는 가설의 선택에 별로 어려움이 없다. 그러나 확증의 증거가 비슷한 경우에는 선택이 매우 어렵다. 이러한 가설의 선택 상황에서 선택에 영향을 주는 중요한 규칙들 가운데 하나가 단순성 규칙(單純性 規則, rule of simplicity)인데, 다음과 같이 표현할 수 있다.

두 개의 가설이 양립 불가능하여 어느 하나를 선택해야 하는데도, 둘 다 동일한 사실을 설명하고, 어느 쪽도 증거에 의해 제거될 수 없을 경우에는 ─ 다른 조건이 모두 같다면 ─ 단순한 가설을 선택하라.

물론 이 말은 우리가 생각해볼 수 있는 가설들 가운데서 가장 단순한 가설을 반드시 택해야 한다는 걸 뜻하지는 않는다. 누구도 경험적 이론은 이 정도까지만 복잡해야 한다고 한계를 정할 수 없고, 때로는 더 복잡한 가설이 사실을 정확하게 설명할 수도 있기 때문이다. 따라서 가설의 선택은 오로지 단순성 규칙에 의해서만 이루어지는 것은 아니다. 가설의 선택에는 단순성 규칙 이외에도 ① 이미 확립되어 있는 학문적 지식과의 일치, ② 이미 잘 확증되어 있는 가설들과의 논리적 조화, ③ 가설을 제시하는 사람의 신뢰도, ④ 고려해야 할 중요한 요인의 누락 여부 등도 영향을 미친다. 그럼에도 단순성 규칙은 과학적 연구의 여러 지도 원리(指導 原理, leading principle) 가운데 하나로 인정되고 있다.

단순성 규칙을 과학의 모든 영역에 철저하게 적용하려면, 이 생각을 훨씬 더 명료하게 다듬어야 한다. 물리학의 경우에는 ─ 다른 조건이 모두 같다면 ─ 기본 입자의 종류와 기본 과정의 종류가 적은 이론이 단순한 이론이다. 또한 우리는 어떤 수학적 체계가 다른 수학적 체계보다 적은 수효의 공리를 사용하여 이루어졌으면 더 단순하다고 말하는데, 어떤 수학적 체계가 다른 체계보다 더 "우아하다"는 말은 이런 뜻을 포함하고 있다. 또 한편 태양계의 발생 과정에 관해 경쟁하는 가설들의 경우에는 어떤 가설의 과정이 다른 가설의 과정보다 더 단순하다고 말한다. 우리가 앞에서 예로 들어 살펴본 유리창 파손에 관한 두 가설의 경우라면, 정상 상태를 벗어난 특수한 심리적 동기와 고의적 조작 등등을

포함하고 있는 두 번째 가설보다 첫 번째 가설이 더 단순하다고 할 수
있다. 똑같은 사실을 설명하면서도 훨씬 더 지적 경제성(知的 經濟性, intel-
lectual economy)이 큰 가설을 택하는 것은 당연하다.

가설은 지금까지 개략적으로 살펴본 방식으로 확정되므로 잠정적 생
각이라는 사실을 명심해야 한다. 여기에는 두 가지 이유가 있다. 첫째는
아무리 많은 가설 가운데서 아무리 엄한 시험을 거쳐 선택되었다 하더
라도 그 이상 더 훌륭한 가설을 만들어낼 수 없다고 장담할 수 없다. 둘
째는 어떤 가설을 입증하기 위하여 아무리 많은 증거가 모아졌다 할지
라도, 미래의 어느 날 우리가 그 가설로부터 새로운 예측을 끌어내고,
이 예측이 그르다고 판명될 가능성을 언제나 생각할 수 있다. 학문은
어느 것이든 아직 완성된 게 아니라는 말이나, 학문은 어느 것이든 계
속 발전한다는 말은 이런 점을 염두에 두고 하는 말이다. 그렇긴 해도
지금 우리가 학문적 이론으로 인정하고 있는 가설 또는 가설들의 체계는
엄청나게 많은 증거에 의해서 훌륭하게 입증되었으므로, 진리라고 인
정해도 좋을 정도로 오랫동안 다른 가설들을 제치고 유지되어 오고 있
다는 건 두말할 필요도 없다.

이제는 "경험적 지식"에 대해 앞에서 말했던 것보다 더 정확하고 분
명하게 말할 수 있게 되었다. 우리는 경험적 지식이란 관찰이라는 직접 경
험에 의해서 얻어지거나 일반화의 방법과 가설의 방법에 의해서 얻어지는 지
식이라고 정의할 수 있게 되었다. 따라서 경험 과학의 지식은 관찰의 방
법(실험은 관찰의 특수 형태), 일반화의 방법, 가설의 방법에 의해 이루어진
다고 할 수 있다. 우리는 과학적 지식을 객관적으로 타당한 지식이라고
인정하는데, 이 과학적 지식의 객관성(客觀性, objectivity)은 바로 과학적 방

법의 객관성에 의해서 획득된다. 그리고 과학적 연구 활동의 기본 특징을 이루는 것도 바로 이 과학적 방법의 객관성이다. 이런 뜻에서 과학적 지식은 과학적 방법에 의해 얻어지는 객관적 지식이다. 경험 과학의 이런 점들에 대해서는 더 살펴보아야 할 근본적 문제와 일반적 문제가 많이 있지만, 이 이상의 논의는 너무 전문적인 일이라서 "과학 철학"으로 넘기고 여기서 그치기로 한다.

우리는 누구나 경험적 지식 없이는 도저히 세상을 살아갈 수 없다. 하지만 대부분의 사람이 경험적 지식의 본성에 대해 부분적이고 단편적인 관심을 때때로 보일 뿐이다. 대부분의 사람은 어떤 실제적 목적을 위해서만 경험적 지식을 필요로 한다. 따라서 이런 사람들은 지식으로서의 승인 가능성 기준(承認 可能性 基準, criterion of acceptability)을 아주 낮은 수준으로 설정하고도 만족할 수 있다. 그러나 경험 과학 분야에 종사하는 과학자들은 경험적 지식에 대한 관심이 강렬하고 끊임없고 광범위하고 순수하며, 그래서 이들이 설정하는 경험적 지식의 자격 기준은 굉장히 엄격하다. 이런 사람들이 바로 경험 과학을 연구하는 "과학자"(科學者, scientist)다. 모든 "경험 과학"은 이들의 공평무사한 연구에 의해 이루어진 순수한 지식 체계이다.

5. 분석적 지식

그렇다면 우리의 지식은 모두 경험적 지식일까? 우리가 살고 있는 이 세계의 현상·사건·과정에 대한 지식은 모두 분명히 경험적 지식이다. 그러나 논리학이나 수학의 진리들을 아는 경우는 어떤가? 이러한 진리는 관찰을 통해 얻어지는 증거에 의해서 정당화되지 않는다. 그렇다면 논리적 진리나 수학적 진리를 아는 일은 어떻게 설명될 수 있을까?

이제 어떤 사람이 우리에게 "A는 A다." "2+2=4"라는 명제를 믿어야 하는 훌륭한 증거를 요구했다고 가정해보자. 이 두 명제는 경험적 증거에 의해 진리성이 입증되는 경험적 명제가 아니다. 이 두 명제는 이 세계의 사실과 전혀 관계없이 반드시 옳은 필연 명제(必然 命題, necessary proposition)다. 이런 필연 명제에 대해서는 어떤 경험적 사실도 증거로 제시될 수 없다. 그래서 대부분의 사람은 "장미는 장미다." "사과 두 개에 배 두 개를 더하면 과일 네 개다."와 같은 예문을 몇 개 만들어 제시해보다가, 끝내는 "이 두 명제는 자명한 명제예요!"라고 말하고 대화를 끝낼 것이다.

그러나 철학자들 가운데에는 자명(自明, self-evidence)이라는 용어를 좋아하지 않는 사람이 많은데, 이는 이 용어가 인류의 역사에 끼친 나쁜 영향 때문이다. 이런 철학자들은 사람들이 자신이 확고하게 믿고 있는 명제는 무엇이건 "자명한 진리"라고 독단적으로 주장할 뿐만 아니라 심지어는 힘으로 남에게 강요하는 사태를 염려한다. 역사를 되돌아보면, 옛날 사람들에게는 지구가 평평하다는 것이 자명하였고, 행성이 다섯 개밖에 없다는 것이 자명하였다. 근세에는 어떤 사람들이 왕의 권력은 신으로부터 부여되었다는 것은 자명하다고 주장하였다. 하지만 이런 나쁜 실례들 때문에 아예 "자명하다"는 말은 언제나 편견과 미신을 진리로 위장시키는 가면이라고 생각해서는 안 된다. 좋은 실례도 있기 때문이다. 한 예로 유클리드(Euclid, 기원전 3세기에 활동)는 "모든 삼각형에 대해서 오직 하나의 내접원을 그릴 수 있다."는 명제가 필연적으로 옳다

는 것을 알려주기 위해 기하학적 증명을 하였다. 이 증명에서 유클리드
는 공리들을 전제로 삼고 있는데, 이 공리들은 유클리드에게 자명한 명
제들이었다.

　그런데 명제의 자명에 대한 주장은 언제나 "이 명제는 나에게는 자명
하다."라는 말로 표현될 수밖에 없다. 따라서 명제의 자명 여부는 결국
개인의 심리적 문제다. 어떤 사람의 정신에는 자명한 명제가 다른 사람
의 정신에는 자명하지 못한 명제일 수 있기 때문이다. 기하학의 역사를
보면 유클리드에게는 자명했던 평행선 공리가 다른 기하학자들에게는
자명하지 못한 명제였던 사실을 볼 수 있다. 그러므로 우리는 필연 명
제의 필연성을 개인의 심리적 자명으로 만족스럽게 설명할 수 없다.

　필연 명제가 아닌 명제는 우연 명제(偶然 命題, contingent proposition)다.
그러니까 모든 경험적 명제는 우연 명제다. 사람은 누구나 자신의 눈앞
에서 벌어지고 있는 일에 대해서는 확신을 갖게 마련인데, 이런 느낌은
당연하다. 그러나 우리는 눈앞에서 벌어지고 있는 일도 순전히 마음대
로 달리 생각해볼 수 있다. 눈앞의 빨간 장미가 빨갛게 보이지만 노란
장미를 상상할 수 있다. 이런 사정은 간접 지식의 경우에도 마찬가지다.
지구는 태양의 주위를 돌지만 프톨레마이오스(C. Ptolemaios, 85?~165?)가
그랬던 것처럼 지구의 주위를 도는 태양을 상상할 수 있다.

　그렇다면 우리는 이 사실로부터 아주 중대한 결론을 끌어낼 수 있다.
그것은 어떠한 경험적 명제도 필연적으로 옳은 명제일 수 없다면, 필연적으
로 옳은 명제는 결코 경험적 명제일 수 없다는 것이다. 이 말은 필연적으로
옳은 논리학의 진리와 수학의 진리는 경험적 증거에 의해서 입증되는

게 아니라는 뜻이다. 따라서 우리가 필연 명제를 안다고 말할 경우의 "안다"는 말은 경험적 명제를 안다고 말할 경우의 "안다"는 말과는 분명히 뜻이 다르다. 그렇다면 우리가 논리학의 진리와 수학의 진리를 안다고 주장할 때의 "안다"는 말은 무슨 뜻인가?

논리적 진리

우리는 논리학과 수학의 진리들에 대한 지식을 이해하기 위해서 먼저 논리적 진리(論理的 眞理, logical truth)의 본성을 이해할 필요가 있다. 논리학자들은 논리적 진리의 본성을 설명하기 위해 우선 명제의 형식과 명제의 내용을 구별한다. 명제를 표현하는 진술 속의 낱말들 가운데에는 그 명제의 형식을 표현하는 낱말들과, 그 명제의 내용을 표현하는 낱말들이 있다. 예컨대 "모든 장미는 식물이다."라는 명제의 논리적 형식은 다음과 같다.

모든 A는 B다.

그렇다면 "장미"와 "식물"이 내용을 나타내는 낱말임을 알 수 있을 것이다. 한편 "모든 장미는 장미다."와 "모든 빨간 장미는 빨갛다."라는 명제의 논리적 형식은 다음과 같다.

모든 A는 A다.
모든 A이면서 B인 것은 A다.

그런데 이 명제는 주부(主部, subject)의 내용이 술부(述部, predicate)의 내용으로 되풀이되고 있어서 하나마나한 진술이다. 이러한 진술은 이 세계의 사실과 전혀 관계없이 언제나 옳으므로 항진 진술(恒眞 陳述, tautological statement)이라 하고, 이런 진술이 지닌 "모든 A는 A다."라는 형식을 항진 형식(恒眞 形式, tautological form)이라 한다. 이 형식 속의 "A"는 변항(變項, variable)이므로 모든 낱말을 대표한다. 따라서 "A"에 어떤 낱말이 대입되든지 언제나 옳은 명제가 만들어진다. 이와 같은 항진 진술(논리적으로 옳은 진술)과 항진 형식(논리적으로 옳은 형식)을 둘 다 논리적 진리라고 부른다.

분석 명제

이제는 한 걸음 더 나아가 "A이면서 B인 것은 A다."와 같은 논리적 진리가 변항을 포함하고 있다는 사실을 주목해보자. 이 논리적 진리 속의 A와 B라는 문자는 낱말을 대표한다. 여러분의 생각이 여기에 미쳤다면 대입 규칙(代入 規則, rule of substitution)에 의해서 이 논리적 진리로부터 무수히 많은 명제가 만들어질 수 있음을 금방 알 수 있을 것이다. 다음의 명제들은 그런 방식으로 만들어진 것이다.

모든 빨간 사과는 빨갛다.
모든 노란 꽃은 노랗다.

이 명제들은 똑같은 논리적 형식을 지니고 있다. 또한 이 명제들은 모두 반드시 옳다. 오류에 빠질 염려 없이 항상 틀림없는 말만 하고 싶은 사람에게는 이 방법이야말로 가장 확실한 방법일 것이다. 그러나 이런 식의 단조로운 대화를 즐길 상대방은 전혀 없을 것이다. 게다가 이

런 진술은 세계에 관한 정보를 아무것도 제공하지 못한다. 우리가 사과
과수원 주인에게 사과가 어느 정도 익어가고 있는지 물었는데, 주인이
"모든 빨간 사과는 빨갛고, 모든 푸른 사과는 푸르다."고 대답했다면,
우리는 그 과수원의 사과에 대해 묻기 전보다 더 알게 된 것이 아무것
도 없다. 이런 대답은 묻는 일을 헛수고로 만들 것이다. 왜냐하면 누구
나 그 과수원에 가보지 않고도 이런 말을 충분히 이해할 수 있기 때문
이다.

그렇다면 이런 명제들은 오로지 그 명제가 지닌 논리적 형식에 의해서만
옳게 되는 명제라고 할 수 있다. 이런 명제들은 그 속의 비논리적 낱말 자
리에 어떤 낱말이 대입되더라도 항상 "옳은 진술"이 되는 논리적 형식
을 지닌 명제다. 이처럼 항진 형식의 논리적 진리로부터 대입에 의해
곧바로 만들어지는 명제를 기초적 분석 명제(基礎的 分析 命題, basic analytic
proposition)라 한다. 그러나 "모든 개는 네 발 짐승이다."라는 명제는 항
상 "옳은 진술"이 되는 논리적 형식을 지닌 명제가 아니다. 이 명제가
지닌 논리적 형식은 "모든 A는 B다."인데, 이 논리적 형식은 A와 B에
다른 낱말을 대입하면 그른 명제가 만들어질 수 있기 때문이다.

논리적 진리들 가운데에는 중요한 것이 많이 있는데, 그 가운데 몇
가지를 여기서 확인해두는 게 좋겠다. 독자는 이미 I부 2장에서 논리의
원리(동일률 · 모순율 · 배중률)를 확인했으므로, 앞에서 예로 나온 "모든
A는 A다."라는 논리적 진리가 실은 동일률임을 알았을 것이다. 모순율
은 약간 표현을 바꿔 "어떤 명제도 옳으면서 그를 수 없다."로 표현될
수 있으며, 이와 짝을 이루는 배중률은 "어떤 명제든 옳거나 그르다."로
표현될 수 있다. 또 정언 논리학(定言 論理學, syllogism)의 원리로 사용되는

"만일 A가 B에 포함되고 B가 C에 포함된다면, A는 C에 포함된다."와 같은 논리적 진리도 있는데, 이 경우에는 문자들이 임의의 집합(集合, set, class)을 나타낸다. 이 밖에도 수없이 많은 논리적 진리가 있는데, 모두 대입 규칙에 의해서 기초적 분석 명제를 만들어낸다. 그런데 이 기초적 분석 명제는 필연적으로 옳은 명제다. 그렇다면 필연 명제의 필연성을 신비롭게 생각하는 사람들에게 적어도 이 기초적 분석 명제의 필연성에 관하여 명확하게 설명해줄 수 있게 되었다. 기초적 분석 명제가 필연적으로 옳다는 것을 증명하는 절차는 그 명제가 자신의 논리적 형식에 의해서만 옳다는 것을 확인하는 것이다.

한편 우리는 다시 이 기초적 분석 명제를 증거로 삼고 정의(定義, definition)의 도움을 받아 다른 명제를 만들어낼 수 있다. 이렇게 해서 만들어지는 명제는 필연 명제이긴 하지만, 정의의 도움을 받기 때문에 필연성이 오로지 논리적 형식에만 의존하지는 않게 된다. 이제 이런 명제가 만들어지는 과정을 실례를 통해 이해해보자. 우선 동일률이라는 논리적 진리로부터 시작하자.

A는 A다.

이 논리적 진리 속의 "A"는 임의의 것을 나타내므로 "총각"이라는 낱말을 대입해보자.

총각은 총각이다.

이 명제는 논리적 진리에 낱말을 대입해서 만들어졌으므로 기초적 분석 명제다. 이 명제는 오로지 논리적 형식에 의해서만 옳은 명제다. 이제 누구나 "총각"이란 말이 "미혼의 성인 남자"와 같은 뜻이라고 인정한다고 하자. 그러면 우리는 이 정의를 위의 명제 속의 "총각"이라는 말에 대치시켜 아래와 같이 다른 명제를 만들 수 있다.

총각은 미혼의 성인 남자다.

이 명제 역시 "총각"이란 말의 정의를 아는 우리에게는 필연 명제라 할 수 있다. 다만 이 명제의 필연성은 오로지 그 논리적 형식에만 의존하는 게 아니라 "총각"이란 낱말의 정의에도 의존하고 있다는 점이 기초적 분석 명제와 다르다. 한편 이 명제는 총각에 대한 보편적 주장을 하고 있으므로 다음과 같은 조건문으로 바꾸어 써도 무방하다.

만일 어떤 사람이 총각이라면, 그는 미혼의 성인 남자다.

이 명제는 기초적 분석 명제로부터 정의와 문법의 도움을 받아 파생된 것이므로 파생적 분석 명제(派生的 分析 命題, derived analytic proposition)라고 부른다. 이 경우 "파생적"이란 말은 기초적 분석 명제에 동의어(同義語, synonym)를 대치시켜 만들어졌다는 뜻일 뿐이다. 파생적 분석 명제는 기초적 분석 명제처럼 한눈에 자명하다는 느낌이 안 들지는 몰라도 기초적 분석 명제와 마찬가지로 필연 명제다. 그렇다면 파생적 분석 명제의 진리성이 정의의 도움을 받긴 하지만 진리성의 최종 근거는 논리적 진리이므로 넓은 의미에서 "논리적으로 옳은 명제"라고 인정할 수 있다.

지금까지 설명한 기초적 분석 명제와 파생적 분석 명제를 구별 없이 통틀어 부를 때에는 분석 명제(分析 命題, analytic proposition)라고 한다. 이러한 명제는 ① 어떤 논리적 진리에서 시작해서, ② 변항에 낱말을 대입하고, ③ 어떤 낱말을 정의에 따라 다른 어구로 대치하는 절차에 따라 이루어진다는 뜻에서 분석 명제이다. 이 절차는 ①에서 시작하여 ③으로 진행되건, ③에서 시작하여 ①로 진행되건 근본적 성격은 동일하다. 이 절차는 어떤 명제의 진리성이 그 명제가 지닌 논리적 형식과 그 형식을 채우고 있는 낱말들의 의미로부터 필연적으로 나온다는 것을 보여주는 일이므로 분석성 증명(分析性 證明, proof of analyticity)이라고 부른다.

한편, 분석 명제의 부정 명제(否定 命題), 이를테면 "총각은 총각이 아니다." "빨간 사과는 빨갛지 않다."라는 명제는 분석적으로 그른 명제 또는 논리적으로 불가능한 명제라 한다. 어떤 명제가 분석적으로 그르다는 것을 밝히는 증명 역시 논리적 진리와 정의의 도움을 받아 이루어진다. 그렇다면 우리가 어떤 명제의 진리성(옳음)이나 허위성(그름)을 분석적으로 증명할 수 있을 때 그 명제를 분석적으로 안다고 말해도 좋을 것이다. 물론 일상의 언어생활에서는 일반적으로 "안다"는 말을 실질적 내용을 갖춘 경험적 지식에 사용하는 경향이 강하다. 하지만 우리는 어떤 사람이 기하학의 정리를 증명할 수 있으면 수학적 지식을 갖고 있다고 인정한다. 그런데 기하학의 정리에 대한 증명 과정은 본질적으로 분석성 증명과 똑같은 과정이다. 따라서 어떤 사람이 명제의 진리성이나 허위성을 분석적으로 증명할 수 있으면 분석적 지식(分析的 知識, analytic knowledge)을 갖고 있다고 인정해야 한다. 왜냐하면 그 사람의 정신은 ① 진리(옳은 명제)를 ② 훌륭한 증거에 의거해서 ③ 믿고 있는 상태에 있기 때문이다. 분석적 지식과 경험적 지식의 차이는 오직 증거의 종류와 정당화의 방법이 다르다는 것뿐이다.

한편 분석적으로 옳은 명제도 아니고 분석적으로 그른 명제도 아닌 명제는 종합 명제(綜合 命題, synthetic proposition)라고 부른다. 이 말은 종합 명제의 진리성이나 허위성은 단지 그 명제의 논리적 형식과 정의에 의해서만 결정되지 않는다는 것을 뜻한다. 종합 명제는 이 세계의 사실에 관해서 무언가 언급하는 사실적 내용을 가진 명제이다. 이쯤이면 이미 여러분은 이 종합 명제가 바로 경험적 지식의 내용임을 알아차렸을 것이다.

경험주의와 이성주의

지금까지의 고찰을 통해서 우리는 인간의 지식을 경험적 지식과 분석적 지식으로 완전히 양분한 셈이 되었다. 경험적 지식은 이 세계에 관한 실질적 내용을 갖추고 있어서, 다른 사람에게 이 세계에 관하여 믿고 주장하라고 권할 수 있는 지식이다. 반면에 분석적 지식은 이 세계에 관한 내용이 전혀 없는 순수한 형식적 사고의 지식이다. 이에 따라 "어떻게 아는가?"라는 물음에 대한 답이 경험적으로 아는 방법과 분석적으로 아는 방법으로 나누어지는 것은 당연하다. 그렇다면 경험 과학의 과학적 방법은 우리가 경험적으로 아는 과정에서 사용하는 가장 세련되고 정밀한 귀납적 절차이고, 논리학과 수학의 논리적 증명은 우리가 분석적으로 아는 과정에서 사용하는 가장 엄격하고 정확한 연역적 절차라고 할 수 있다. 그러나 정말로 우리가 아는 방식은 두 가지뿐이고, 그래서 인간의 지식도 오직 두 종류뿐일까?

이 문제에 이르면 철학자들은 경험주의(經驗主義, empiricism)를 지지하는 편과 이성주의(理性主義, rationalism)를 지지하는 편으로 나누어진다. 근세의 경험주의자 로크, 버클리(G. Berkely, 1685-1753), 휴움은 이 세계에 관한 인간의 모든 지식이 경험적 지식이라고 주장하는 반면에, 근세의 이성주의자 데카르트, 스피노자(B. Spinoza, 1632-1677), 라이프니쯔(G. W. Leibniz, 1646-1716)는 이 세계에 관한 적어도 몇 가지 지식은 경험과 관계 없이 알 수 있다고 주장하였다.

이 토론은 명확한 결론에 도달하지 못한 채 오랫동안 끌어왔는데, 그 주된 이유는 근세의 경험주의나 이성주의 양쪽 진영의 주장 모두 명료하지 못하여 토론의 초점이 선명하게 드러나지 않았기 때문이다. 가령 경험주의를 "인간이 이 세계에 관한 지식을 얻는 일에서 경험이 하는 역할을 강조하는 견해"라고 하고, 이성주의를 "인간이 이 세계에 관한 지식을 얻는 일에서 이성이 하는 역할을 강조하는 견해"라고 한다면, 물리학자가 가설들을 검증할 때에 경험적 관찰도 하고 이성적 추리도 한다는 사실을 들어 두 입장을 화해시키기는 쉬운 일이다.

그러므로 우리는 경험주의자와 이성주의자의 의견의 차이점이 무엇인지 선명하게 드러내야 한다. 이 일을 위해서는 지금까지의 논의에서 이루어진 명제들의 구분을 다시 살펴볼 필요가 있다. 우리는 앞에서 명제들을 두 번 구분했다. 첫 번째 구분은 어떤 명제든 필연 명제거나 아니면 우연 명제라는 것이었고, 두 번째 구분은 어떤 명제든 분석 명제거나 아니면 종합 명제라는 것이었다. 이 두 가지 구분은 다음의 표로 요약할 수 있다.

필연 명제	우연 명제
분석 명제	종합 명제

우리는 이미 모든 분석 명제가 필연 명제이고, 모든 종합 명제가 우연 명제임을 확인했다. 따라서 모든 명제는 이론적으로 반드시 네 종류, ① 필연 명제이면서 분석 명제, ② 필연 명제이면서 종합 명제, ③ 우연 명제이면서 분석 명제, ④ 우연 명제이면서 종합 명제로 나뉠 수밖에 없을 것이다. 그렇다면 우선 ③의 "우연 명제이면서 분석 명제"가 없다는 건 분명하다. 반면에 ①의 필연 명제이면서 분석 명제와 ④의 "우연 명제이면서 종합 명제"가 많이 있다는 것도 명백하다. 문제는 ②의 "필연 명제이면서 종합 명제"가 실제로 있는가라는 것이다. 이 문제는 과연 필연적이면서 종합적인 명제, 풀어 말하면 전혀 경험적 증거 없이 순전히 이성에 의해 알 수 있으면서(선천적으로 알 수 있으면서) 이 세계에 대하여 필연적으로 옳은 명제가 하나라도 있는가라는 것이다. 칸트는 수학적 진리들과 뉴턴 물리학의 원리들이 바로 그런 명제라고 주장하였다. 그러나 20세기의 경험주의자들, 즉 러셀, 카르납(R. Carnap, 1891~1970), 에이어 등은 수학적 명제들은 필연 명제이긴 하지만 종합 명제가 아니고, 뉴턴 물리학의 원리들은 종합 명제이긴 하지만 필연 명제가 아니라고 반박하였다. 이들이 인간의 모든 지식은 경험적 지식이거나 아니면 분석적 지식이라고 밝혀낸 철학자들이다. 아직도 20세기의 몇몇 이성주의자는 필연적이면서 종합적인 명제가 있다고 주장한다. 만일 이런 실례가 하나만 있어도 지금까지의 논의는 전면적으로 재검토되어야 할 것이다. 그

러나 이런 실례를 제시해야 할 책임은 이성주의자에게 있고, 모든 경험
주의자가 동의할 만한 실례는 아직까지 제시되지 않고 있다.

✔ 더 생각해볼 문제

1. 우리는 인간에 관해서는 오직 익히 아는 것만이 중요하다고 강조하는 말을 때로 듣는다. 이런 말을 하는 사람은 스페인의 철학자 우나무노(M. de Unamuno, 1864~1936)가 말한 "살과 뼈로 되어 있는 인간"을 강조한다. 그들은 인간은 자신의 열정과 고통을 지니고 언제 어디서나 혼자 독특한 한 사람으로서 실존하므로, 오랫동안의 공감적 교제를 통해 얻어지는 "익히 앎"이 아니면 한 사람을 이해한다고 할 수 없다고 본다. 우리 삶의 이 측면을 강조하는 건 당연하고 중요하다. 그러나 이런 생각에 너무 사로잡혀 인간에 관한 과학적 지식을 얻는 일을 소홀히 하거나 싫어하는 건 바람직하지 못하다. 더욱이 과학적 지식이 인간에 대한 이해를 해치거나 왜곡한다고 믿는다면, 더 나아가 사람들의 정서를 메마르게 한다고 믿는다면, 이는 아주 잘못된 생각이다. 사람에 대한 온정적인 "익히 앎"과 과학적 지식의 조화가 어떻게 이루어질 수 있는지 생각해보자.

2. 어떤 학생들은 자신에게 어떤 능력이 있는지 알기 전에는 장래의 목표를 설정할 수 없다고 생각한다. 이런 학생들은 남들이 깜짝 놀랄 성공에 도달할 수 있는 자신의 능력만 발견하면 온 힘을 다해 노력할 텐데, 바로 그 능력을 모르겠다고 한탄한다. 이는 성공을 미리 보장받고 시작하겠다는 생각이어서, 말하자면 땅 짚고 헤엄치자는 생각이나 다를 바 없다. 여러분은 언제부터 글을 읽고 쓸 줄 알게 되고, 노래를 부를 줄 알게 되고, 수학과 과학의 문제를 풀 줄 알게 되었는가? 물론 태어나면서부터는 아니다. 우리는 갓 태어난 아이에게서 어떤 고도의 능력을 발견할 수 있는가? 셰익스피어, 베토벤, 러셀, 아인슈타인은

자신의 능력부터 확인하고 문학, 음악, 수학, 철학, 과학을 시작했을
까? 능력이란 좋아하는 일을 열심히 하다 보면 이루어지는 것이고,
할 줄 알 때만 자신감을 느낄 수 있다는 걸 잊지 말자. 이와 관련해서
왜 젊은 시절에 자신의 관심이 쏠리는 일을 순수한 마음으로 과감하게
시도해보는 일이 중요한지 생각해보자.

3. 여러분은 동서고금의 훌륭한 분들의 지혜로운 판단 · 결정 · 행
   동 · 말씀을 많이 알고 있고, 그 영향을 받아 여러분의 행동이나 생각
   이 지혜로워진 경험이 많이 있을 것이다. 이런 경험을 서로 나누어 갖
   도록 노력해보자. 지혜에 대한 정의를 보면, 능력의 측면에서는 "사람
   에게 이롭도록"이란 말이, 생각의 측면에서는 "좋은 쪽으로"라는 말
   이 핵심이었다. 이는 지혜로운 사람에게는 인간과 인생에 대한 애정(인,
   자비, 사랑)이 있음을 뜻한다. 왜 인간과 인생에 대한 애정이 지혜의 샘
   인지 깊이 성찰해보고, 그 이유를 서로 이야기해보자.

4. "단순성 규칙"은 가설을 선택할 때에 유용한 지도 원리지만, 그 밖
   에도 네 가지 고려 사항이 있음을 알았다. 그 가운데에는 이미 확립
   되어 있는 과학적 가설과 상충하는 가설은 선택받기 어렵다는 기준
   도 있었다. 이 점을 염두에 두고 흔히 신비를 좋아하는 사람들이 이
   야기하는 정신 감응(mental telepathy)에 대해 생각해보자. 정신 감응을
   믿는 사람들은 한 사람에서 다른 사람으로 정보의 이동이 동시에 일
   어난다고 주장한다. 그러나 이 가설은 "객관적 증거"가 없을 뿐 아니
   라, 정보의 전달이 광속 이상의 속도로 이루어질 수 없다는 상대성
   이론과 양립할 수 없다. 따라서 상대성 이론과 정신 감응설이 둘 다
   옳을 수는 없다. 우리는 왜 상대성 이론을 선택하는지 이유를 말해보

자. 정신 감응설과 비슷한 수준에 있는 다른 이야기들에 대해서도 논평해보자.

5. 앞에서 우리는 과학적 지식이 관찰의 방법, 일반화의 방법, 가설의 방법에 의해서 얻어지는 지식임을 알았다. 그리고 인간의 관찰은 유한하고, 일반화의 결론과 과학적 가설은 언제나 수정 가능성이 있음도 알았다. 이 사실은 과학이 계속적으로 발전할 가능성이 있다는 걸 보여주고 있다. 그런데 어떤 종교인들은 이 사실을 증거로 하여 모든 과학은 완전한 것이 아니므로 가치가 없고, 언제 바뀔는지 모르므로 믿어서는 안 된다는 주장을 편다. 이 주장은 올바른 주장일까? 이런 사람이 말하는 "과학의 완전한 상태"는 대체 어떠한 상태인가? 우리는 완전한 것이 아니면 모두 버려야 하는가? 게다가 앞으로 언젠가 과학이 수정된다 하더라도, 그 수정은 반드시 더 훌륭한 상태로의 수정이다. 그렇다면 우리가 걱정할 게 무엇이란 말인가? 이런 사람의 마음을 편안하게 해줄 수 있는 설명을 생각해보자.

6. 분석 명제의 부정 명제는 자체 모순이므로 "논리적으로 불가능하다". 그렇다면 어떤 명제가 "논리적으로 가능하다"는 말은 무슨 뜻인가? 어떤 사실을 표현하는 명제가 자체 모순이 아니면 논리적으로 가능하다고 하고, 자체 모순이면 논리적으로 불가능하다고 한다. 따라서 "어떤 별은 광속 이상의 속도로 지구로부터 멀어져가고 있다."는 명제는 자체 모순이 아니므로 논리적으로 가능하지만, "이 도형은 네모진 원이다."는 명제는 자체 모순이므로 논리적으로 불가능하다.

한편 어떤 명제가 논리적으로 가능하면서, 자연 법칙에 어긋나지 않으면 "경험적으로 가능하다"고 하고, 자연 법칙에 어긋나면 "경험적

2. 우리는 어떻게 아는가? 275

으로 불가능하다"고 한다. 따라서 "어떤 별은 광속 이상의 속도로 지구로부터 멀어져가고 있다."는 명제는 논리적으로 가능한 명제이지만 현재의 과학에서는 경험적으로 불가능한 명제다.

또 한편 어떤 명제가 논리적으로 가능하고, 경험적으로 가능할 뿐아니라, 실제로 그런 사태를 만들어낼 수 있는 기술이 우리에게 있으면 "기술적으로 가능하다"고 한다. 이에 비추어보면 "광속의 99%의 속도로 나르는 우주선을 만들 수 있다."는 명제는 현재로서는 기술적으로 불가능한 셈이다. 그러나 "달의 뒷면의 사진을 찍을 수 있다."는 명제는 기술적으로 가능한 명제다.

이 세 가능성의 관계는 다음과 같이 간명하게 표현될 수 있다.

논리적 가능성	→	논리적 불가능성
경험적 가능성	→	경험적 불가능성
기술적 가능성 →		기술적 불가능성

"철학과 논리학과 수학"은 논리적 가능성을 확장하려고 노력하고, "기초 경험 과학"은 경험적 가능성을 확장하려고 노력하며, "실용 응용 과학"은 기술적 가능성을 확장하려고 노력한다. 이런 노력의 성공은 위대한 업적으로 인정받아 그 시대 최고의 상을 받게 될 것이다. 그러나 이 세 가지 가능성을 구별하지 못하고 혼동하면 사고가 완전히 혼란에 빠지게 된다. 평소에 "이런 일이 가능할까?" 하고 호기심을 느꼈던 명제들이 제각기 어떤 가능성을 갖는지 생각해보자.

7. 분석 명제와 종합 명제를 구별하는 일은 토론이나 대화가 질서 있고 성과 있게 진행되기 위해서 매우 중요하다. 어떤 명제가 분석 명

제인지 종합 명제인지는 그 명제의 핵심 용어의 정의에 달려 있는데, 토론하거나 대화하는 두 사람이 어떤 용어를 다른 뜻으로 사용하면, 하나의 명제가 한 사람에게는 종합 명제 즉 사실에 관한 명제지만, 다른 사람에게는 분석 명제 즉 언어에 관한 명제일 수 있다. 이렇게 되면 토론이나 대화가 헛수고로 끝나게 되고, 대개는 서로 감정만 상하게 되기 일쑤이다.

어떤 사람이 "인간의 모든 행동은 이기적이다." 즉 "누구든지 행동을 했다 하면 그 동기는 제 자신의 이익을 극대화하려는 것이다."라고 주장했다고 해보자. 여러분은 곧바로 이건 인간성에 대한 잘못된 비방이라 생각하고, 자신의 경험이나 공자·석가·예수·소크라테스를 비롯한 수많은 위인의 사례를 들어 반박할 것이다. 그렇다면 여러분은 그 사람의 진술을 종합 진술 즉 사실에 관한 명제로 간주하고 있는 셈이다. 이 토론의 이상스러운 점은 여러분이 아무리 많은 경험적 증거를 들어 반박해도 그 사람은 전혀 주장을 굽히지 않는다는 사실이다. 그러나 토론이 막바지에 이르면 그 사람의 원래의 주장이 "사람은 누구나 항상 자신의 이익을 도모하려는 동기에 따라 행동한다."는 명제로 바뀌는 것을 확인할 수 있을 것이다. 그런데 이 말은 차분히 생각해보면 항진 진술(恒眞 陳述, tautology)이다. 이 말은 결국 "사람은 누구나 항상 자신의 동기에 따라 행동을 한다."는 뜻이기 때문이다. 이 점을 확인했으면, 수많은 경험적 증거가 그 사람에게 조금도 영향을 주지 못하는 이유가 바로 여기에 있음을 깨닫는 게 중요하다.

우리는 일상의 대화 속에서도 이와 비슷한 진술을 많이 경험한다.

"열심히 노력해봐! 풀릴 테니까!" 얼마나 노력해야 하는가? 풀릴 때까지 아닐까? "몇 번이고 읽어보면 이해가 될 거야!" 몇 번이나 읽어야 할까? 이해될 때까지 아닐까?

이와 같은 예를 찾아내어 검토해보자.

3

학문은 어떻게 만들어지는가?

1. 정의와 연역 체계

　지금까지 우리는 학문을 이해하기 위해 학문이라는 건축물을 이루는 기본 재료인 진리와 지식에 대하여 알아보았다. 그 결과 우리는 진리가 어떤 것이고, 어떻게 진리를 알게 되며, 지식에는 어떤 종류가 있는지 알게 되었다. 여기에 이르면, 어떤 사람들은 여러 가지 것에 관해서 될수록 많은 진리를 발견하여 지식으로 삼는 일만 남았다고 생각하여 서둘고 싶어 한다. 그러나 아무리 많은 것에 관해서 아무리 많이 알고 있어도 그건 단편적 지식이지 학문적 지식(學問的 知識, scientific knowledge)은 아니다. 진리들이나 지식들이 체계 즉 하나의 그물을 이루지 못하는 한 학문(學問, science)으로 인정받지 못하기 때문이다. 따라서 흔히 학문을 "박학다식"(博學多識)이나 "박람강기"(博覽强記)로 생각하는 사람은 학문의 초기 단계에만 머물고 있을 뿐이다. "학문한다"는 말은 우리 인생에 중요한 여러 가지 것에 관해서 단편적 진리를 될수록 많이 모으는 일만이 아니라 발견된 모든 진리를 체계화하는 일까지 포함하기 때문이다.

그렇다면 누구에게나 진리들이나 지식들의 체계를 구성한다는 말은 무슨 뜻이고, 진리들이나 지식들의 체계는 실제로 어떻게 이루어지며, 진리들이나 지식들의 체계화는 왜 필요한가라는 물음이 연이어 떠오를 것이다. 실은 이 세 가지 물음에 대한 답이야말로 우리 모두가 "학문이란 무엇인가?"라는 물음을 통해 알고자 하는 내용이다. 따라서 이 장에서는 우선 이 세 가지 물음에 대한 답을 차례로 확인하고, 학문들에 대한 분류 문제를 살펴본 다음, 학문의 가치에 대해 살펴보고자 한다.

먼저 진리들이나 지식들의 체계를 구성한다는 말이 무슨 뜻이지 알아보자. 일반적으로 체계(體系, system)라는 말은 여러 종류의 많은 부분들이 하나의 목적을 실현하도록 결합되어 있는 통일체를 가리킨다. 우리가 태양과 그 주위를 도는 혹성들을 "태양계"(太陽系, solar system)라고 부를 때, 자동차·텔레비전·컴퓨터 등이 제각기 하나의 기능을 수행하는 체계를 이루고 있다고 말할 때, 학교·병원·국가 등을 공동의 목적을 실현하는 조직체라고 설명할 때는 언제나 체계라는 말이 이런 뜻으로 사용되고 있다. 우리가 학문을 "진리들이나 지식들의 체계"라고 말할 때에도 "체계"라는 말은 이런 뜻으로 사용된다. 하나의 학문은 어떤 주제에 관한 진리들이나 지식들이 그 주제에 대한 이해나 설명을 실현하도록 결합되어 있는 통일체이기 때문이다.

그렇다면 학문을 이루는 진리들이나 지식들은 어떻게 서로 결합되는 걸까? 우리는 태양계를 이루고 있는 천체들이 어떤 구조로 결합되어 운행되고 있는지 잘 안다. 누구나 사람이 만들어낸 공업 생산품인 자동차·텔레비전·컴퓨터 등의 부분품들이 어떻게 결합되어 있는지 대강은 알고 있으며, 학교·병원·국가 등의 사회적 조직체가 어떻게 구성되어 있는지 상당히 잘 알고 있다. 하지만 진리들이나 지식들은 도대체 어떻게 결합될 수 있는 걸까? 진리들이나 지식들이 공업 생산품의 부분품들처럼 물리적 힘에 의해 결합될 수 없다는 건 너무나 뻔하며, 사회적 조직체의 구성원들처럼 도덕 규범이나 법률에 의해서 결합될 수 없다는 것도 두말할 필요가 없다. 그렇다면 어떤 진리가 다른 진리와 결합할 수 있고, 어떤 지식이 다른 지식과 결합할 수 있는 가능성은 도대체 무엇에 의해서 확보되는 걸까?

이미 짐작이 가듯이 이 점을 이해하는 것이 학문의 체계를 이해하는 일의 핵심이다. 우리가 진리와 진리의 결합 가능성이나 지식과 지식의 결합 가능성을 이해하기 위해서는 다시 명제로 돌아가야 한다. 우리는 1장의 서두에서 진리는 옳은 명제이며, 지식은 옳은 명제를 훌륭한 증거에 의거해서 믿고 있는 상태라는 것을 알았다. 그러므로 진리와 진리의 결합이나 지식과 지식의 결합은 실은 진리와 지식의 실질 내용인 명제와 명제의 결합일 수밖에 없다.

이 대목에서 명제는 언어라는 옷을 입고 우리 앞에 진술로 나타날 경우에만 공적 토론의 대상이 된다는 점을 주목할 필요가 있다. 물론 우리는 명제를 마음이나 정신 속에 품고 있을 수 있다. 하지만 이런 명제는 도저히 공적 토론의 대상이 되지 못한다. 학문은 모든 사람 사이에 전달과 소통이 가능해야 하는 것이므로, 학문을 이루는 명제들은 언어를 통해서 공개적으로 명확하게 진술되어야 한다. 그러므로 명제와 명제의 결합을 공적으로 확인하는 일은 진술과 진술의 결합을 확인하는 일을 통해서만 이루어지게 된다.

그런데 우리는 바로 이 일을 이미 I부 1장에서 공부하였다. 그때 우리는 두 종류의 논증 즉 연역 논증과 귀납 논증이 있는데, 논증은 진술들을 전제와 결론으로 결합시킨다는 사실을 확인했었다. 기억을 새롭게 상기하기 위해 다시 한 번 말하면, 연역 논증은 만일 전제가 옳다면 결론도 옳을 수밖에 없는 방식으로 진술들을 강하게 결합시키고, 귀납 논증은 만일 전제가 옳다면 결론이 옳음 직하다는 방식으로 진술들을 약하게 결합시킨다. 이 두 가지 방식으로 이루어지는 진술들의 결합은 실은 진술들이 표현하는 명제들의 논리적 결합이다. 그러고 보면 명제와 명제를 결합시키는 고리 역할을 하는 것은 진술들의 진리성, 달리 말하면 진술들이 표현하는 명제들의 진리성임을 알 수 있다.

그런데 학문의 체계는 가능한 한 강한 체계를 지향하므로, 진리나 지식을 표현하는 진술들이 연역적으로 결합될 때 가장 만족스러울 거라는 것은 쉽게 이해될 것이다. 진술과 진술의 연역적 결합은 논리적 필연성을 지니기 때문이다. 따라서 학문적 체계의 구성에서는 진술들 사이의 연역 가능성(演繹 可能性, deducibility)이라는 관계가 중요하다. 진술들 사이에는 여러 가지 관계가 성립한다. 하지만 진술들의 주장 내용 사이의 관계가 명백하게 드러나도록 진술들을 조직하는 데에는 연역 관계만큼 유용한 것이 없다. 그래서 학문의 역사를 보면 어느 학문의 경우나 가능하기만 하면 진술들을 연역 체계로 조직하려고 노력하고 있다.[30]

이 점에서 보면 학문들 가운데서도 수학과 물리학이 가장 훌륭하게

---

30 연역 체계에 관한 더 자세한 설명은 I. M. Copi의 *Symbolic Logic*(Fifth Edition, Macmillan Publishing Co., Inc., New York, 1973) 6장 "Deductive Systems"를 참고하기 바란다.

체계화되어 있는 학문이다. 우리는 이미 유클리드 기하학의 정리를 공리로부터 연역적으로 증명하는 일을 많이 했으며, 또 낙체에 관한 갈릴레이(G. Galilei, 1564-1642)의 법칙과 혹성의 운동에 관한 케플러(J. Kepler, 1571-1630)의 세 법칙이 그보다 더 일반성이 넓은 뉴턴(I. Newton, 1642-1727)의 중력 법칙과 운동 법칙으로부터 연역될 수 있다는 것을 알고 있다. 그러나 문학이나 역사학을 공부하는 경우에는 이러한 연역적 증명을 해본 적이 거의 없을 뿐만 아니라 오히려 거의 불가능하다는 인상을 받았을 것이다. 이는 우연한 일이 아니다. 문학이나 역사학은 연역적 체계화라는 관점에서 보면, 이유야 무엇이든, 수학이나 물리학보다 훨씬 덜 체계화되어 있기 때문이다. 따라서 일반적으로 말하면 어떤 주제에 관한 진리 즉 옳은 명제를 표현하는 진술들은 그 가운데 어떤 진술이 다른 진술로부터 연역된 결론임을 명백하게 보여줄 수 있도록 질서 있게 정돈되면, 그 주제에 대한 엄밀한 학문이 된다.

그런데 어떤 학문을 이루는 진술들에 나타나는 낱말들 가운데 어떤 낱말은 그 진술들 속의 다른 낱말들을 사용하여 정의(定義, definition)를 내릴 수 있다. 다시 물리학을 예로 들어보자. 물리학에서는 "밀도"가 "단위 부피가 지닌 질량"으로 정의된다. "가속도"는 "단위 시간에 일어나는 속도의 변화"로 정의되고, 또 "속도"는 다시 "단위 시간에 일어나는 위치의 변화"로 정의된다. 이렇게 어떤 낱말에 대해 다른 낱말들을 사용하여 내려진 정의는 낱말들의 의미(意味, meaning)를 명확하게 밝힐 뿐만 아니라, 진술들의 주장 내용 사이의 상호 관계를 밝히는 데에도 도움이 된다. 정의는 개개의 진술이 지닌 공통 주제(共通 主題, common subject matter)를 분명히 드러내주며, 연역이 어떤 학문 속의 법칙들이나 진술들을 통합하는 것과 마찬가지로 그 학문 속의 개념들을 통합하는 일을 한다. 지식의 객관적 표현인 진술들은 그 속에 나타나는 어떤 낱말이 그 속의 다른 낱말들에 의해서 정의될 수 있으면, 학문으로 발전하는 데 매우 유리한 입장을 확보하게 된다.

학문에서 연역과 정의가 중요하다는 걸 이해하게 되면, 바로 이어서 학문적 체계의 본보기가 되는 이상적 형태가 있을 것으로 생각하기 쉽다. 풀어 말하면 이상적으로 체계화된 학문의 경우에는 모든 명제가 다른 명제로부터 연역됨으로써 증명되어야 하고, 모든 낱말이 다른 낱말들에 의해 정의되어야 한다고 믿어버리기 쉽다. 그러나 이런 학문은 실제로는 이루어질 수 없기 때문에 글자 뜻 그대로 현실이 아니라는 뜻에서만 "이상적 체계"라 할 수 있다. 낱말은 다른 낱말들에 의해서 정의되게 마련이고, 정의가 정의되는 낱말(피정의항, 被定義項, definiendum)의 의미를 설명하는 일이라면, 정의하는 용어들(정의항, 定義項, definiens)의 의미는 미리 정해져 있어야 하며, 또 정의하는 사람이 정의하기에 앞서 이해하고 있어야 한다. 한편 연역도 어떤 결론의 진리성을 참으로 확립할 수 있으려면 옳은 진술들을 전제로 삼아야 한다. 그러므로 어떤 학문 체계 안의 모든 낱말을 그 체계 안에서 정의해야 한다면, 반드시 정의가 무한히 계속되거나 순환될 수밖에 없게 된다. 그런데 "순환 정의"는 의미를 밝히는 일을 전혀 할 수 없으며, "무한히 후퇴하는 정의" 역시 쓸모없기는 마찬가지다. 어떤 낱말의 의미가 실질적으로 설명될 수 있으려면, 순차적으로 이어지는 정의가 무한히 계속되지 않고 어디에선가는 마지막 정의에 도달해야 한다. 이와 마찬가지로 모든 명제를 모조리 증명하고자 하면 증명의 무한 후퇴나 순환이 나타나게 마련이다. 증명의 무한 후퇴나 순환 역시 쓸모없기는 마찬가지다.

　그러므로 어떤 학문을 이루고 있는 모든 명제가 그 체계 안에서 증명될 수 없다는 것과 그 명제들을 표현하는 진술들에 나타나는 모든 낱말이 정의될 수 없다는 것이 인정되어야 한다. 이 말은 어떤 학문 체계 안에 증명될 수 없는 특별한 명제나 정의될 수 없는 특별한 낱말이 반드시 있을 수밖에 없다는 뜻이 아니라, 무한 후퇴나 순환에 빠지지 않고는 모든 명제를 모조리 증명할 수 없고, 모든 낱말을 모조리 정의할 수 없다는 뜻일 뿐이다. 따라서 학문의 이상이 모든 명제가 다 증명되고, 모든 낱말이 다 정의되어 있는 체계를 구성하는 것일 수 없다는 건 당연하다. 오히려 실제의 학문 활동에서 바랄 수 있는 최선의 이상적 학문 체계는 최소한의 명제들이 나머지 다른 명제들의 연역을 가능하게 하고, 최소한의 낱말들이 나머지 다른 낱말들을 정의할 수 있는 체계라고 보아야 한다. 인간의 지식이 이룩하려고 하는 이 이상적 체계를 연역 체계(演繹體系, deductive system)라 부른다. 물론 모든 학문이 이와 같이 연역적으로 체계화되어 있는 것은 아니다. 하지만 어떤 학문이든 엄밀한 체계에 도달하고자 한다면 연역 체계를 지향하지 않을 수 없다. 이제 구체적인 예를 통해서 좀 더 자세히 알아보자.

2. 학문 체계의 실례

　앞에서 현실의 학문 활동에서 이상적 학문 체계가 어떻게 이루어지는가를 알아보았으므로, 실제의 학문을 예로 들어 진리들이나 지식들이 어떻게 연역적으로 체계화되는지 확인한 다음, 여러 가지 학문의 체계화 정도에 관해서 알아보자.

학문 체계에 대한 우리의 이해를 도와줄 수 있는 가장 좋은 실례는 유클리드 기하학이다. 유클리드 기하학은 인류가 제일 먼저 이룩한 체계적 지식 즉 학문이다. 유클리드 기하학은 그 자체가 중요한 학문이기도 하지만, 누구나 이 학문을 연역적 방식으로 배워 그 내용을 상당히 알고 있기 때문에 예로서 가장 적절하다.

기하학이 그리스 사람들에 의해서 맨 처음 학문으로 확립되었고, 또 그들에 의해서 발전되었다는 것은 널리 알려진 사실이다. 그리스의 수학자 피타고라스(Pythagoras, 기원전 580~500)와 유클리드는 기하학의 발전에 큰 업적을 남긴 수학자들 가운데서도 뛰어난 인물로 꼽힌다. 그렇긴 하지만 상당히 많은 기하학적 진리가 이보다 수천 년 전에 이집트 사람들에게 이미 알려져 있었다. 이는 피타고라스가 살고 있던 기원전 6세기에 벌써 고대라고 불리던 시기에 이루어진 이집트의 피라미드가 증명하고 있다. 고대의 기록을 더 거슬러 올라가면서 살펴보면, 이집트 사람들보다 먼저 바빌로니아 사람들이 여러 가지 기하학적 진리를 잘 알고 있었음을 알 수 있다. 그뿐만 아니라 동양의 거대하고 정교한 건축물들로 미루어보면 고대부터 동양 사람들도 상당히 많은 기하학적 진리를 알고 있었음에 틀림없다.

그러면 이처럼 기하학적 진리들이 유클리드 이전에 동양과 서양에 있었는데도, 그리스 사람들이 비로소 기하학을 창시했다는 말은 도대체 무슨 뜻일까? 이 물음에 대한 대답은 앞에서 이미 한 셈이다. 피타고라스 이전에는 인류의 기하학적 진리들이 아무런 연결 없이 낱낱이 고립되어 있었다. 피타고라스 이전의 기하학적 진리들은 실제로 농토를 측량할 때나 건물을 세울 때 도움을 받을 수 있는 일련의 주먹구구 정도의 것이었으며, 따라서 기하학적 진리들의 체계는 전혀 이루어져 있지 않았다. 그리스 사람들은 이처럼 뿔뿔이 흩어져 있던 기하학적 진리들에 연역 체계라는 질서를 부여함으로써 비로소 기하학이라는 학문을 만들었다.

유클리드 기하학은 기하학의 어떤 명제를 다른 명제로부터 연역함으로써 체계가 이루어지기 시작하였다. 기하학의 명제들은 다른 명제를 증명할 때 전제로 사용되는 명제를 먼저 놓고, 전제로부터 증명되는 명제를 그다음에 놓는 식으로 목록을 작성함으로써 질서가 부여되었다. 기하학을 이렇게 체계화하는 일은 피타고라스에서 시작되었으며, 피타고라스의 후계자들에 의해서 계속 진행되었다. 이 일은 유클리드의 『기하학 원론』(幾何學 原論, Elements)에 이르러 훌륭하게 이루어졌다. 유클리드의 『기하학 원론』은 5개의 공리(公理, axiom)와 23개의 정의(定義, definition)와 5개의 공준(公準, postulate)을 전제로 삼고 출발해서, 이로부터 연역된 465개의 정리(定理, theorem)를 순서대로 나열함으로써 당시에 알려진 모든 기하학적 명제를 질서 있게 정돈하였다. 기하학은 이렇게 해서 그리스 사람들에 의해 연역 체계로 조직되었다. 그리스 사람들이 만든 이 기하학 체계는 인류가 최초로 궁리해낸 학문 체계였다.

이 업적은 너무나 위대해서 지금까지도 학문적 체계화의 본보기로서 충분하다. 오늘날에도 가장 높은 수준으로 발전된 학문은 연역 체계의 형태에 가장 가까이 접근한 학문들이다. 이런 학문들은 비교적 적은 수효의 명제를 일반 원리로 설정하고, 이로부터 상대적으로 훨씬 많은 수효의 다른 명제를 연역적으로 유도하는 일을 이룩하였다. 물리학과 화학은 실제로 명확하게 연역 체계로 이루어져 있으며, 물리학의 경우만큼 정밀하진 못해도 생물학 역시 상당한 성과를 이루어내고 있으며, 이와 비슷한 시도가 심리학, 사회학, 경제학에서도 진행되고 있다. 아마 이 노선에 따른 가장 노골적인 시도는 스피노자(Spinoza, 1632-1677)의 노력일 것이다. 스피노자는 그의 주저인 『윤리학』(Ethics)을 "기하학과 같은" 형태로 서술하였다. 스피노자는 몇 개의 공리와 정의를 설정하고 출발하여, 그 밖의 수많은 형이상학적 신조와 윤리적 신조를 이 최초의 공리와 정의에 의해 증명되는 정리로 연역해내려고 시도하였다.

유클리드는 자신의 기하학을 전개할 때 자기가 계속 사용하게 될 몇몇 용어를 정의하는 일로부터 시작하고 있다. 예컨대 정의 1은 "점은 부분이 없는 것이다."로 되어 있고, 정의 2는 "선은 넓이가 없는 길이다."로 되어 있다. 이 두 개의 정의는 제각기 "점"과 "선"이라는 낱말을 규정하고 있다. 이 두 개의 정의에 사용된 "부분" "길이" "넓이"와 같은 낱말들은 다시 정의되는 게 아니라, 유클리드 체계의 무정의 용어(無定義用語, undefined term)에 속한다. 새로운 낱말들이 더 도입됨에 따라 유클리드 체계의 정의들은 앞에서 정의된 낱말들과 더불어 새로운 무정의 용어들을 사용하게 된다. 이를테면 정의 4는 "직선은 … 그 양쪽 끝인 두 점 사이에 있는 곧은 … 선이다."로 되어 있는데, 이 정의는 "곧다"와 "사이"라는 무정의 용어와 앞에서 정의된 낱말인 "점"과 "선"도 사용하고 있다.

정의된 낱말을 사용하는 것은 논리적 관점에서 편의를 도모하고자 하는 것일 뿐이다. 이론적으로는 정의된 낱말을 포함하고 있는 모든 명제가 오로지 무정의 용어만 포함하고 있는 명제로 번역될 수 있다. 이 일은 어떤 정의된 용어가 나타날 때마다 이 용어를 정의하는 데 사용된 일련의 무정의 용어로 대치시킴으로써 이루어질 수 있다. 예컨대 유클리드 기하학의 공준 1은 "임의의 한 점으로부터 임의의 다른 한 점에 직선을 그을 수 있다."로 되어 있다. 이 공준은 정의된 낱말인 "직선" "점"을 포함하고 있으나, 이러한 정의된 낱말을 사용하지 않고서도 "부분을 갖지 않는 두 끝 부분 사이를 곧게 잇는 넓이 없는 길이가 부분을 갖지 않는 임의의 어떤 것으로부터 부분을 갖지 않는 임의의 어떤 것에 그어질 수 있다."고 표현될 수 있다. 하지만 이 표현은 아주 어색하다. 이론적으로 정의된 낱말이 제거될 수 있다 할지라도, 실제의 연역 과정에서는 무정의 용어를 길게 엮어나가는 대신에 상대적으로 간단하고 명료한 정의된 낱말을 사용함으로써 시간과 지면과 노력을 절약하는 효과를 얻을 수 있다.

유클리드는 기하학을 연역 체계로 구성할 때 자신이 도입한 증명되지 않은 명제들을 두 부류로 나누고, 하나는 "공리"라 부르고, 또 하나는 "공준"이라 불렀다. 그러나 유클리드는 그렇게 구분한 이유를 제시하지 않고 있는데, 이는 이 구분에 대한 명확한 근거가 없었기 때문인 것 같다. 짐작하건대, 유클리드가 어떤 명제가 다른 명제보다 더 일반적인 명제라고 느꼈거나, 심리적으로 더 명백한 명제라고 느꼈던 게 아닌가 싶다. 하지만 오늘날에는 연역 체계를 구성할 때 이러한 구별을 하지 않으며, 연역 체계를 출발시키고 있는 증명되지 않은 명제들은 모두 똑같은 자격과 위치를 갖는 것으로 간주한다. 이제는 "공리"와 "공준"을 뜻이 다른 말로 사용하지 않으며, 연역 체계 속의 증명되지 않은 모든 명제를 "공리"나 "공준" 어느 쪽으로든지 부르고 싶은 대로 구별 없이 부르는 것이 관례로 되어 있다.

연역 체계가 순환이나 무한 후퇴에 빠지지 않으려면, 그 체계가 성립하기 위해 가정되어 있으면서 그 체계 안에서 증명되지는 않는 약간의 공리나 공준을 포함하고 있어야 한다. 공리들이 반드시 증거가 박약한 추측이나 그저 한 번 내세워보는 가정일 필요는 없다. 공리들은 세밀히 검토되고 또 확실한 증거에 입각해서 정립될 수 있지만, 공리들의 유일한 특징은 단지 바로 그 체계 안에서 증명되지 않는다는 것뿐이다. 공리들의 진리성을 증명하려는 논증은 어느 것이든 그 체계 밖에서 진행된다.

유클리드 기하학을 잘못 이해한 옛날 학자들은 유클리드 기하학의 모든 정리가 공리들로부터 논리적으로 도출되었으므로 공리들이 우리가 사는 공간에 관한 진리인 것과 마찬가지로 정리들로 모두 공간에 관한 진리라고 주장했다. 유클리드 역시 자신의 기하학의 공리들은 공간에 관한 자명한 진리라고 주장했다. 때로 사람들이 어떤 진술의 진리성을 의심하기 어렵다고 생각할 경우에, 그 진술은 자명하므로 진리성을 증명할 필요가 없는 "공리와 같은" 진술이라고 고집을 부리는 일은 자기도 모르는 사이에 바로 이 그릇된 전통에 따르고 있는 셈이다. 그러나 현대의 학자들은 "공리"라는 말을 이런 뜻으로 사용하지 않는다는 걸 분명히 알 필요가 있다. 어떠한 연역 체계의 공리들에 대해서도 자명하게 옳다는 주장은 성립할 수 없다. 연역 체계 속의 어떤 명제든 그 체계 안에서 증명된 명제가 아니라 그저 전제로 가정된 명제라면 그 체계의 공리이다. 공리에 대한 이 현대적 견해는 기하학과 물리학이 발전해온 역사적 과정에서 광범위하게 일어날 수밖에 없었던 체계 문제(體系 問題, system problem)를 연구하여 얻은 결론이다. 어쨌든 연역 체계 속의 공리나 정리들의 진리성 여부는 그 체계 안에서는 문제 삼을 수 없으며, 오직 그 체계 밖에서만 검토해볼 수 있을 뿐이다.

따라서 연역 체계는 순전히 논리적 관점에서 보면 거대하고 복잡한 논증이라 할 수 있다. 그 전제는 공리이고 결론은 공리에서 연역되는 모든 정리의 연언 진술(連言 陳述, conjunction)이다. 논리적 문제는 어떤 논증의 경우에나 그런 것처럼 전제들의 진리성이나 허위성에 관한 것이 아니라, 전제와 결론의 올바른 관계 즉 연역 논증의 타당성에 관한 것이다. 공리들의 진리성을 인정한다면 정리들의 진리성이 필연적으로 인정될 수 있는가라는 것이 논리학자나 수학자가 관심을 갖는 문제다. 만일 정리들에 대한 증명이 모두 타당한 논증이라면, 물론 이 물음에 대한 답은 "그렇다."이다. 그러므로 연역 체계의 가장 중요한 측면은 그 체계 속의 정리들이 공리로부터 연역된다는 점이다.

지금까지 우리는 유클리드 기하학을 예로 들어 학문의 체계화 과정을 살펴보았다. 학문의 체계화 과정에 대한 이 설명은 모든 학문에 대해 맞는 말이다. 다른 예로 물리학의 경우를 보자. 누구나 알고 있는 바와 같이 물리학은 뉴턴에 의해서 비로소 체계화되었다. 그러나 기하학의 경우와 마찬가지로 뉴턴이 살았던 시대보다 까마득히 오랜 옛날부터 인류는 물리적 현상에 관해서 굉장히 많은 진리를 알고 있었다. 동양 사람들과 서양 사람들은 관찰의 방법, 일반화의 방법, 가설의 방법을 사용하여 물리학적 진리를 많이 발견했었다. 하지만 뉴턴 이전에는 인류가 발견한 물리학적 진리들은 주먹구구라 할 정도로 표현이 명료하지 못했을 뿐만 아니라 제각기 고립되어 있었다. 뉴턴은 이러한 물리학적 진리들을 표현하는 진술들 속의 기초 용어들에 명확한 정의를 부여하여 공통 주제가 선명하게 드러나도록 한 다음, 그때까지 발견된 거의 모든 물리학적 진리를 자기가 처음으로 발견한 중력 법칙과 운동 법칙이라는 고도로 일반적인 물리학적 진리를 전제로 삼고 연역해냄으로써 질서 있게 정돈하였다.

뉴턴이 물리학적 진리들을 체계화한 방법은 유클리드가 기하학을 체계화했던 방법과 똑같다. 뉴턴의 물리학 속에도 유클리드 기하학과 마찬가지로 무정의 용어가 많이 있다. 그 가운데서도 뉴턴이 어떤 물리학적 진리로부터 다른 물리학적 진리를 연역할 때 결정적인 역할을 하는데도 정의되지 않은 채 사용한 논리적 낱말들과 수학적 기호들이 중요하다. 이 정의되지 않은 낱말들에 관한 한 뉴턴은 논리학과 수학 그리고 일상 언어의 용법을 그대로 따르고 있는 셈이다. 그러나 뉴턴은 물리학의 주제와 직접 관련이 있는 낱말들, 이를테면 "질량" "힘" "속도" "가속도" "밀도"와 같은 낱말은 명확하게 정의하여 연역 과정에서 일어날지도 모를 의미의 혼란을 엄격하게 막았다. 그런 다음 뉴턴은 가장 일반적인 물리학적 진리 즉 질량 불변의 법칙, 에너지 보존의 법칙, 중력 법칙, 관성 법칙, 작용 반작용의 법칙 등을 공리로 삼고 다른 물리학적 진리들, 예컨대 아르키메데스(Archimedes, 기원전 287-212)의 법칙, 갈릴레이의 법칙, 케플러의 법칙을 비롯해서 거의 모든 물리학적 진리를 정리로 연역하였다. 이렇게 하여 물리학은 뉴턴에 의해 연역 체계로 구성되어 학문으로서의 자격을 획득하게 되었다. 이와 같은 물리학의 체계를 이해하고 보면, 뉴턴이 자신의 물리학을 『자연철학의 수학적 원리』(Philosophiae Naturalis Principia Mathematica)라는 이름으로 발표한 이유도 쉽게 이해할 수 있을 것이다.

뉴턴이 자연에 관한 물리학적 진리들을 연역 체계로 구성한 일은 인류의 지식의 진보 과정에서 획기적인 금자탑이었다. 일찍이 피타고라스가 자연 현상의 배후에 변하지 않는 수학적 비례 관계가 있음을 통찰한 이후 이천 년 이상 지나서야 비로소 자연에 관해서 엄밀한 체계적 지식에 도달한 사건이기 때문이다. 그런데 물리학이 연역 체계로 확립된 사실은 그 자체로서도 중요한 업적이지만, 더욱 중요한 것은 기하학에서만 가능하다고 여겨지던 연역 체계가 경험적 진리와 경험적 지식의 영역에서도 가능하다는 본보기를 뉴턴의 물리학이 보여준 사실이었다. 이로 말미암아 인류는 경험을 통해서 진리를 발견하는 주제에 관해서도 엄밀한 체계적 지식을 확립할 수 있다는 확신을 가지고 노력함으로써 눈부신 학문적 지식의 진보를 이룩하게 되었다. 우선 물리학에 바로 이어 화학이 체계화되기 시작하였으며, 생물학은 좀 더 늦게 체계화되기 시작하였으나 지금은 고도로 체계적인 지식이 되었다. 한편 19세기 후반부터는 사회의 여러 가지 현상에 대해서도 학문적 연구가 활발히 진행되어 사회학, 심리학, 경제학, 정치학 등의 사회 과학이 체계적 지식으로 발전하고 있다.

하지만 모든 학문의 체계화의 정도가 똑같은 것은 아니다. 사회 과학에 속하는 여러 학문은 자연 과학에 속하는 여러 학문에 비하면 체계화의 정도가 훨씬 낮은 단계에 있다. 그리고 인문학에 속하는 대부분의 학문은 사회 과학들에 비해서도 체계화의 정도가 낮다. 이처럼 학문들이 체계화의 정도에 차이를 보이는 데에는 여러 가지 이유가 있지만, 그 주된 이유는 그 학문의 주제와 직접 관련이 있는 기초 용어들에 정확한 정의를 부여하지 못하고 있다는 사실과 지금까지 발견된 모든 진리를 연역해낼 수 있는 일반적 진리를 발견하지 못하고 있다는 사실에 있다. 물론 어떤 학문 활동이 발견해낸 모든 진리나 모든 지식을 하나의 연역 체계로 구성할 수 없다 하더라도 그 가운데 일부분만 체계화하는 일은 불가능하지 않다. 모든 학문이 발전 초기에는 여러 개의 부분적 체계로 나뉘어 진행되다가, 몇 개의 부분적 체계를 연역해낼 수 있는 일반적 진리가 발견되면 그 부분적 체계들이 더 큰 일반적 체계에 통합되는 방식으로 발전해왔다. 따라서 아직 전체적으로 체계화되어 있지 못한 학문이라 하더라도 앞으로 체계화에 성공할 가능성은 언제나 있다. 사실 학자들이 도전하고 있는 가장 중요한 목표들 가운데 하나는 바로 이 가능성을 현실로 바꾸어놓는 일이다. 20세기에 "논리 경험주의"를 내세운 철학자들이 모든 과학들을 통합하는 "통일 과학"(統一 科學, unified science)을 추구했던 철학 운동은 이 목표를 향한 가장 야심적인 시도였다고 할 수 있다.

그렇다면 왜 진리들이나 지식들은 체계로 조직될 필요가 있을까? 낱낱의 진리를 지식으로 삼고 필요할 때마다 이용하면서 살아가면 족할 것 같은데, 왜 진리들이나 지식들을 체계화하는 일이 그처럼 중요할까? 이 점을 이해하기 위해서는 우선 비유를 하나 살펴보는 게 좋겠다. 어떤 사람이 자동차 한 대의 모든 부분품을 가지고 있는데, 그 부분품들의 상호 관계를 몰라서 조립을 못하고 있다면 어떻게 생각해야 할까? 그 사람이 자동차를 한 대 갖고 있다고 자랑한다면 우리는 터무니없는 말로 여길 것이다. 그 부분품 하나하나는 가치가 있지만 한 대의 자동차로 조립되지 않으면 그 가치를 제대로 발휘하지 못한다. 진리들이나 지식들도 하나의 체계로 구성되지 않으면 자동차의 부분품들이나 마찬가지다.

진리들이나 지식들은 그것들 사이의 상호 관계가 명확하게 드러나도록 하나의 체계로 조직되지 않으면 그것들이 지닌 힘을 거의 발휘하지 못한다. 예컨대 동양이나 서양을 막론하고 아주 오랜 고대부터 사람들은 해와 달과 별이 동쪽에서 떠서 서쪽으로 진다는 것, 낮과 밤의 길이가 규칙적으로 변한다는 것, 네 계절이 순환한다는 것, 행성이 역행한다는 것을 너무나 잘 알고 있었다. 그러나 옛날 사람들은 이 네 개의 진리 사이에 어떤 관련이 있는지 몰랐다. 이것이 옛날 사람들은 태양계 속에서 이런 현상들을 눈으로 보고 살면서도 태양계를 몰랐다는 말의 진짜 뜻이다. 오늘날 우리는 이 네 개의 진리 사이의 관계를 정확하게 이해하고 있다. 우리가 일식 · 월식 · 행성의 진로 등에 대해서 설명(說明, explanation)과 예측(豫測, prediction)을 할 수 있는 것은 이 주제와 관련 있는 모든 진리가 하나의 체계를 이루고 있기 때문이다. 여러분은 이러한 예를 여러 학문에서 헤아리기 어려울 정도로 많이 배웠다. 이처럼 일군의 진리나 지식은 상호 관계가 명확하게 드러나도록 체계화되어야 최고의 힘을 발휘하게 되며, 낱낱의 진리나 지식이 전체 속에서 차지하는 자격과 역할 즉 전체 속에서의 의미와 기능이 분명해진다. 따라서 인류가 지금보다 더 행복해지기 위해서는 학문적 지식의 힘과 학문적 지식의 가치에 대한 안목이 절대적으로 필요하다. 진리들과 지식들의 체계화가 언제나 학문 활동의 중요한 목표인 이유가 여기에 있다.

지금까지 학문 체계가 어떻게 구성되고 왜 필요한지 살펴보았으므로, 이제는 학문 활동이 전반적으로 어떻게 진행되는지 정리해보자. 대체로 말하면 학문하는 일은 ① 어떤 주제에 관해서 학문적 방법에 의해 상당히 많은 진리가 발견되면, ② 이 진리들을 모두 증명하거나 설명할 수 있는 일반적 진리를 발견하여 공리로 세우고, ③ 이 일반적 진리가 옳다면 이미 발견된 진리들이 옳을 수밖에 없는 연역적 방식으로 질서 있게 정돈한 다음, ④ 그 학문적 방법에 의해 발견될 수 있고, 또 이 일반적 진리에 의해서 체계화될 수 있는 진리를 계속 탐구하여 확장하는 과

정을 거치면서 발전한다. 여러분은 초창기의 학문 활동에서는 ①의 단
계와 ②의 단계의 작업이 주된 일이고, 상당히 성숙한 학문의 경우에는
④의 단계에서 연구가 맹렬히 진행되고 있다는 사실을 알 수 있을 것이
다. 하지만 아무리 성숙한 학문이라 할지라도 그 방법과 원리가 개선되는
경우가 있을 수 있다. 어떤 학문에 이런 일이 일어나면 그 학문은 비약적
발전을 하게 되며, 이런 일을 해낸 사람은 그 학문의 역사에 획기적 업
적을 이룩한 위대한 학자로 이름을 남기게 된다. 우리 모두가 존경하고
있는 위대한 학자는 이런 일을 해낸 인물이다.

　그런데 학문들이 가능한 한 연역 체계에 도달하는 것을 이상으로 삼
는다는 점에서는 한결같다고 할 수 있지만, 개별 학문이 처해 있는 현실
은 체계화의 정도에 커다란 차이를 보이고 있다. 우리가 학문들의 현실
을 살펴보면 그 밖에도 여러 가지 차이점을 발견할 수 있다. 하지만 학
문들이 서로 제각기 독자성을 인정받을 정도로 차이점이 있으면서도,
한편으로는 서로 뚜렷한 유사성과 상호 관계를 유지하고 있다는 것은 매
우 흥미로운 사실이다. 학문들은 이처럼 차이점과 유사성을 동시에 지
니면서 고유한 질서에 의해 하나의 세계를 이루고 있다. 라파엘로(Raffael-
lo, 1483-1520)가 로마 교황청 서명실의 벽화 「아테네 학당」에서 고대 그
리스의 유명한 철학자들과 과학자들을 그들이 살았던 시대와 장소를
완전히 무시하고 한 곳에 모두 모아놓은 착상은 이 점을 극적으로 보여
주고 있다. 따라서 우리가 학문의 세계에 대해서 정확하게 이해하고자
한다면, 이번에는 한 단계 더 올라가 학문들 사이의 질서를 알아볼 수 있
는 안목을 반드시 갖추어야 한다. 이제 이 점을 살펴볼 차례가 되었다.

3. 학문의 분류

앞에서 사용한 "학문의 세계"라는 말은 비유적 표현이긴 하지만 매우 적절한 표현이다. 사물들이 제각기 독자성을 유지하면서도 서로 관련을 맺어 사실의 세계를 이루듯이, 학문들도 제각기 독자성을 유지하면서 서로 관련을 맺어 지성의 세계를 이루기 때문이다. 하나하나의 학문은 사실의 세계의 한 측면을 주제로 삼고 진리들을 발견하여 체계적 지식에 도달한 것이다. 따라서 사실의 세계를 금수강산 우리 국토(國土)에 비유한다면, 하나하나의 학문은 어느 한 주제에 관하여 자세하게 표현하는 지형도 · 지질도 · 기후도 · 교통도 · 하천도 · 산림도 등등의 주제지도(主題 地圖, thematic map)에 비유할 수 있다. 이런 주제 지도들이 차이점을 지녔으면서도 밀접한 관련이 있는 것과 마찬가지로, 하나하나의 학문은 제각기 다르면서도 밀접한 관련을 유지하며 협동 체계를 이루고 있다. 그러고 보면 지금 우리의 주제는 학문들을 대상으로 하여 개별 학문의 독자성과 아울러 학문들 사이의 관계를 체계적으로 이해하는 것이다.

이 일을 위해 세계와 학문 사이의 관계를 좀 더 알아보자. 사실 어떤 의미에서 우리는 동일한 세계가 아닌 두 개의 세계 속에서 살고 있다고 할 수 있다. 하나는 우리 주변에서 일어나는 자연적 사실과 사회적 사실이 이루는 세계이다. 우리는 이 세계를 경험을 통해서 알 수 있다. 그러나 이 세계는 우리가 실제로 보고 듣고 만지는 사물들의 연속, 또는 우리의 감각 앞을 연이어 지나가는 사건들의 흐름으로 되어 있는 극히 작은 세계이다. 한 개인의 경험의 세계에 관한 한 실제로 가본 적이 없으면 지리산, 금강산, 백두산, 워싱턴, 런던, 파리도 없을 것이고, 만나본 적이 없으면 성삼문, 이순신, 정약용은 그저 이름에 지나지 않을 것이다. 여러분이 스스로 직접 경험을 통해 아는 것이 얼마나 되는지 자문해본다면, 그 양이 자신의 지식 전체에 비해 너무 적음에 크게 놀랄 것이다.

그러면 나머지 대부분의 지식은 어떻게 얻어진 것일까? 우리는 지식의 대부분을 부모님, 선생님, 친구, 교과서, 온갖 주제의 책, 신문, 라디오, 텔레비전 등에서 얻는데, 이 지식은 실은 언어를 통해서 얻는다. 한 예로 우리는 역사에 관한 거의 대부분의 지식을 언어를 통해서 얻는다. 지금 우리에게 한산도 대첩이 있었다는 증거는 그 해전에 관한 보고가 있다는 것이다. 우리가 역사책에서 읽은 이 보고는 그 해전을 직접 본 사람이 전하는 것이라기보다는 직접 겪은 사람의 보고에 기초를 두고 이루어진 보고에 관한 보고다. 이 보고의 계열을 거슬러 올라가면 우리는 마침내 이 해전을 직접 지휘한 이순신 장군의 최초의 보고에 부딪히게 된다. 우리는 수많은 지식을 직접 경험한 사람의 보고와 이 최초의 보고에 대한 보고를 통해서 얻고 있다. 우리는 스스로 직접 경험하지 않는 자기 고장의 일, 우리나라의 형편, 세계의 여러 곳에서 일어난 사건을 모두 보고를 통해서 안다.

이와 같이 우리가 다른 사람의 진술을 통해서 도달하는 세계를 언어 세계(言語 世界, verbal world)라 부르는 게 편리하다. 이 언어 세계는 우리가 스스로 경험을 통해 알고 있거나 알 수 있는 실재 세계(實在 世界, real world)와 대응하는 짝이랄 수 있다. 인간은 다른 동물과 마찬가지로 아주 어릴 적부터 실재 세계에 익숙해지기 시작한다. 그러나 사람은 다른 동물과는 달리 어린 시절 어느 때부터 이해력(理解力, understanding)이 활동을 시작하자마자 보고, 보고에 대한 보고, 보고에 대한 보고에 대한 보고를 받아들이기 시작한다. 게다가 이때부터는 어린이 스스로 보고를 증거로 삼고 추리를 계속한다. 이렇게 해서 어린이가 유치원이나 초등학교에 들어가 몇 사람의 친구를 사귈 때쯤이면 벌써 사람, 자연, 도덕, 지리, 역사, 놀이 등에 관해서 상당히 많은 2차 정보와 3차 정보를 기억해서 쌓게 되는데, 이 모든 정보가 관련을 맺어 어린이의 언어 세계를 이루게 된다.

그런데 이 언어 세계와 실재 세계 사이의 관계는 지도(地圖)와 현지(現地) 사이의 관계와 아주 비슷하다. 어떤 사람이 어려서부터 실재 세계에 잘 들어맞는 언어 세계를 마음에 가지고 어른으로 성장해간다면, 자기가 새로이 발견하는 것들에 충격을 받거나 상처를 입을 위험이 적을 것이다. 이런 사람은 자신의 언어 세계의 도움을 받아 실재 세계 속에 있을 만한 것들과 그것들에 부딪히면 어떻게 행동해야 하는지 상당히 정확하게 미리 알 수 있기 때문이다. 이런 사람은 인생을 안전하게 살아갈 준비가 잘 되어 있는 셈이다. 이는 정확한 지도를 가진 등산가나 여행가의 경우와 꼭 같다고 하겠다. 이와 반대로, 어떤 사람이 일찍이 마음속에 잘못된 지도 즉 그른 신념들과 미신들의 체계를 가지고 성장한다면, 항상 곤란에 부딪히고, 노력을 허비하게 되며, 어리석은 행동을 하지 않을 수 없게 된다. 이런 사람은 현실의 세계에 제대로 적응을 못할 것이 뻔하며, 그 정도가 심하면 결국 정신과 의사의 치료를 받게 된다.

하지만 대부분의 사람은 마음속의 잘못된 지도로 말미암아 일어나는 어리석고 불행한 일을 굉장히 많이 보면서도 그 해악의 심각함을 거의 자각하지 못하고 살고 있다. 어떤 사람은 점쟁이의 말을 증거로 삼고 사업 계획을 세우고, 어떤 사람은 꿈을 행동의 지침으로 삼고 판단을 내린다. 어떤 사람은 "4"와 관련 있는 것은 모두 기피하고, "7"과 관련 있는 것은 무조건 좋아한다. 어떤 사람은 아직도 도깨비가 있다고 믿어 밤에는 심한 두려움에 사로잡히며, 심지어는 실재 세계 속에 있지도 않은 힘을 빌려 초인간적인 일이나 초자연적인 일을 하겠다는 망상을 진지하게 추구하는 헛수고를 한다. 이런 사람들은 모두 실재 세계와는 거의 아무런 관련도 없는 거짓 언어 세계 속에서 살고 있다.

　지도는 어떤 사람의 기분이나 감정에 맞도록 아무리 아름답게 그려져 있어도, 현지에 있는 사물들의 구조에 정확하게 대응하는 것이 아니면 여행자에게는 쓸모가 없다. 물론 어떤 사람이 장난으로 재미를 느끼기 위해 어떤 지역의 산·강·호수·도로 등을 마음대로 과장하고 굴절시켜 그릴 수 있지만, 아무도 그 지도를 정확한 지도라고 믿지 않아서 실제로 여행에 이용하지 않으면 아무런 해를 입지 않는다. 마찬가지로 어떤 사람이 상상이나 그른 보고에 의해서 실재 세계와 전혀 관련이 없는 부정확한 지도를 만들어낼 수 있지만, 우리가 그것을 정확한 실재 세계의 지도라고 오해하지만 않으면 해를 입지는 않는다.

　그런데 우리가 문화적 유산으로 물려받는 언어 세계 속에는 잘못된 지도가 많이 섞여 있다. 그 가운데에는 옛날 사람들은 정확한 지도라고 믿었지만 지금은 엉터리 지도라고 밝혀진 것도 많이 있다. 이러한 잘못된 지도는 우리가 방심하고 있는 사이에 다른 사람들이 우리의 마음속에 집어넣은 것이다. 따라서 우리는 그저 듣고 외운 것들 가운데 어떤 것들을 스스로 조사하고 판단하여 버리지 않으면 안 된다. 혹시라도 이러한 그른 정보가 우리의 인생에 결정적인 영향을 미치는 철학적 신념이나 학문적 지식에 섞이면, 우리가 아주 심각한 피해를 입는 것은 너무나 분명하기 때문이다. I부에서 철학적 사고의 명료성과 정확성과 비판정신을 강조하고, 또 II부에서 진리와 지식의 정의에 대한 선명하고 분명한 이해를 강조한 이유가 바로 여기에 있다.

이쯤에서 지금까지의 설명을 배경으로 삼고 학문에 대한 정의를 다시 상기해보면, 학문이 인간의 언어 세계 속에서 차지하는 자격과 위치는 물론이고, 학문과 세계의 관계도 선명하고 분명하게 이해될 것이다. 학문들은 이미 짐작이 가듯이 인류의 언어 세계 속의 수많은 진리 즉 옳은 정보 가운데서도 어떤 주제에 관하여 학문적 방법에 의해 고도로 정확하게 얻어진 진리들을 서로 간의 관계가 명확하게 드러나도록 조직해놓은 지도라고 할 수 있다. 따라서 우리는 학문들 전체가 보여주는 세계상(世界像, world view)이 우리가 살고 있는 이 세계의 진짜 모습에 가장 가까운 지도라고 인정하고 살아가고 있다. 물론 우리는 학문의 세계라는 지도의 정확성에 대해 의심을 일으킬 수 있고, 또 건전한 의심은 정확성을 증진하는 계기가 되기도 한다. 하지만 어떤 사람이 학문적 지식보다 더 정확한 지도를 실제로 만들어 내놓지 못하면서 끝없이 의심만 한다면 그 의심은 밑도 끝도 없는 공허한 의심에 지나지 않을 것이다.

그런데 학문의 세계를 이루는 여러 학문들은 이미 말했듯이 어떤 점에서는 다르고 어떤 점에서는 비슷하다. 학문들은 주제·동기·목적·기능·논리적 순서·일반성 등에 관해서 차이점과 유사점을 동시에 보여준다. 이러한 차이점과 유사점은 우리가 학문들을 체계적으로 이해하는 방법을 마련할 수 있는 근거가 된다. 우리는 학문들을 차이점에 따라 가르고 유사점에 따라 묶음으로써 학문들 사이의 상호 관계를 질서 있게 정돈할 수 있다. 이 일이 학문들을 분류하는 일(學問의 分類, classification of sciences)이다. 이 일은 학문의 세계를 구조적으로 파악하는 일이자 인류의 지식 전체를 구조적으로 파악하는 일이므로, 철학의 분야들 가운데 "학문에 관한 철학"(philosophy of science) 그리고 "지식 이론"(theory of knowledge)에 속하는 매우 중요한 철학적 문제이다.

하지만 우리가 학문의 분류를 제대로 이해하기 위해서는 먼저 분류(分類, classification) 그 자체에 대해 알아야 한다. 이 일은 지금 우리의 목적을 위해서 필요할 뿐만 아니라 다른 모든 학문 활동을 이해하기 위해서도 반드시 필요하다. 분류(分類, classification)는 인류의 지적 활동에서 어떤 사물들에 대한 체계적 이해의 첫걸음이기 때문이다. 이미 앞에서 우리는 정확하게 알 필요가 있었던 철학의 분야 · 논증 · 진리 · 지식 · 명제와 진술을 비롯해서 많은 대상들을 그것들이 지닌 적절한 특성에 따라서 분류하였다. 이런 대상들에 대한 분류가 우리의 이해를 얼마나 선명하고 분명하게 해주었던가를 되새겨보기 바란다.

분류는 대상들이 보여주는 어떤 특성을 기준(基準, criterion)으로 설정함으로써 시작된다. 아마 이 우주에는 모든 점에서 완전히 똑같은 두 개의 사물은 없을 것이다. 따라서 두 개의 사물이 아무리 많이 닮았다 하더라도, 우리는 그 두 사물을 각기 다른 집단에 속하게 만드는 차이점을 찾을 수 있다. 예컨대 두 마리의 개가 모양 · 색깔 · 행동 등등이 아무리 많이 닮았어도, 이런저런 차이점을 기준으로 하여 하나는 "가나" 다른 하나는 "다라"라고 부를 수 있다. 우리는 원하기만 하면 온 우주의 사물들을 낱낱의 개체로 분류하는 지극히 세밀한 기준을 만들 수도 있다. 사람이 실제로 이런 일을 하지 않는 것은 너무 많은 고유명사로 말미암아 언어가 사용하기 어려울 정도로 불편해질 것이기 때문이다. 실제의 언어생활에서는 오히려 "개"와 같은 집합 명사가 많이 사용되는데, 이런 집단은 다시 필요에 따라 이를테면 "진돗개" "사냥개" 하는 식으로 더 작은 집단으로 나눌 수 있다.

한편 이 우주에 있는 두 사물이 동일한 집단에 절대로 속할 수 없을 만큼 모든 점에서 완전히 다른 경우는 있을 수 없다. 예컨대 생각과 무지개는 엄청나게 다르지만 둘 다 시간 속에 존재하는 "일시적 존재"라는 점에서는 같다고 볼 수 있다. 나무·삼각형·축구·우주인은 다른 범주에 속한다고 보아야 할 정도로 다르지만 적어도 "내가 1분 동안에 생각한 것"이라는 점에서는 하나로 묶일 수 있다. 학자들이 필요에 따라 더 넓고 더 포괄적인 집합 명사를 만들어 사용하는 일은 매우 흔한 일이다. 집합 명사는 어떤 것이 어떤 집단에 속할 수 있는 자격 요건을 점차로 줄여감으로써 아주 쉽게 만들 수 있다. 여러분이 벌써 깨달았겠지만 분류의 원리는 I부 3장에서 공부했던 "추상의 사다리"의 원리와 똑같다. 우리가 추상의 사다리를 올라가는 것은 사물들을 점점 더 큰 집단으로 묶어서 지칭하는 일반 명사(一般 名辭, general term)를 만드는 일이고, 추상의 사다리를 내려가는 것은 사물들을 점점 더 작은 집단으로 갈라서 지칭하는 구체 명사(具體 名辭, concrete term)를 만들고, 마지막에는 단 하나의 개체를 지칭하는 고유 명칭(固有 名稱, proper name)을 만드는 일이기 때문이다.

분류는 우리의 관심과 필요에 따라 이루어진다. 사물들이 지닌 어떤 차이점에 주목하여 어느 수준의 구체적 낱말을 사용하고, 어떤 유사점에 주목하여 어느 수준의 일반적 낱말을 사용할 것인지는 전적으로 우리의 관심과 필요에 의해 결정되는 일이다. 하나의 집단은 여러 가지 기준에 따라 분류될 수 있지만 그 여러 가지 분류는 모두 동등하게 정당하다. 예컨대 동물들이 동물학자·식육업자·가죽업자 등등에 의해 달리 분류될 수 있고, 집들이 건축가·소방서·가스업자 등등에 의해 달리 분류될 수 있는 것은 당연한 일이다. 혹시 누군가가 지금까지 아무도 생각한 적이 없는 새로운 기준에 의해 다시 분류할 필요를 느낀다면 언제라도 그렇게 할 수 있다.

그러므로 이 세계에 있는 것들이 어떤 방식으로 얼마나 다양하게 분류될 수 있는가라는 문제는 어떤 차이점이나 유사점을 분류의 기준으로 정하는가에 따라서 결정되는 문제다. 그런데도 대부분의 사람들은 빈번히 사용하기 때문에 익숙해진 분류를 "자연적 분류"(自然的 分類, natural classification) 즉 유일하게 올바른 "필연적 분류"(必然的 分類, necessary classification)라고 주장한다. 이 생각은 물론 잘못된 생각이다. 만일 동물들이 세대가 바뀔 때마다 계속 색깔은 일정하게 유지하면서 모양·크기·다리의 수효 등이 무질서하게 변한다면, 색깔에 의한 분류가 다른 기준에 의한 분류보다 "더 자연스럽고" 또 "더 올바른" 분류라고 주장하고 싶을 것이다. 그러나 이 생각은 그 사람이 색깔에 의한 분류에 만족하여 승인하고 있다는 뜻 이상으로 확대 해석되어서는 안 된다. 어떤 특정한 분류가 어떤 목적에 아무리 편리한 분류라 하더라도 사람의 분류 행위와 전혀 관계없이 자연적 분류가 성립한다는 주장은 그릇된 주장이다. 우리가 분류하기 전에는 어떤 종류도 없다.

우리가 어떤 집단을 선택하고자 할 때 자연은 우리를 안내할 수는 있지만 우리에게 명령을 내리지는 못한다. 흔히 우리가 자연 속에서 일정한 특

성들의 조합을 반복해서 발견한다는 뜻에서 자연이 우리를 안내한다고
할 수 있으며, 이 때문에 이런 특성들의 조합에 이름을 부여하는 것이 편
리하다. 그래서 우리는 "개"라는 낱말을 포유동물이고, 짖고, 긴 귀와
긴 코를 가지고 있고, 기분이 좋으면 꼬리를 흔드는 동물 집단에 사용
한다. 따라서 집단이나 집합에 관해서 논쟁을 일으키는 물음 즉 집단이
나 집합은 자연적인 것인가 인공적인 것인가라는 물음의 답은 이 물음의
의미에 달려 있다. 집단이나 집합은 분류의 기준으로 쓰이는 공통 특성
이 자연 속에서 발견될 수 있다는 뜻에서는 자연적인 것이다. 하지만
집단이나 집합은 분류 행위가 사람의 관심과 필요에 따라 이루어지는
일이라는 뜻에서는 인공적인 것이다. 우리는 무수히 많은 특성을 지닌
자연 속에서 분류의 기준으로 어떤 특성을 선택하느냐에 따라 기존의
분류와 아주 다른 분류를 언제든지 만들 수 있다.

　우리는 기존의 분류에 따라 이루어진 집단의 이름을 확장할 것인지
확장하지 않을 것인지를 결정해야 할 때가 있다. 이미 이름이 부여되어
있는 집단과 비슷하긴 하지만 완전히 똑같지 않은 것에 기존 집단의 이
름을 사용할 것인지 선택해야 하는 경우가 그런 때다. 다시 흔히 격렬
한 논쟁을 일으키는 문제를 예로 들어보자. "공산주의는 종교인가?"라
는 물음이 그것이다. 이 문제의 초점은 이미 종교라고 불리고 있는 신
념 체계 및 생활양식과 공산주의라고 불리는 신념 체계 및 생활양식이
공통으로 가지고 있는 헌신적 믿음 · 열광적 충성 · 공동 목표에의 몰입
등등의 특성을 기준으로 삼고 "종교"라는 말을 공산주의에 적용할 것인
지, 아니면 공산주의에는 초자연적 신에 대한 믿음이 없으므로 "종교"
라는 말을 공산주의에 적용하지 않을 것인지에 달려 있다. 이 선택 역
시 우리의 관심과 필요에 따라 결정될 문제다. 우리가 둘 사이의 차이점

을 중요하다고 여기면 "종교"라는 하나의 이름으로 부르지 않을 것이
고, 유사점을 중요하다고 여기면 "종교"라는 하나의 이름으로 묶어 부
를 것이다. 하지만 두 분류의 무게나 의의가 실제 생활에서 똑같은 것
은 아니다. 우리가 앞의 분류를 택할 경우에는 문제의 두 대상에 대한
중요한 통찰을 놓칠지 모르며, 두 번째 분류를 택할 경우에는 지금까지
명확하게 구별되었던 두 집단의 차이를 흐릿하게 만들 우려가 있기 때
문이다. 그러나 이보다 더 중요한 것은 위의 두 분류가 이 대상들에 대
한 다른 분류 체계 전체에 미치는 결과에 의해서 어느 쪽이 더 적절한 분
류인가를 객관적으로 평가해야 한다는 사실이다.

　이제 우리는 분류 작업에 필요한 기본적 준비를 갖추었으므로, 실제
로 학문들을 분류할 수 있게 되었다. 다시 한 번 강조하지만, 학문들을
분류하는 목적은 개별 학문의 내용을 확인하는 일이 아니라, 학문의 세
계 전체를 체계적으로 이해하는 데 있음을 잊지 말아야 한다. 이 일은
학문들이 현실 세계의 가장 정확한 지도이므로, 결국 지금까지 인류가
파악한 우주 전체에 관해서 체계적으로 이해하는 일이 된다. 학문들의
분류에서도 첫걸음은 역시 기준을 설정하는 일이다. 물론 기준은 학문들
이 지닌 많은 특성 가운데서 우리가 어떤 목적과 필요에 의해 어떤 차
이점이나 유사점에 주목하느냐에 따라 결정된다. 학자들이 학문들을
분류할 때 통상 "의의 있는 기준"으로 사용하는 특성은 이미 앞에서 언
급했던 학문의 주제 · 지식을 얻는 방법 · 학문하는 사람의 동기나 목
적 · 학문 상호 간의 기능 · 학문들의 논리적 순서 · 그리고 일반성의 정
도 등이다. 이제 학문들이 이런 기준에 의해 어떻게 나뉘고 묶이는지
알아보자.

학문의 주제는 학문의 분류에서 가장 흔히 기준으로 사용되는 특성일 것이다. 거의 모든 학문의 명칭이 그 학문의 주제를 드러내는 방식으로 만들어져 있기 때문이다. 그러나 여기서 한 가지 사실을 주의해야 한다. 그것은 학문의 주제에 대한 이해에는 여러 단계의 수준이 있다는 사실이다. 실은 주제에 따라 붙여진 각 학문의 이름은 학문의 주제가 가장 낮은 수준까지 구별되었음을 보여주고 있다. 그러나 학문의 주제는 더 일반적인 수준에서도 구별될 수 있다. 동물학·식물학이 있으면서 생물학이 있는 것은 그 때문이다.

학문의 주제를 가장 근본적이고 일반적인 수준에서 구별하면 형식적 주제와 경험적 주제로 나누어진다. 그래서 형식적 주제를 다루는 학문들은 형식 과학(形式 科學, formal science)이라 하고, 경험적 주제를 다루는 학문들은 경험 과학(經驗 科學, empirical science)이라 한다. 형식 과학에는 논리학, 수학, 언어학의 일부 등이 속하는데, 우리의 지식이 성립하는 논리적 구조를 연구한다. 예컨대 논리학이 그 본성을 해명하는 "A는 A다." 즉 "ㅁ는 ㅁ다."라는 명제와 "이 우산(☂)은 저 우산(☂)과 같다."는 명제는 근본적으로 다르다. 또한 산술학에 나오는 "1+1=2"라는 명제와 "눈사람이 여기 하나(☃) 저기 하나(☃) 있으니 눈사람이 두 개(☃☃) 있다."는 명제도 근본적으로 다르다. 두 경우 모두 첫 번째 명제는 순전히 사고의 형식에 관한 명제임에 반해서, 두 번째 명제는 경험에 의해서만 확인될 수 있는 사물의 질서에 관한 명제이기 때문이다. 그러므로 일반적으로 말하면 형식 과학은 우리의 생각 속의 명제·논증·수·도형·집합 등에 관한 논리적 진리와 분석적 진리를 발견하여 체계로 조직한 학문들인 데 비해서, 경험 과학은 우리가 이 세계 속에서 경험하게 되는 사물과 사실에 관한 경험적 진리를 발견하여 체계로 조직한 학문들이다.

　그러고 보면, 우리가 공부하고 있는 대부분의 학문은 경험 과학에 속한다는 걸 알 수 있다. 이는 사람이 외부 감각 기관(外部 感覺 器官, external senses)에 의해서 바깥 세계를, 그리고 내부 지각(內部 知覺, internal perception)에 의해서 자신의 내면 세계를 알기 시작할 수밖에 없으므로 지극히 당연한 일이다. 우리가 경험적 관찰 즉 외부 감각과 내부 지각에 의해 얻은 일차 자료로 직접 지식들을 만들고, 여기에 일반화의 방법과 가설의 방법을 적용하여 간접 지식을 만들어낼 수 있는 주제는 너무나 많고 복잡하다. 그래서 경험 과학들을 편의상 인간, 사회, 자연이라는 세 가지 핵심 주제를 중심으로 나누는 것이 관례가 되어 있다. 이 세 그룹 가운데 첫 번째 것은 인문학(人文學, humanity)이고, 두 번째 것은 사회 과학(社會 科學, social science)이며, 세 번째 것은 자연 과학(自然科學, natural science)이다. 인문학은 인생 자체의 목표나 이상, 그리고 문화적 성격을 띤 주제 즉 언어, 문학, 역사 등에 관한 진리를 탐구한다. 사회 과학은 사람들이 서로 어울려 살아가면서 나타나는 여러 측면 즉 정치적 현상, 경제적 현상, 법적 현상 등에 관한 진리를 탐구한다. 자연 과학은 우리의 삶의 터전인 우주의 여러 측면 즉 물리학적 현상, 화학적 현상, 생물학적 현상 등에 관한 진리를 탐구한다.

　사람이 학문을 연구하는 데에는 동기나 목적이 있게 마련이다. 흔히들 학문 자체가 동기나 목적을 지니고 있는 것처럼 말하지만, 동기나 목적은 사람만 가질 수 있는 것이므로, 학문의 동기나 목적은 실은 학문을 연구하는 사람의 동기나 목적이다. 그러나 학문들은 제각기 그 학문에 종사하는 사람이라면 거의 누구나 같은 동기나 목적을 갖게 하는 성

질이 있으므로, 이러한 동기나 목적을 그 학문의 동기나 목적이라고 말
해도 큰 잘못은 없다고 하겠다.

　학문을 하는 사람의 동기나 목적은 크게 두 가지로 나누어 볼 수 있
는데, 이에 따라 학문들도 두 부류로 나누어진다. 첫째 부류는 우리가
어떤 주제에 대해 정확하고 체계적인 지식을 그저 알고 싶어서 하는 학
문, 달리 말하면 순수한 지적 욕구를 충족시켜 주는 학문인데, 이런 학
문들을 순수 학문(純粹 學問, pure science)이라 한다. 둘째 부류는 우리가 살
아가면서 부딪히는 어떤 문제, 예컨대 편리한 물건의 제작이나 질병의
치료 등을 해결하기 위한 지식이나 기술을 탐구하고 조직하는 학문인
데, 이런 학문들을 실용 학문(實用 學問, practical science)이나 기술 학문(技術
學問, technology)이라 부른다. 때로 어떤 사람들은 "순수"와 "실용"이라는
말에 영향을 받아, 순수 학문이 실용 학문보다 더 고상하거나 훌륭한
학문이라고 생각하는데, 이는 잘못된 생각이다. 우리의 동기나 목적을
실현한다는 점에서는 양쪽 다 유익하고 훌륭한 학문이다. 하지만 실용
학문은 순수 학문이 밝혀놓은 진리들을 이용할 수밖에 없으므로, 논리
적 순서와 일반성에서는 순수 학문보다 아래에 있는 것이 사실이다.

　학문의 논리적 순서(論理的 順序, logical order)는 두 학문 사이의 논리적
관계에 의해서 결정된다. 어떤 학문이 성립하기 위해서 그보다 먼저 확
립되어 있어야 하는 학문을 논리적으로 앞서는 학문이라 한다. 여러분은
뉴턴이 물리학을 확립하기 위해서는 수학에서 미분과 적분의 발명이
필요했다는 사실을 잘 알고 있을 것이다. 이 사실은 수학이 물리학보다
논리적으로 앞서는 학문임을 보여주는 실례다. 또 여러분은 I부 2장에
서 논리학이 수학의 증명 방법을 증명하는 것을 보았다. 이 사실은 논

리학이 수학보다 논리적으로 앞서는 학문임을 보여주는 실례다. 이처럼 두 학문 가운데서 논리적으로 앞서는 학문을 다른 쪽 학문의 기초 학문(基礎 學問, basic science)이라 하고, 이 기초 학문을 이용하는 학문을 응용 학문(應用 學問, applied science)이라 부른다. 물론 기초 학문과 응용 학문의 구별은 동일한 종류의 주제를 다루는 학문 계열에 속하는 학문들 사이의 상대적 구별이다. 그러나 인문학·사회 과학·자연 과학 세 계열의 학문들 가운데에는 그 계열의 주제와 관련 있는 어떤 문제를 해결하려고 해도 기초 학문으로 사용되는 순수 학문들이 있다. 일반적으로 철학·논리학·수학과 더불어 이러한 순수 학문들 전체를 기초 학문(基礎 學問, basic science)이라 부른다.

여러 학문이 우리 인생에 중요한 어떤 문제를 해결하기 위해서 협력 체계를 형성할 수 있다는 것은 당연하며 또 빈번히 있는 일이다. 최근에 많이 시도되고 있는 학문들 간의 "연합 연구" "복합 연구" "융합 연구"가 그런 경우다. 이런 경우에는 그 협력 체계에 참여하는 학문의 기능이나 역할에 따라 기본 학문(基本 學問, main science)과 보조 학문(補助 學問, auxiliary science)으로 나누기도 한다. 그 문제의 가장 근본적인 측면을 다루는 학문이 기본 학문이 되는 건 두말할 필요도 없다. 예컨대 인류의 암을 퇴치하기 위해 여러 학문이 협력 체계를 이루는 경우에는 생물학이 기본 학문이 되어 다른 학문들의 보조를 받으면서 연구한다. 우주 탐험을 위해 여러 학문이 협력 체계를 이루는 경우에는, 물리학이 기본 학문이 되어 다른 많은 학문의 보조를 받으면서 연구한다.

끝으로 학문들은 일반성을 기준으로 하여 철학(哲學, philosophy)과 특수 학문(特殊 學問, particular sciences)으로 나누는 경우가 있다. I부에서 철학의

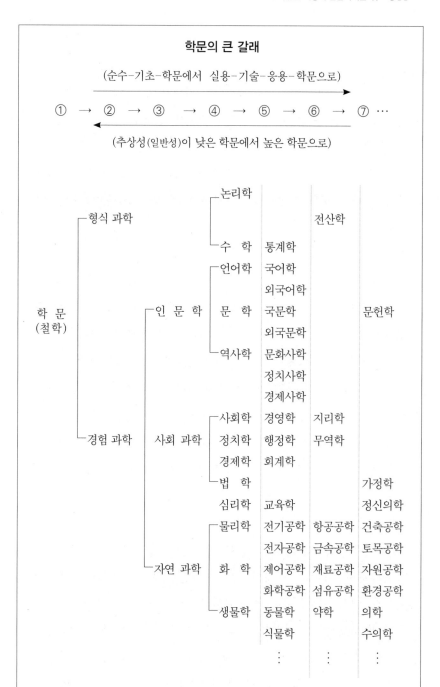

학문의 큰 갈래

(순수-기초-학문에서 실용-기술-응용-학문으로)

① → ② → ③ → ④ → ⑤ → ⑥ → ⑦ …

(추상성(일반성)이 낮은 학문에서 높은 학문으로)

학 문 (철학)					
	형식 과학	논리학		전산학	
		수 학	통계학		
	경험 과학	인 문 학	언어학	국어학	문헌학
				외국어학	
			문 학	국문학	
				외국문학	
			역사학	문화사학	
				정치사학	
				경제사학	
		사회 과학	사회학	경영학	지리학
			정치학	행정학	무역학
			경제학	회계학	
			법 학		가정학
			심리학	교육학	정신의학
		자연 과학	물리학	전기공학 / 항공공학	건축공학
				전자공학 / 금속공학	토목공학
			화 학	제어공학 / 재료공학	자원공학
				화학공학 / 섬유공학	환경공학
			생물학	동물학 / 약학	의학
				식물학	수의학

학문적 성격을 살펴볼 때 분명해졌듯이, 철학은 인생에 중요한 문제라면 무엇이건 철학적 수준 즉 가장 일반적이고 가장 근본적인 수준에서 연구한다. 따라서 철학의 주제는 인간 · 사회 · 자연 즉 우주 전체에 대한 연구라고 할 수 있다. 그러나 특수 학문은 제각기 우주의 한 측면 또는 한 부분을 주제로 삼는다. 예컨대 언어학 · 경제학 · 물리학이 그런 예다. 그러니까 앞에서 학문들을 고유 주제를 가진 주제 지도에 비유했던 것은 바로 이 특수 학문에 해당하는 이야기임을 이제 이해할 수 있을 것이다.

그런데 한 지역의 여러 가지 주제 지도, 이를테면 지형도 · 지질도 · 하천도 · 교통도 · 인구 분포도 등등은 서로 협력하여 그 지역에 관한 종합적인 정보를 제공한다고 할 수 있다. 그리고 보면 우리가 학문들을 체계적으로 분류하여 파악하는 목적은 어떤 특수 학문이 우주의 어느 측면이나 어느 부분의 지도인지 분명하게 밝혀 제자리에 놓음으로써 인생과 우주 전체에 대한 체계적이면서 종합적인 안목을 갖추는 데 있음을 알 수 있을 것이다. 그렇다면 학문 세계 전체를 통찰하는 일을 임무로 삼고 있는 철학은 개별 주제 지도의 정보를 모두 종합한 지도에 비유할 수 있다.

위의 학문 분류는 물론 모든 학문을 완벽하게 분류하고 있지 않다. 학문의 분류가 어느 시대에도 완전할 수 없는 데에는 몇 가지 근본적인 이유가 있다. 첫째 이유는 분류 자체가 우리의 관심과 필요에 따라 이루어지는 임의적인 일이라는 것이다. 두 번째 이유는 인류의 지적 탐구 영역이 계속 늘어나고 있다는 사실이다. 언제 새로운 학문이 이루어져 기존의 분류에 영향을 줄는지 모른다. 게다가 학문의 분류에 쓰이는 의의 있는 기준이 변하는 수도 있다. 한 예로 옛날에는 규범을 만들어내는 규범 과학(規範 科學, normative science)과 사실을 서술하는 기술 과학(記述 科學, descriptive science)의 구별을 중요하게 여긴 적이 있었으나, 지금은 이 구별의 의의를 인정하지 않는다. 이제는 규범을 만들어내는 일을 학문적 작업이라고 보지 않게 되었을 뿐만 아니라 모든 진리가 인류의 복지를 위해 존중되고 따라야 하는 표준이라면 규범으로 간주할 수도 있기 때문이다.

위의 분류는 큰 얼개만 제시했을 뿐이다. 그렇긴 해도 위의 분류는 우리의 실제적 목적에는 굉장히 큰 도움을 준다. 혹시 독자가 특별히 관심을 가진 실용 과학이나 응용 과학이 어디쯤에 자리 잡을 수 있는지, 또 그 과학에 훌륭한 수준으로 정통하려면 어떤 기초 학문들을 먼저 공부해야 하는지 판단하는 데 도움을 받을 수 있을 것이다. 여러분은 이 분류를 이용하여 학문들 사이에 입체적 관계가 있다는 것을 이해할 수 있을 것이고, 우리나라의 각 대학에 설치되어 있는 학과들의 성격과 연관 관계를 정확하게 이해할 수 있을 것이며, 학문 세계와 현실 세계가 어떻게 구조적으로 대응하는지에 대해서도 이해할 수 있을 것이다. 그뿐 아니라 이 분류는 최고의 학문 연구와 교육을 담당하는 기관을 대학(大學, University)이란 이름으로 부르는 깊은 뜻도 통찰할 수 있게 해준다. 이 분류는 이런 점들을 이해시킨다는 점만으로도 충분히 가치 있는 분류일 것이다.

4. 학문의 가치

이제 우리는 학문에 관해 생각해보아야 할 마지막 문제에 도달하였다. 그것은 "왜 학문이 인생에 그처럼 중요한가?"라는 물음이다. 사실 우리는 객관적 의미로 언급되는 진리들의 체계로서의 학문이나, 주관적 의미로 언급되는 체계적 지식으로서의 학문의 중요성을 강조하는 말을 헤아릴 수도 없이 많이 들어왔다. 사람은 누구나 배워야 한다, 학창 시절에는 학업에 몰두하는 것보다 더 훌륭하고 좋은 일이 없다, 누구나 젊은 시절에 촌음을 아껴 충분한 지식을 갖추는 것이 일생을 위해 바람직하다는 말들을 어려서부터 들어왔다. 이런 말은 모두 학문적 지식이 인생을 살아가는 데 매우 중요하다고 강조하고 있다. 그런데 이런 말을 수긍하는 사람도 정작 학문이 우리 인생의 어디에 어떻게 이바지하기 때문에 그처럼 커다란 가치를 부여하는지 설명하지 못하는 경우가 흔하다. 인류는 왜 다른 중요한 문제가 많이 있는데도 유사 이래로 학문의 연구에 그처럼 많은 노력과 투자를 하고 있으며, 왜 다른 훌륭한 가르침이 많은데도 어느 나라나 학문을 교육의 핵심 내용으로 삼는 걸까?

하지만 이번에도 "학문의 가치는 무엇인가?"라는 물음에 대한 답을 찾아나서기 전에, 우선 이 물음을 통해 우리가 정말로 알고자 하는 것이 무엇인지 분명히 해야 한다. 물음이 명료해야 답도 명료할 수 있기 때문이다. 이 일을 위해 잠시 "가치"(價値, value)라는 말의 의미를 살펴보자. 우리는 "가치"라는 낱말에 대해서 적어도 두 가지 점을 주의해야 한다. 첫 번째 주의해야 할 점은 "가치"라는 말이 추상(抽象)의 정도가 지극히 높은 낱말이라는 사실이다. 사람들은 원시 시대부터 추상 명사에 대해서 오해하는 한 가지 일반적인 경향을 지니고 있다. 그것은 고유

명사 "바둑이"에 대응하는 한 마리의 개가 이 세계에 있듯이, "가치"와 같은 추상 명사에도 1 대 1로 대응하는 사물-같은-대상이 이 세계에 있다고 착각하는 경향이다. 이런 잘못된 생각에 사로잡혀 있는 사람들은 한 마리의 개를 보듯이 가치를 확인하고자 하는데, 이는 전혀 이루어질 수 없는 희망이다. 우리가 "가치"라는 낱말의 의미를 명료하게 파악하려면 "추상의 사다리"를 경험의 수준까지 내려와서, 이 세상에 실제로 있는 가치 있는 것들이 지닌 공통 특성들 가운데서 정의 특성을 결정하여 내포적 정의를 구성해야 한다. 실제의 가치란 우리가 경험하는 가치 있는 것들이 지닌 특성이기 때문이다. 이 특성들이 객관적 성질인가라는 문제는 지금 우리의 논의와 관계가 없다. "가치"라는 말의 외연은 바로 이 특성들 또는 가치 있는 것들이다. 그렇다면 "학문의 가치는 무엇인가?"라는 추상적 물음은 "학문적 진리나 학문적 지식이 실제로 인류의 행복을 위하여 어디에 어떻게 쓰이고 있는가?"라는 물음으로 이해되어야 한다.

　"가치"의 의미에 관해서 두 번째 주의해야 할 점은 이 말이 적어도 세 가지 뜻으로 사용된다는 사실이다. 첫째, "가치"라는 말이 좁은 뜻으로 사용될 때에는 "좋다"(훌륭하다) "바람직하다" "할 보람이 있다"는 말이 올바르게 적용될 수 있는 경우만 언급하도록 사용된다. 둘째, "가치"라는 말은 넓은 뜻으로 사용될 때에는 모든 종류의 덕, 진리, 아름다움, 성스러움, 정의, 의무를 언급하게 된다. 이 경우에 "가치"라는 말은 기준선 이상의 것만을 가리키도록 사용되는데, 이렇게 되면 기준선 이하의 상태 즉 "나쁘다" "잘못이다" 등의 말이 적용되는 상태는 모두 "무가치하다"고 말하게 된다. 셋째, "가치"라는 말은 "온도"라는 말처럼 평가 척도 전체, 즉 긍정적 평가에서 부정적 평가에 이르는 평가 전체에 적용되도록 사용되기도 한다. 이 경우에는 긍정적으로 평가되는 것은 긍정적 가치를 지니고 있고, 부정적으로 평가되는 것은 부정적 가치를 지니고 있다고 말한다. 그렇다면 우리가 학문과 관련해서 "가치"라는 말을 쓸 때에는 언제나 이 말의 첫 번째 의미로 사용하고 있음을 알 수 있을 것이다.

　"가치"의 의미에 대한 이러한 고찰을 토대로 하여 생각해보면, 학문의 가치에 대한 문제는 학문이 인류의 행복의 증진에 얼마나 많은 긍정적 가치를 발휘하는지 알아보는 일이다. 그런데 이번에도 우리는 "행복"이라는 추상 명사에 주의해야 한다. "가치"라는 낱말의 경우와 마찬가지로 "행복"이라는 낱말에 1 대 1로 대응하는 것은 이 세계에 없다. 우리가 다시 "추상의 사다리"를 경험의 수준까지 내려와서 확인해보면, "행복"이라는 말은 누군가가 무언가에 대하여 환희 · 기쁨 · 즐거움 · 성취감 · 만족감 등등과 같은 행복감을 실제로 느끼는 경우에 대하여 사용된다. 이 사실은 우리에게 두 가지 점을 알려주고 있다. 하나는 어떤 사람이 실제로 행복에 도달하는 일은 전혀 생각의 문제가 아니라 느낌의 문제라는 것이고, 또 하나는 누가 언제 무엇에 대해 행복감을 느낄 것인지는 예측될 수 없는 문제라는 것이다. 이로 말미암아 특정한 개인의 행복감을 정확하게 설명하거나 예측할 수 있는 일반 이론은 만들어질 수 없다. 그러므로 "학문이 인류의 행복을 증진한다."는 말은 누가 언제 어디서 어떤 상황에 처해 있든 상관없이 행복감을 느끼게 해준다는 뜻이 아니다. 이 말의 진정한 뜻은 학문이 어떤 개인이나 인류 전체의 행복 증진에 토대가 되는 일반적 조건의 개선에 긍정적 가치를 발휘한다는 것이다.

그렇다면 인간이 행복감을 느끼는 일에 토대가 되는 일반적 조건으로서 중요한 것은 어떤 것일까? 이 조건을 알아보기 위해 인간과 인생 전체를 한번 조감해보자. 곰곰이 생각해보면 인류가 아직도 잘 모르는 것들 가운데 하나가 바로 인간 자신이다. 그러나 인간이 살고 있는 모습을 대국적으로 살펴보면 사람의 행복이나 불행과 관련 있는 몇 가지 기본적 특징이나 요소를 발견하기는 그리 어렵지 않다. 인간은 자연을 삶의 터전으로 삼고 살아가고 있다. 물론 인간 역시 자연의 일부다. 인간이 분할될 수 없는 단일체인지 몸과 마음이라는 완전히 다른 두 가지 것으로 이루어져 있는지는 아직도 단정적으로 말할 수 없지만, 사람의 생활을 크게 신체적 생활과 정신적 생활로 나누어 이해하는 것은 별로 불합리하지 않을 것이다. 인류의 문화는 동양이나 서양을 막론하고 원시시대부터 인간을 신체와 정신 두 측면으로 나누어 이해하는 경향에 짙게 물들어 있으므로, 지금 우리의 목적을 위해서는 이 관례에 따르는 것이 오히려 편하기도 하다. 그렇다면 우리가 해야 할 일은 사람이 살아가면서 행복감을 느끼기 쉽게 해주는 일반적 조건을 신체적 생활과 정신적 생활 두 측면에서 구체적으로 확인하는 것이다.

먼저 주로 사람의 몸과 관련이 깊다고 여겨지는 행복이나 불행을 생각해보자. 이 경우에도 모든 개인의 세세한 사정을 모두 고려하면서 행복과 불행의 조건을 낱낱이 나열할 수는 없다. 이 문맥상의 목적을 위해서는 그저 신체적 생활에서 행복과 불행의 갈림길이 어디인가를 파악하는 정도로 족하다. 대체로 말하면 우리의 신체적 생활의 행복과 불행은 — 몸의 정상적인 건강 상태를 전제한다면 — 우리의 몸을 구속하는 제약이 있느냐 없느냐에 따라 갈라진다고 할 수 있다. 우리는 몸이 제약을 받으면 불편을 느끼게 마련이라서 행복감을 느끼기 어렵다. 따라서 사람은 몸에 대한 제약을 적게 받을수록 행복감을 느낄 가능성이 커진다. 그런데 사람의 신체가 받을 수 있는 제약에는 두 가지가 있다. 하나는 사람이 혼자 있어도 어쩔 수 없는 자연적 제약이고, 또 하나는 사람이 다른 사람과 어울려 살기 때문에 겪게 되는 사회적 제약이다.

　사람은 몸을 가지고 태어나 자연 속에서 살아간다. 사람의 몸은 자연 속에서 적당히 공기를 숨쉬고, 적당한 음식을 먹고, 필요한 때 적당한 휴식을 취해야 계속 정상적으로 활동할 수 있다. 우리의 신체는 이러한 자연적 제약으로 말미암아 호흡, 영양, 휴식이 적당한 상태에서는 편안감이나 만족감을 느끼지만 적당치 않거나 크게 부족한 상태에서는 고통을 넘어 죽음에 이르게 된다. 게다가 사람의 몸은 자연적으로 치유될 수 없는 질병에 걸리기도 하고, 뜻밖의 재해에 손상을 입기도 한다. 누구도 몸이 질병에 걸리거나 다쳐서 고통스런 상태에 있으면서 행복감을 느끼기는 거의 불가능할 것이다. 우리는 이런 일이 너무나 뻔해서 잊고 살지만, 사람이 건강한 몸으로 적당한 자연 환경 속에서 정상적으로 활동할 수 있어야 한다는 것은 행복의 가장 근본적인 조건이라 하지 않을 수 없다. 한편 사람은 몸의 건강 상태나 활동 능력이 정상인 경우라 하더라도 불행감을 느낄 수 있다. 우리의 욕구가 신체의 자연적 능력이 감당할 수 없는 수준의 것일 때 느끼는 부자유가 바로 그것이다. 누구도 타고난 그대로의 몸으로는 하늘을 날고 싶어도 날 수 없고, 바다를 건너서 보고 싶은 사람을 만나고 싶어도 헤엄쳐 건널 수 없다. 이런 때 우리는 건강한 몸으로 정상적인 생활을 하면서도 불편과 부자유를 느낀다. 따라서 몸의 건강 유지와 유한한 신체적 능력의 확장은 사람의 행복에 필요한 일반적 조건들 가운데 하나다.

또 한편 사람은 몸을 가지고 태어나 자연 속에서 홀로 사는 게 아니라 다른 사람들과 어울려 살아가게 마련이다. 사람은 누구나 부모에게서 태어나기 때문에 사실 출생 자체가 사회적 사건이다. 사람은 사람들 사이에서 자라면서 교육을 받아야 인간다운 인간으로 성숙할 수 있다. 아리스토텔레스의 말처럼 짐승이나 신이 아닌 한 사람은 사회를 떠나 혼자서는 사람답게 살 수 없다.

그런데 사람이 사회 속에서 살아간다는 이 근본적 조건 역시 우리의 행복과 불행에 크게 영향을 미치는 요소로서 작용한다. 사람은 누구나 자유스럽게 행동할 때 가장 큰 만족감과 성취감을 느낀다. 그러나 모든 사람이 자신의 자유를 무제한으로 추구하려 하면 개인의 자유가 서로 충돌을 일으키게 된다. 사람은 흥이 난다고 주변 사람들의 사정을 고려하지 않고 큰 소리로 노래를 부를 수 없다. 사람은 자기에게 필요하다 해서 남의 물건을 허락 없이 사용할 수 없다. 우리는 버스를 타거나 물건을 살 때 자기 차례를 기다려야 한다. 우리의 행동이 다른 사람의 자유나 행동과 접촉될 때에는 언제나 조화와 균형을 찾기 위해 타협하지 않으면 안 된다. 인류는 함께 어울려 사는 사람들의 자유와 행동에 가장 합리적인 사회를 확보하기 위해서 도덕과 법률이라는 규범을 만들고, 거기에 토대를 둔 제도를 만들어 조화와 균형을 극대화하려고 노력하고 있다. 우리가 다른 사람과 함께 사는 한 이러한 규범과 제도의 제약 속에서 살아야 한다는 것은 당연한 일로 받아들여야 한다. 그러나 규범이나 제도가 사람들에게 적절하지 못하거나 공평하지 못하면 사람들은 부자유와 부정의를 느끼게 된다. 이러한 사회적 제약이 사람에게 커다란 불행을 가져온다는 것은 두말할 것도 없다. 요컨대 사람은 훌륭하든 않든 규범과 제도를 떠나 살아갈 수 없으므로 사회적 제약은 사람의 행복과 관련 있는 또 하나의 중요한 일반적 조건이다.

　이제 우리 생활의 다른 한 측면인 정신적 생활의 행복과 불행에 대해
서 생각해보자. 이 경우 우리의 관심사는 행복과 불행에 관련이 깊다고
여겨지는 마음이나 정신의 일반적 조건이다. 마음과 관련 있는 행복과 불
행이라는 말은 어려운 말처럼 들릴지 모르나 실은 아주 선명하고 분명
하게 이해될 수 있는 말이다. 우리는 사람이 자연적 조건이나 사회적
조건은 훌륭한 상태에 있으면서도 마음이 좋지 못한 상태이기 때문에 불
행을 느끼는 경우를 많이 알고 있다. 이와 반대로 우리는 몸의 자연적
조건이나 사회적 조건은 좋지 않지만 마음이 훌륭한 상태였기 때문에 행
복을 느낀 사람도 적잖게 알고 있다. 그런데 사람의 행복이나 불행에
크게 영향을 주는 마음의 상태 역시 두 가지로 나누어 생각해볼 수 있
다. 하나는 감정(感情, feeling, emotion)이고 다른 하나는 지성(知性, intellect)
이다.

　사람의 정신적 생활에서 여러 가지 감정은 좋은 쪽과 나쁜 쪽 양쪽으
로 커다란 역할을 하고 있다. 감정은 크게 고조되었을 때에는 결과가
좋든 나쁘든 행동의 엄청난 추진력이 되기 때문이다. 감정은 출렁이는
물결처럼 무상하게 일었다 스러진다고 하지만 언제나 그런 건 아니다.
어떤 사람은 특정한 감정을 거의 일생 지니고 살기도 한다. 그런데 감
정에는 좋은 감정과 나쁜 감정이 있다. 좋은 감정이란 그 자체로서 기쁨
이거나 좋은 결과를 가져올 행동을 촉진하는 감정이다. 사랑 · 동
정 · 연민 · 우정 · 연정 · 성취감 · 진리와 진실에 대한 찬탄 · 성스러움
에 대한 존경 · 좋은 것에 대한 미감과 도덕감 등등은 좋은 감정이다.
나쁜 감정이란 그 자체로서 고통이거나 나쁜 결과를 가져올 행동을 촉

진하는 격렬한 감정이다. 증오 · 시기 · 질투 · 탐욕 · 지배욕 등등은 나쁜 감정이다. 좋은 감정은 강하고 풍부할수록 우리의 행복을 증진하므로 더 말할 것이 없다. 문제는 나쁜 감정이다. 나쁜 감정은 그 자체로서도 그런 감정에 사로잡혀 있는 본인에게 고통이지만, 나쁜 감정이 제어되지 못하고 행동으로 분출되면 자신은 물론이고 주위의 사람들에게 불행을 일으키게 마련이다. 따라서 우리가 좋은 감정을 될수록 강하고 풍부하게 가져야 하고, 나쁜 감정은 될수록 빨리 비워서 없애야 한다는 것은 행복의 또 하나 중요한 일반적 조건이다.

한편 사람의 정신적 생활의 행복과 불행은 지성의 계발 여부에 헤아리기 어려울 만큼 많이 영향을 받는다. 사람은 지성이 계발되지 않아 무지의 상태에 있거나, 단편적으로 얻어진 지식들과 미신들이 무질서하게 뒤섞여 지적 혼란에 빠져 있으면 행복의 증진이나 불행의 감소에 도움이 되는 정확한 판단이나 행동 지침을 마련할 수 없다. 원시인들은 그만두고라도, 고대인들이나 중세인들이 무지로 말미암아 저지른 과오들을 생각해보라. 또 여러분 자신이 어떤 것에 대해 몰라서 겪은 답답함 · 부자유 · 불편 · 실수 등등을 생각해보라. 두어 가지 실례만 상기해보아도 지성의 계발이 우리의 행복과 불행에 얼마나 깊고 크게 영향을 미치는지 금방 알 수 있을 것이다. 사실 인류의 복지의 증진이란 면에서 보면, 인류의 문화와 문명의 역사는 지성이 발전해온 역사라 해도 별로 지나친 말은 아니다. 그리고 인간의 지성의 발전을 맨 앞에서 이끄는 일이 바로 학문의 사명이다. 학문적 지식은 인간의 지성이라는 나무의 생장점이자 꽃이랄 수 있다. 인류는 학문적 지식 덕분에 무지나 지적 혼란이라는 질곡에서 벗어나 정신적 해방과 자유를 느끼고 또 정확하게 행동할 수 있다. 이는 그 자체로서 더없이 좋은 일이다. 학자들은 이 점을 "지식은 본래적 가치를 지니고 있다."는 말로 표현하고 있다. 따라서 지성의 계발 여부는 인류의 행복과 불행에 지극히 중대한 관련이 있는 또 하나의 일반적 조건이다.

지금까지 우리는 인류의 행복과 불행에 관련이 있는 일반적 조건을 자연적 조건, 사회적 조건, 감정의 조건, 지성의 조건으로 나누어 제각기 살펴보았다. 이 구별은 기본적 조건들을 확인하기 위한 편의상의 일일 뿐이며, 네 가지 조건이 완전히 독립되어 있다는 뜻은 아니다. 사람은 실제로는 하나의 단일체인 것처럼 행동한다. 그래서 위의 네 가지 조건은 서로 밀접하게 연관되어 있다. 예를 들면 몸의 자연적 조건은 직접적으로 그 사람의 감정과 사회적 조건에 영향을 미치며, 결국 그 사람의 지성에도 간접적으로 영향을 미치게 된다. 또 어떤 사람의 감정 상태는 자신의 사회적 조건이나 자연적 조건에 직접 영향을 미치며, 더 나아가 지성에도 간접적으로 영향을 미치게 된다. 따라서 인간의 행복과 불행은 반드시 이 네 가지 조건의 상호 연관의 맥락 속에서 이해되어야 한다.

그런데 우리가 주어진 현실 속에서 행복의 증진과 불행의 감소를 위해 노력한다는 관점에서 보면, 이 네 가지 조건의 상호 관계에 한 가지 흥미로운 사실이 드러난다. 그것은 학문적 지식으로 대표되는 지성의 조건이 자연적 조건, 사회적 조건, 감정의 조건보다 더 근본적인 조건이라는 사실이다. 우리가 주어진 현실 속에서 인류의 행복을 증진하고 불행을 감소시키는 일은 실제로는 행복과 불행에 관련이 있는 네 가지 조건을 개선하는 일인데, 이 일을 위해서는 지성의 계발 즉 학문적 지식의 발전이 가장 먼저 이루어져야 하는 선행 조건이다.

예를 들어 인간의 신체가 부딪히는 자연적 제약을 극복하기 위해서는 여러 가지 자연 과학이 연구해내는 지식과 이를 토대로 한 기술이 필요하고, 우리의 사회생활에 불편이나 갈등을 일으키는 사회적 결점을 개선하기 위해서는 여러 가지 사회 과학이 연구해내는 지식과 이를 토대로 한 새로운 제도가 필요하다는 것은 두말할 것도 없다. 또한 학문적 지식이 사람의 감정 상태에도 좋은 쪽으로 영향을 준다는 것 역시 역사를 통해서 수없이 증명된 사실이다. 옛날 사람들이 우주와 지구의 자연 현상에 대한 무지로 말미암아 어처구니없는 공포에 사로잡혀 살고, 신체의 생리 현상이나 병리 현상에 관해 몰라서 터무니없는 신비감이나 두려움에 사로잡혀 살았던 사실을 우리는 많이 알고 있다. 인류를 이러한 좋지 못한 감정으로부터 해방시킨 것은 학문적 지식이다. 이처럼 학문적 지식의 증진은 다른 세 가지 조건의 합리적 개선에 반드시 필요하다. 그러나 이 역은 성립하지 않는다. 어떤 사람의 신체적 건강의 증진, 사회적 조건의 호전, 좋은 감정의 고조가 곧바로 학문적 지식을 만들지는 못하기 때문이다.

그러므로 주어진 현실 속에서 사람의 행복을 증진하고 불행을 감소시키는 일을 위해서는 지성의 계발 즉 학문적 지식의 발전이 가장 근본적인 과업이라고 결론지어도 좋을 것이다. 학문이 인류의 행복을 증진한다는 말은 학문적 지식의 이러한 역할을 두고 하는 말이다. 학문적 지식은 한 사람이나 인류 전체의 행복을 증진하는 정확한 지름길을 마련한다. 이것이 베이컨(F. Bacon, 1561~1626)의 유명한 "지식은 힘이다!"라는 말의 참뜻이다.

이처럼 학문은 모든 사람에게 예외 없이 무지와 지적 혼란으로부터의

해방과 자유를 주며, 인생의 여러 가지 문제를 해결하는 데 반드시 필요한 힘이 된다. 그런데 이 힘은 어디서 나오는 걸까? 이 힘의 원천은 학문의 알맹이인 옳은 명제 즉 진리다. 진리는 냉혹하다고 할 정도로 모든 사람과 모든 경우에 정확하고 공평하다. 진리는 어떤 사람이 자신의 감정이나 욕망을 부당하게 만족시키려고 다른 사람의 눈을 가린다고 없어지는 것이 아니며 굽히려 한다고 굽혀지는 것이 아니다. 진리는 영원한 것이다. 학문이 모든 사람에게 보편적으로 이익을 줄 수 있는 것은 진리가 지닌 바로 이 객관성, 정확성, 공평성 덕분이다. 지구상의 모든 나라에서 최고 수준의 교육을 담당하고 있는 모든 대학의 교훈(校訓)이 "진리 탐구"(眞理 探究)를 내세우고 있는 것은 이 때문이다.

그러므로 우리는 다른 사람과 관련 있는 사회적 문제를 처리할 때에는 반드시 학문적 지식에 의해 처리해야 정확성과 능률은 물론이고, 도덕적 공정성과 공평성을 확보할 수 있다. 이 때문에 학문은 언제 어느 사회에서나 공적 활동과 공적 질서의 표준으로서 존중되고 있다. 이 사실은 학문적 지식이 그 자체로서 도덕성을 지니고 있을 뿐만 아니라, 우리의 도덕적 행동의 훌륭한 지침으로 작용하고 있음을 명확하게 알려주고 있다. 사람이 살아가면서 무지와 지적 혼란으로 인한 어리석은 행동으로 다른 사람에게 피해를 주는 일보다 더 부도덕한 일이 달리 무엇이 있을 것인가! 학문은 오로지 순수해서 가치에 대해 중립적이라는 말, 바꿔 말하면 학문은 사람이 도덕적으로 훌륭하게 살아가는 데 아무런 도움을 주지 않는다는 말보다 더 빗나간 말은 없을 것이다. 이 말은 학문이 자신의 개인적인 감정이나 욕망을 편들어주지 않는 사실에 대한 불평에 지나지 않는다. 학문이 어떤 개인의 좋지 못한 감정이나 온당치 못한 목표의 추구를 편들어주지 않는다는 사실이야말로 오히려 학문의 도덕성을 명백하게 입증하는 것이다.

　오늘날 세계 어느 나라 어느 민족이거나 공교육(公敎育)의 기본을 학문적 지식에 두고 있으므로, 우리는 인류의 장래나 우리 민족의 미래에 대해 밝은 희망을 가지고 낙관해도 좋을 것이다. 진리는 반드시 합의와 협동을 창출하고, 사람의 자유와 복지를 증진하기 때문이다. 인간이 이성(지성)을 인생의 지도 원리로 삼아야 모든 사람이 함께 행복해질 수 있다는 소크라테스의 철학 정신은 인류를 행복에 인도하는 영원한 불기둥이자 구름기둥이다.

✔ 더 생각해볼 문제

1. 우리나라에서는 많은 사람이 "박학다식"(博學多識)이나 "박람강기"(博
覽强記)를 학문의 이상이라 믿고 있다. 그러나 여러 가지 것에 대해 잡
다한 정보들을 그저 많이 기억한다고 해서 큰 학문을 이루는 건 아니
다. 지식의 알맹이인 명제들 사이의 관계를 모른 채 그저 양만 증가시
키는 것은 오히려 지적 혼란을 조장할 수 있다. 오늘날 청소년들이 인
터넷을 통해 단편적인 정보들을 잡다하게 모으는 것은 오히려 지성의
발전에 크게 해로울 수 있다. 한 예로 우리가 어떤 세 사람 A, B, C
사이의 관계를 전혀 모르고 제각기 아는 경우와, A는 B의 형이고, C
는 B의 여동생이라는 관계를 아는 경우의 차이를 비교해보면서, 진리
들의 체계로서의 학문의 효용에 대해 생각해보자.

2. 학문이라는 건물이나 그물을 이루는 실질적 재료는 진리 즉 옳은
명제다. 그래서 학문적 대화나 토론이 성과 있게 진행되려면 명제가
명료하게 전달되어야 한다. 단단한 벽돌이 아니면 건물을 지을 수 없
고, 질긴 실이 아니면 그물을 짤 수 없기 때문이다. 그런데 명제는 서
술 문장이라는 옷을 입혀 사람의 귀에 들리고 눈에 보이도록 진술해야
전달이 가능하다. 그러니까 학문적 대화나 토론은 서로의 마음속에
있는 명제를 진술을 통해 주고받는 일이다. 이 과정에서 쌍방의 진술
에 나타나는 낱말의 의미가 명료하게 정의되어 있지 않으면 오해를
일으켜, 대화나 토론은 시간과 정력만 낭비하게 된다. 언어의 명료한
사용은 학문적 작업에서 생명이랄 정도로 중요하다. 이런 실례를 찾
아내어 검토해보자.

3. 이제는 우리나라 각급 학교에서 형식 과학과 경험 과학을 매우 높은 수준으로 가르치고 있다. 그러나 20세기 전반까지만 해도 이렇게 말하기 어려운 형편이었다. 우리 조상들도 중요한 개인의 일이나 국가의 일에 대해 논증을 전개했었고, 조세나 재정을 위해 상당히 복잡한 계산도 해왔으며, 생활에 편리한 물건과 기구를 비롯하여 무기와 병선을 만드는 데 상당한 지식을 사용해왔다. 그런데도 우리 민족이 20세기 전반까지는 서양의 학문들에 비교할 만한 학문을 내세우기 어려웠던 이유가 무엇이며, 아울러 순수 기초 학문이 발전할 수 있는 기본적 조건이 무엇인지 생각해보자.

4. 학문은 그동안 눈부신 성공을 많이 거두고, 응용 범위를 빠른 속도로 확장해온 사실로 말미암아 높은 평가를 받고 있다. 경험 과학의 많은 분야가 그와 관련 있는 공업 기술의 개발에 기초 지식을 제공하고 있으며, 한편 공업 기술은 과학적 탐구에 의해 얻어진 지식을 실용화하고, 순수한 기초 연구에 새로운 자료와 문제 그리고 새로운 탐구 도구를 제공하는데, 이런 일은 번갈아 일어난다. 이런 실례를 조사하여 그를 토대로 과학과 기술 사이의 관계를 설명해보자.

5. 오늘날 인류는 대부분의 문제 해결에 과학적 태도를 취하고 있다. 인류가 과학과 기술을 그처럼 맹렬히 연구하고 있는 이유가 여기에 있으며, 그 성과로부터 인류는 헤아리기 어려울 만큼 많은 이익을 얻고 있다. 그런데도 어떤 사람들은 무서운 무기의 제조나 공해로 말미암은 생태계의 위협을 순전히 과학과 기술의 탓으로 돌리면서 오히려 과학과 기술을 비난한다. 이 비난은 올바른 비난일까? 과학과 기술은 그러한 무기의 파괴력이나 공해의 발생을 미리 알려줄 뿐만 아

니라 그것들을 제거할 수 있는 방법까지도 명확하게 알려주고 있다. 그런데도 인류가 이런 문제에서 헤어나지 못하는 진정한 이유가 무엇인지 토론해보자.

6. 철학자 야스퍼스(K. Jaspers, 1883-1969)는 대학을 "진리 탐구에 종사하는 학자와 학생의 집단"이라고 정의하였다. 이는 대학의 생명과 사명이 "진리 탐구", "진리 보존", "진리 교육"에 있음을 갈파한 말이다. 학문은 제각기 주제가 다르고 수준이 다른 지식과 기술을 우리에게 마련하여 우리가 다른 사람을 도울 수 있는 힘을 길러준다. 학문을 연구하는 목적은 남을 위해 좋은 일을 하는 데 필요한 큰 힘을 기르는 것이다. 따라서 나는 어떤 일을 통해 민족과 인류를 사랑할 것인지 먼저 결심해야 한다. 그러면 자신이 탐구해야 할 학문은 거의 자동적으로 결정된다. 지금 우리 민족과 인류의 행복을 위해 반드시 해결되어야 할 문제들은 무엇이고, 그 가운데 장래 자기가 해결하고자 하는 문제는 무엇인지 생각해보자.

7. II부에서는 학문에 관한 약간의 일반적 물음과 근본적 물음에 대하여 검토하였다. 이런 문제는 철학의 분야 가운데 "학문에 관한 철학"(philosophy of science)에 속한다. "학문에 관한 철학"은 논리학·수학 등의 "형식 과학"과 물리학·화학·생물학·심리학·경제학 등등의 "경험 과학"을 조감하면서 모든 학문의 근본 원리와 탐구 방법을 연구한다. 이 점은 다시 철학이 다른 학문들보다 일반성이 더 넓고 추상성이 더 높다는 것을 보여준다. 이와 관련해서 "철학은 만학의 여왕이다!" "어떤 학문을 하거나 결국 철학에 이르게 된다!"는 말을 깊이 음미해보자.

8. 요즘 우리 사회에는 "지적 재산권 문제" "학위 논문 표절 문제" 등
    등과 관련해서 "학문하는 사람" 즉 "학자나 학생"의 윤리 문제가 심
    각하게 논의되고 있다. 이 문제를 해결하려고 몇 개의 조문으로 이루
    어진 규정을 만드는 것은 미봉책에 지나지 않는다. 이 문제가 근본적
    으로 해결되려면 "학자"와 "학생"이 학문의 본질을 이해하고 학문에 대
    한 사명 의식을 자각해야 한다. 학자나 학생은 야스퍼스의 말대로 "진
    리 탐구에 종사하는 사람"이다. 학자나 학생은 그저 석사 학위나 박
    사 학위를 탐내는 사람이 아니다. 이 문제와 관련해서 러셀은 이천오
    백 년 동안의 서양 철학을 조감한 『서양의 지혜』를 다음의 말로 마무
    리하고 있다.[31] 러셀의 말을 읽어 보고 "학문하는 사람"의 윤리가 어
    떠해야 하는지 생각해보자.

   나는 앞에서 진정한 윤리의 원리는 모든 사람에게 차별 없이 적용되
   어야 하지만 이 말은 모든 사람이 모든 점에서 똑같다는 뜻이 아니라고
   지적했다. 그런데 사람마다 다르다고 널리 알려져 있는 한 가지 사실은
   사람마다 지식에 관해서 차이를 보인다는 점이다. 여기서 말하는 지식
   은 단편적 정보가 아니라 체계적으로 이해된 지식을 뜻한다. 나는 앞에서
   소크라테스가 지식을 선(善, Good)과 동일시하려고 했던 사실을 확인하
   고 나서 이 이론은 너무 이성주의(理性主義, rationalism)에 치우친 이론이
   라고 비판했다. 하지만 이 이론에는 절대로 그냥 지나쳐서는 안 되는 중
   요한 주장이 담겨 있다. 소크라테스는 한 사람이 아는 지식의 양은 거의
   내놓을 게 없을 정도로 적다고 아주 기꺼이 인정했다. 따라서 지식과 관

---

31 『서양의 지혜』(*Wisdom of the West*, Bertrand Russell, Crescent Books, New York, 1989. 이
명숙·곽강제 옮김, 서광사, 2010) 457-459쪽.

련해서 궁극적으로 중요한 것은 지식의 양이 아니라 사람은 반드시 지식을
추구해야 한다는 그것이라 하겠다. 사실 소크라테스가 선과 동일시하려
고 했던 것은 바로 이 공평무사한 탐구였다. 이것은 피타고라스로부터
유래하는 윤리의 원리다. 탐구자 자신의 감정과 이해에 전혀 관계없이
진행되는 진리에 대한 탐구 바로 이것이 탈레스 이후 전개된 "학문(과학)
운동"의 심층에 흐르고 있는 윤리적 추진력이었던 것이다. 이 책이 과학
적 발명들은 선용될 수도 있고 악용될 수도 있다는 사실에서 발생하는
윤리적 문제에 관하여 언급하지 않았다는 건 분명하다. 그렇지만 이런
윤리적 문제에 실제로 부딪힐 수밖에 없는 게 현실이지만, 이 두 가지
완전히 다른 별개의 문제를 혼동하여 구별하지 못하는 사람은 이 두 가
지 문제를 이해하기 어려운 처지에 빠질 것이다.

그러므로 탐구하는 사람은 이중의 임무를 떠맡게 된다. 탐구하는 사람
은 한편으로는 능력을 최대한 발휘하여 자신의 주제인 객관적 대상을 연
구해야 한다. 탐구자는 연구의 성과가 자신의 마음을 편안하게 하는지
불편하게 하는지에 전혀 개의치 않고 그 일을 수행해야 한다. 탐구의 결
과는 윤리의 원리가 모든 사람에게 차별 없이 적용되듯이 전혀 개인의
감정을 존중할 의무가 없는 법이다. 다른 한편으로 탐구하는 사람은 자
신이 발견한 지식이 윤리적 의미에서 좋은 일에 이용되도록 하는 임무를
지니고 있다.

이제 진리의 추구는 좋은 일이라는 이 윤리의 원리를 어떻게 간직하
고 살아갈 수 있는가 하는 문제가 남았다. 왜냐하면 사람은 누구나 학문
적 탐구에 종사할 수 있는 능력을 타고나는 건 아니며, 다른 한편으로
그런 능력이 없는 사람일지라도 모든 일에 대해서 판단을 보류하고 살

아갈 수는 없기 때문이다. 사람은 생각할 뿐만 아니라 행동도 해야 하는 존재다. 그런데 예외 없이 누구나 할 수 있는 일이 하나 있는데, 그건 다른 사람이 탐구하고 싶어 하지 않는 주제에 관해서는 그가 판단을 보류할 수 있는 자유(自由, freedom)를 인정해주는 일이다. 이 일을 더 자세히 살펴보면 우리는 공평무사한 탐구가 또 하나의 좋은 것인 자유와 어떻게 연관되어 있는지 알 수 있다. 관용(寬容, tolerance)은 탐구가 번창할 수 있는 사회에 미리 갖추어져 있어야 하는 조건이다. 언론의 자유와 사상의 자유는 탐구자가 진리를 발견하기 위해서 가능한 모든 방법을 시도해볼 수 있는 자유로운 사회(free society)를 성장시키는 위대한 촉진제다. 자유로운 사회에 사는 사람은 누구나 이 두 가지 자유가 보장되어 있는 정도까지는 지금 관심의 대상인 지식이라는 좋은 것에 이바지할 수 있다. 이 말은 자유로운 사회에서는 모든 문제에 대해서 누구나 똑같은 의견을 갖게 된다는 뜻이 아니라, 진리에 도달하기 위해서 누군가가 시도해볼 수 있는 어떤 방법도 강압에 의해 금지되지 않도록 탐구의 자유가 보장되어 있어야 한다는 뜻이다. 정말이지 음미되지 않은 삶은 사람에겐 살 가치가 없는 법이기 때문이다.

| 찾아보기 |

[ㄴ]